新媒体系列丛书

总主编 周茂君

新媒体广告

NEW MEDIA ADVERTISING

张玲 编著

西南大学出版社
SWUPG 国家一级出版社 全国百佳图书出版单位

图书在版编目(CIP)数据

新媒体广告 / 张玲编著. —2版. —重庆 : 西南师范大学出版社, 2019.11(2025.8重印)

ISBN 978-7-5621-7940-5

Ⅰ. ①新… Ⅱ. ①张… Ⅲ. ①传播媒介—广告 Ⅳ. ①F713.8

中国版本图书馆CIP数据核字(2016)第101886号

内容简介

本书对新媒体广告市场中的广告主、媒介平台、广告代理公司、广告受众等市场要素的具体形态、特点以及相对于传统媒体的变化进行了梳理和深入分析;同时以网络广告和手机广告为代表,归纳出典型的广告形态,以及隐藏其中的产业链结构变化、广告运行模式变化等。本书还对新媒体广告的策划、创意、投放、效果评估、广告管理等环节进行了系统阐发,适合作为新闻传播、广告、营销等专业学生的教材,亦可作为从事新媒体工作或对新媒体广告感兴趣人士的重要参考书。

新媒体广告

XINMEITI GUANGGAO

编著 张 玲

责任编辑:杜珍辉

装帧设计:尚品视觉 CASTALY 周 娟 刘 玲

排 版:王 兴

出版发行:西南大学出版社(原西南师范大学出版社)

重庆·北碚 邮编:400715

印 刷:重庆市国丰印务有限责任公司

成品尺寸:185 mm×260 mm

印 张:13.25

字 数:342千字

版 次:2019年11月第2版

印 次:2025年8月第2次

书 号:ISBN 978-7-5621-7940-5

定 价:36.00元

新媒体系列丛书编委会

序

媒介技术的发展将我们带到了一个众语喧哗、瞬息万变的新媒体时代。在这里，人们都在放声疾呼，也都被这个由媒介构建的全新世界所迷醉。然而，伴随着新媒体时代的到来，思想观念、生活方式乃至行为举措的急剧改变，也常常让人们有些不知所措和无所适从。新媒体到底是什么？新媒体时代到来又意味着什么？人们如何正确处理好与新媒体的关系？这些问题看似简单，却又真真切切地摆在人们面前，需要我们去面对，去解决。因此，理解新媒体在当下显得尤为重要。

人类社会发展的每一阶段都会有一些新型的媒体出现，它们都会给人们的社会生活带来巨大的改变。这种改变在今天这个新媒体时代表现得尤其明显：受众这一角色转变成了“网众”或“用户”，成了传播的主动参与者，而非此前的被动信息接受者；传播过程不再是单向的，而是双向互动的；传播模式的核心在于数字化和互动性。这一系列改变的背后是网络技术、数字技术和移动通信技术的发展，并由此衍生出多种新媒体形态——以网络媒体、互动性电视媒体、移动媒体为代表的新兴媒体和以楼宇电视、车载移动电视等为代表的户外新型媒体。

由周茂君教授主编的这套新媒体系列丛书，就是在移动互联、数字营销、大数据和社会化网络等热点问题层出不穷的背景下，沿着技术、传播、运营和管理的逻辑，对新媒体进行的梳理和把握。从技术层面上看，新媒体是用网络技术、数字技术和移动通信技术搭建起来，进行信息传递与接收的信息交流平台，包括固定终端与移动终端。它具备以新技术为载体、以互动性为核心、以平台化为特色、以人性化为导向等基本特征。从传播层面看，新媒体从四个方面改变着传统媒体固有的传播定位与流程，即传播参与者由过去的受众成了网众，传播内容由过去的组织生产成了用户生产，传播过程由过去的一对多传播成了病毒式扩散传播，传播效果由过去能预期目标成了无法预估的未知数。这种改变从某种程度上可以说是颠覆性的，传统的“5W”“魔弹论”和“受众”等经典理论已经成为明日黄花。从运营层面看，在新媒体技术构筑的运营平台之上，进行各类新媒体的经营活动，包括网络媒体经营、手机媒体经营、数字电视与户外新媒体经营和企业的新媒体营销。这就在很大程度上打破了报刊、广播和电视等传统媒体过分倚重广告的单一经营模式，实现了盈利模式的多元化。从管理层面看，新媒体管理主要从三个方面着手，即新媒体的政府规制、新媒体伦理和新媒体用户的媒介素养。这样，政府规制对新媒体形成一种外在规范，新媒体伦理从内在方面对从业者形成约束，而媒介素养则对新媒体用户提出要求。

这套新媒体系列丛书既有对新媒体的发展轨迹和运行规律的理论归纳，又有对新媒体运营实务的探讨，还有对大量鲜活新媒体案例的点评，真正做到了理论与实务结合、运行与案例相佐，展现出丛书作者良好的学术旨趣与功力。希望以这套丛书为起点，国内涌现出更多的作者和更多的研究著作，早日迎来新媒体教育与研究的新时代。

是为序。

罗以澄

前言

关于新媒体，从概念到特征，有很多说法，也有各种各样的表述。我们认为，新媒体是指采用网络技术、数字技术和移动通信技术进行信息传递与接收的信息交流平台，包括固定终端与移动终端。它具备以下基本特征——以新技术为载体，以互动性为核心，以平台化为特色，以人性化为导向。

以新技术为载体，是指新媒体的应用与运营以新技术为基础。网络技术、数字技术、移动通信技术的发明与普及，不仅为新媒体的诞生提供了技术支持，同时也为新媒体的运作提供了信息载体，使得信息能以超时空、多媒体、高保真的形式传播出去。可以说，新媒体的所有特征，都是建立在新技术提供的技术可能性的基础之上。

双向互动是新媒体的本质特征。传统媒体一个很大的弊端在于信息的单向流动，而新媒体的出现突破了这一局限。它从根本上改变了信息传播的模式，也从根本上改变了传播者与受传者之间的关系。传播参与者在一个相对平等的地位进行信息交流，媒体以往的告知功能变成如今的沟通功能。这种沟通不仅体现在媒体与用户之间，还体现在用户与用户之间。可以说，新媒体的这一特征，不仅对传统媒体，而且对整个社会都将产生深远的影响。

新媒体搭建起一个综合性信息平台，传统媒体与新媒体在这个平台之上逐渐走向融合。新媒体的出现并不会导致传统媒体的消亡，二者会相互补充、共同发展。而新媒体以其包容性的技术优势，接纳与汇聚了传统媒体的媒介属性。报刊、广播、电视等传统媒体只有在适应新媒体环境、与新媒体的新技术形式相互渗透之后，才能获得二次发展。如今数字化报纸、网络广播、手机电视等融合性媒体如雨后春笋般出现便是明证。而新媒体脱胎于旧的媒介形态的特征，为新旧媒体的相互融合提供了可能。

人性化是所有媒介的发展方向：口语媒介转瞬即逝、不易储存，于是有了文字媒介；文字媒介无法大规模复制，于是出现了印刷媒介；印刷媒介难以克服时空的障碍，电子媒介便应运而生。可以说，每一种新型媒介的出现，必然是对以前媒介功能的补充与完善。新技术是其出现的基础，而人性化导向意味着技术围绕人们的需求而展开。新媒体的出现，满足了人们渴望发声、渴望分享的需求；满足了人们渴望交流、渴望互动的需求；满足了人们渴望以一个更快更便捷的方式，获取与传播更多的个性化信息的需求。而在不远的将来，新媒体将带来真正的去中介化——人们在经历了部落社会的无中介、脱部落社会的中介化之后，正在迎来人与人之间交流的去中介化。届时，人们将欢欣鼓舞地迎接一个所有人都与其他人紧密相连的“地球村”时代。

编写这套新媒体系列丛书，我们希望达到如下目标：

1. 在指导思想上，本套丛书的编写着眼于新世纪合格的新媒体应用型人才培养，适应人才培养逐步由知识型向能力型转变的需要。因此，它在编写组成员的构成、编写大纲的拟定、资料的取舍、内容的写作，乃至行文等方面都围绕着这个中心目标而展开。这是本套丛书编写的基本方针，也是编写的基础和前提。

2. 本套新媒体丛书将“技术”“传播”“运营”和“管理”四个层面作为着力点，将网络技术、数字技术和移动通信技术发展带来的多种新媒体形态——以网络媒体、移动媒体、数字广播电视媒体为代表的新兴媒体和以楼宇电视、车载移动电视等为代表的户外新型媒体作为主要研究对象。丛书中的每本书在研究内容上既相互关联，又厘清彼此间的研究边界而不至于重复。

3. 本套新媒体丛书瞄准高等学校网络传播或相关专业的专业主干课，因而丛书的编写内容，除了具备普通高等学校网络传播或相关专业在校本科生、研究生必须掌握的新媒体传播、营销实务的基本知识和技能外，还必须具备开阔的思路和国际化的视野，有利于完善学生的知识结构，有利于培养其适应新媒体发展需要的网络传播能力，有利于保证其毕业后能胜任新媒体经营与管理工作，即有利于使其成为合格的新媒体编辑和经营管理人才。

4. 本套丛书既关注理论前沿问题，吸收和借鉴国内外新媒体研究的最新成果，又注重这些基本理论的实际应用。在具体编写过程中，本套丛书将基本理论、实际应用和案例点评相结合，展现出独具的特色：

其一，基本理论部分。对新媒体涉及的网络技术、数字技术和移动通信技术等，只作概括性的叙述，不进行全面性的描述，对其基本原理，力争深入浅出，易学易懂。

其二，实际应用部分。新媒体基本理论的实际应用是本套丛书的写作重点。无论技术层面，还是传播层面，抑或是营销层面，新媒体基本理论的实际应用都是重点，这个思路将贯穿于每本书的编写之中。

其三，案例点评部分。每本书的大部分章节都要求安排与本章内容相关联的案例点评，点评的篇幅可短可长，从数十字到数百字均可，用具体的案例点评，来回应前面的基本理论和实际应用。这样，就在很大程度上避免了同类新媒体图书编写中存在的问题——要么全是枯燥的理论表述，要么全是一个个的案例堆砌，缺少理论与案例的结合，也缺少精到的点评。

5. 本套丛书在编写过程中尽力做到有思想、有创见、有全新体系，观点新颖，持论公允，丛书整体风格力求简洁、明了、畅达，并在此基础上使行文生动、活泼、风趣。

“理想很丰满，现实很骨感。”上述设想在编写过程中是否实现了，还有待学界和业界专家、学者，以及广大读者的检验，为此我们祈盼着！

本套丛书首批十本书的编著者，既有来自武汉大学新闻与传播学院的刘友芝女士、周丽玲女士、杨嫚女士、侯晓艳女士和洪杰文先生、何明贵先生、周茂君先生，又有来自重庆师范大学新媒体学院的李明海先生和来自重庆工商大学文学与新闻学院的马二伟先生，还有来自国家开放大学传媒学院的张玲女士。作者队伍虽很年轻，但绝大多数都拥有博士学位和在国外留学的经历，因此他们能够站在学术研究前沿，感受新媒体的新发展，研究新问题，并在书中奉献自己的独到见解，进而提升丛书的质量。

在本套丛书付梓之际，需要感谢和铭记的人很多。首先要感谢武汉大学新闻与传播学院的老院长罗以澄先生，他不仅为本套丛书的编写提出了许多建设性意见，还亲自为丛书写了序言，老一辈学者对年轻后辈的爱护与提携之情溢于言表。其次要感谢西南师范大学出版社的李远毅先生、杨景罡先生和李玲女士等，是你们的辛勤付出和宽大包容才使本套丛书得以顺利面世，感激之情无以言表。

周茂君

于武昌珞珈山

目录

第一章
新媒体广告概说

【知识目标】

☆新媒体、新媒体广告的概念与界定

☆新媒体广告的特点和分类

☆网络广告的发展历程

☆手机的媒体化历程及手机广告的发展概况

【能力目标】

1. 能说出新媒体、新媒体广告的内涵与外延
2. 能结合案例说明新媒体广告的特点
3. 能从多角度对新媒体广告进行分类
4. 能较准确地归纳网络广告与手机广告的发展历程

【案例导入】

一天早上，在外企上班的女孩小刘和往常一样进入写字楼，打开电脑。看看时间还早，于是打开新浪微博浏览一下最新信息。由于小刘最近最关注的是买车，看完微博，她顺手点击进入“新浪汽车”频道查询一些购置信息。这时，页面上方弹出了一个巨大的富媒体广告，一款粉色奔驰 Smart 汽车映入眼帘。奇怪的是，广告上居然出现了自己的微博头像，于是小刘忍不住点击了下面的文字“打造专属 Smart”，进入了“10 亿组合随你变”的活动页面。小刘根据自己的喜好，搭配出了一款外观、车漆、内饰都符合自己需求的车子，并通过微博进行了分享。没过多久，朋友纷纷回帖或转发(见图 1-1)。

图 1-1　新浪网首页上的富媒体广告(1)

与此同时，小刘的一位男同事小王也点击进入了“新浪汽车”频道。小王是一个阳光男孩，热爱运动，尤其是篮球。在他的页面上，出现的是紫金色款的奔驰 Smart 车型和自己的微博头像。在好奇心的驱动下，小王也点击进入了“打造专属 Smart”的活动区，开启个性化创意之旅……(见图 1-2)

图 1-2　新浪网首页上的富媒体广告(2)

根据事后发布的广告效果数据，可看出这次广告活动的影响力：“2013 年 4 月 19 日—5 月 22 日，本次个性化的广告投放共产生曝光量为 7 287 446，点击率为 2.58%，有效到达率为 0.07%，投放效果良好，有效提升了 Smart BRABUS tailor made 的品牌覆盖面。新浪微博平台的嵌入，加强了活动信息的二次传播，带动了新浪微话题‘给 Smart 点颜色看看’的话题讨论，传递了积极自信、健康快乐的 Smart 生活方式。”

通过这则案例，试想一下，以网络为代表的新媒体与传统媒体相比，在广告传播上具有哪些独特之处？

随着数字技术、计算机网络技术和移动通信技术的迅速发展，催生了诸多不同于传统媒体的全新媒体形态，它们以不同的方式侵入人们的生活，裹挟着人们的注意力，最终吸引广告主为这些注意力买单。越来越多的企业开始削减原本用于传统媒体的广告预算，转而投入这个广告营销活动的新战场，新媒体广告已经连续多年保持远超传统媒体的高速增长态势，广告规模也不断实现飞跃式发展。我们从以下一组数据可见一斑：2013 年，美国数字广告收入已达到 428 亿美元，首次超过广播电视，仅谷歌一家的广告收入，就超过了美国报纸杂志的广告收入总和；在我国，根据国家工商行政管理总局公布的数据显示，2015 年我国广告市场经营总额为 5 973.41 亿元，其中网络广告市场规模已达到 1 589 亿元，超过广告媒体(电视与广播)经营额的总和。从广告增长趋势来看，全球大部分传统媒体的广告收入持续下滑，进入经营寒冬，而新媒体广告一枝独秀，引吭高歌。以我国为例，2015 年我国网络广告增长率为 36%，移动广告增长率达 178.3%。[①]从广告活动参与者来看，新媒体广告主的覆盖面之大前所未有，受众规模与受众活跃度远远超过传统媒体，广告媒介形态百花齐放，广告方式不断翻新。新媒体广告在实践领域飞速发展，因此对其基本规律的进一步认识和研究也迫在眉睫。

①数据来源：艾瑞咨询发布的《2016 年中国网络广告行业年度监测报告》

第一节　新媒体广告的概念

人类的广告传播行为，经历了以口头叫卖和实物陈列广告为代表的古代广告时期，以报刊广告为代表的近代广告时期，以广播、电视广告为代表的现代广告时期。而今，广告市场即将随着以数字技术为核心的新型媒介形态的发展跨入又一个新时期。为了更宏观地了解这一新时期的广告运作规律，我们把具有某些共同特征的广告形态统称为新媒体广告，并将在后面的章节中对其传播形态和运作方式进行具体研究。那么，究竟什么是新媒体广告呢?

一、新媒体的界定

新媒体作为新媒体广告的传播载体，目前学界和业界对其概念的看法并不一致。而本书的研究对象"新媒体广告"建立在对"新媒体"的认识的基础上，因此有必要首先对新媒体的概念进行明确界定。

(一)新媒体概念的产生和发展

"新媒体(New Media)"一词最早由美国哥伦比亚广播电视网(CBS)技术研究所所长戈尔德马克提出，他在1967年发表了一份"关于开发电子录像(Electronic Video Recording，EVR)商品的计划"，在此计划书中，他把电子录像称为"新媒体"。1969年，美国传播政策总统特别委员主席E.罗斯托(E. Rostow)在向美国总统尼克松提交的报告中，也多次使用"新媒体"一词。随后，新媒体一词渐渐在美国使用，并逐渐在世界各地流传。

在我国，"新媒体"三个字第一次出现在公共期刊上，是1978年在《外国教育资料》中刊出的《教师培养制度演变的一般趋势》一文，文中提到"大功率的新媒体应用于教育事业的发展"[①]，这时所说的新媒体大体指的是当时在国内盛行的用于电化教育的广播、电视、VCD等媒体。1986年，方晓虹翻译了一篇日本冈村二郎的《视听教育在新媒体时代的地位》一文，正式引入"新媒体时代"概念，这篇文章被看成中国开展新媒体研究的第一篇文章，文中明确提出"新媒体包括新型的视听媒体和广播媒体"[②]。从该文章出现以后，我国20世纪关于"新媒体"的研究逐渐多了起来。但是，20世纪70、80年代我国关于新媒体研究的话题，多集中于教育领域，主要是探讨广播、电视等"新型媒体"对现代化教学的影响。而在新闻传播领域，最初对新媒体的理解比较混乱，有人在DVD、挂历、热气球、自行车车身上做广告，这些都曾经被称为"新媒体广告"，这时的新媒体常常用以指原来没有出现过，或者没有见过的媒体形式。

20世纪90年代，计算机技术迅速发展，互联网异军突起，网络媒体逐渐进入人们的视野并产生了较大的影响力，"网络媒体""新媒体"等名词逐渐被纳入传播学的研究范畴。在研究之初，新媒体被当成"网络媒体"的代名词，新媒体即指的是网络媒体。1999年陈晓

---

①华四泉.教师培养制度演变的一般趋势[J].外国教育资料，1978(06).

②冈村二郎，方晓虹.视听教育在新媒体时代的地位[J].外语电化教学，1986(02).

宁发表的《试论新媒体》是我国较早对新媒体进行系统研究的文章，文中指出“随着信息化社会的到来，人类将进入新媒体，即网络媒体时代”①。

2000 年以后，新媒体的研究日渐成了传播学领域的研究热点，对其的剖析也越来越深入和明晰。2003 年，冯光华发表了《初露端倪的新媒体——手机》，是我国最早研究手机媒体的文章，他提出了手机媒体是继四大媒体之后的“第五媒体”②，自此，手机媒体也被纳入了新媒体的研究范畴。

此后，随着以网络媒体和手机媒体为代表的新媒体形态的不断发展，以及新旧媒体间的互通互融，出现了诸多盛极一时的媒介产品，诸如博客、播客、维客、沃客、手机报、手机电视、网络电视、数字电视、IPTV，以及近几年出现的微博、微信等。与此同时，楼宇电视、车载移动电视、出租车里的互动触摸屏，机场、火车站、校园甚至理发店、药店、卖场等场所的分众视频媒体都获得了迅速发展。这使得新媒体的研究范畴和研究重点不断发生变化，对新媒体概念的界定也变得愈加复杂。

（二）新媒体的界定

由于媒体形态的不断发展变化，以及人们对新媒体的认识角度多样化，迄今为止，学界和业界对于“新媒体”概念的界定有共识也有分歧，没有形成完全一致的看法，对于新媒体的归类方法也较为混乱。

目前关于新媒体概念的共识在于，“新媒体”是技术进步的产物，是相对于“传统媒体”而言的概念。正如清华大学熊澄宇教授所言：“新媒体是一个发展的概念。它不会也不可能终止在某一固定的媒体形态上，新媒体将一直并永远处于发展的过程中。”③

对“新媒体”的具体定义，则众说纷纭。如美国《连线》杂志社曾对新媒体下过一个较有影响的定义——“所有人对所有人的传播(Communication for all by all)”，这个定义主要从传播形态和传播方式变化的角度来界定新媒体；熊澄宇教授则认为，“所谓新传媒，或称数字媒体、网络媒体，是建立在计算机信息处理技术和互联网基础之上，发挥传播功能的媒介总和”④，其主要考量视角在于新技术的运用；中国传媒大学黄升民教授认为，新媒体是信息传播者和接受者双方平等的新传播方式的构建，是媒体旧格局的解构与重聚，是信息内容生产流程再造与管理创新，是信息传输网络的融合与博弈的产物，更是以个人、家庭、行业和政府的信息需求为动力的，所构建的崭新的信息生产、消费与交流平台⑤。

关于新媒体的分类标准，当前究竟哪些媒体形式属于新媒体范畴，尤其是楼宇电视、车载电视、出租车互动触摸屏、各类数字化电子屏等是否属于新媒体范畴等问题，更是目前的主要分歧。北京邮电大学黄传武教授将新媒体形态分为网络新媒体、手机新媒体、户外新媒体三种，他认为除了网络媒体和手机媒体外，“一切以数字内容为展现形式的室外媒体”也都属于新媒体范畴⑥。《媒介》杂志主编周艳则从媒体类型的角度将新媒体划分为

---

①陈晓宁. 试论新媒体[J]. 广播电视信息，1999(09).

②冯光华. 初露端倪的新媒体——手机[J]. 新闻记者，2003(07).

③熊澄宇，廖毅文. 新媒体——伊拉克战争中的达摩克利斯之剑[J]. 中国记者，2003(05).

④熊澄宇，廖毅文. 新媒体——伊拉克战争中的达摩克利斯之剑[J]. 中国记者，2003(05).

⑤黄升民. 数字传播技术与传媒产业发展研究[M]. 北京：经济科学出版社，2012.

⑥黄传武等. 新媒体概论[M]. 北京：中国传媒大学出版社，2013.

广播电视新媒体、平面新媒体、移动新媒体、互联网新媒体四类[1]。中国人民大学的匡文波教授认为"新媒体"的严谨表述应该是"数字化互动式新媒体"，他认为"数字化""互动性"是新媒体的本质特征，从技术上看，"新媒体"是数字化的；从传播特征看，"新媒体"具有高度的互动性[2]。他认为目前真正的新媒体只有具有互动性的互联网和手机媒体，而楼宇媒体、车载电视、数字电视均被排除出了新媒体范畴。

中国传媒大学宫承波教授对于这些分歧做了较好的解释和调和，将新媒体分成"新兴媒体"和"新型媒体"两种形态，并从"广义"和"狭义"两方面进行了界定。他认为广义上的新媒体包括"新兴媒体"和"新型媒体"两种形态，狭义上的新媒体仅仅指的是"新兴媒体"。"新兴媒体"是指依托全新的传播技术，以改变传播形态为主要诉求，强调体验和互动，内容生产日趋分散化和个性化的媒体，其以网络媒体、移动媒体和互动电视媒体为代表；而"新型媒体"是在传统媒体的基础上依托新技术衍生而来的，其传播形态并未发生根本性改变，但是信息质量获得提高，传播范围更加宽广，到达了以前无法覆盖的区域，包括户外新媒体、楼宇电视和车载移动电视等[3]。

本书认为新媒体是由于技术的发展而引发的信息传播方式的巨大变革，因此，技术必然是衡量新媒体的重要标志。由于本书的研究内容是新媒体广告，重在发掘新媒体环境下广告活动的新特征，而那些仅在传统媒体基础上，依托新技术衍生而来的新的媒体形态，如车载电视、楼宇电视、户外电子屏等，尽管采用了数字化技术，但其广告表现形式、传播形态、运作方式等与传统媒体几乎无异，因此不纳入本书的讲述范围。也就是说，本书中所涉及的新媒体概念是狭义上的概念，指的是依托数字技术，通过互联网、移动通信网、广播电视网进行传播，具有互动性特征的媒体形态。根据接入网络的区别，可分为互联网媒体、移动通信媒体、广播电视新媒体，这三类新媒体的终端载体分别以电脑、手机、智能电视为代表。

对于新媒体的概念，有三点值得注意：

第一，由于三网融合趋势的不断加强，不同新媒体之间的界限越来越模糊，比如原纯属移动通信网的手机已接入互联网，近年迅速发展的电视 OTT 业务也已经打破了广播电视网与互联网之间的界限。因此，以接入网络的区别来划分新媒体类别必然会遇到很多难以绝对划分的问题。

第二，在本书中，主要以三种典型的媒体终端为线索进行分类和论述，即电脑、手机、智能电视。实际上，目前的新媒体终端除了这三种外，还有平板电脑(PAD)、电子书、可穿戴设备等，但由于这些新媒体与前面三种在内容上和表现形式上有诸多重合，因此不进行专门论述。

第三，新媒体是一个开放的系统，新媒体阵营的成员永远处于不断变化之中，随着计算机和网络技术的进一步发展，以及物联网技术的发展，未来的车载电视、楼宇电视以及新型的户外电子屏等都有可能逐渐具备狭义上新媒体的特征，并实现新型的广告运作方式。本书将在以后的版本中不断完善对新媒体的认识和界定。

---

①周艳.新媒体理论与实务[M].北京：中国传媒大学出版社，2014.

②匡文波.新媒体概论[M].北京：中国人民大学出版社，2012.

③宫承波.新媒体概论(第四版)[M].北京：中国广播电视出版社，2012.

二、新媒体广告的概念

明确了何为“新媒体”，下一个问题是界定什么是“新媒体广告”。在传统媒体中，广告与非广告的界限较为分明；而在新媒体环境下，新媒体传播方式的开放性和传播门槛的降低，导致新媒体环境下的传播行为形式多样，纷繁复杂，常常会出现广告与内容、广告与新闻的边界模糊，广告与免费的信息传播边界模糊，广告与营销的边界模糊。在新媒体中传播的信息，有的是广告主的付费传播行为，有的仅为个人或企业实体的自主传播，有的是消费者的自发扩散传播，有的是单纯的营销行为，有的将广告与营销相结合……在以上这些传播现象中，究竟哪些属于新媒体广告的范畴呢？

要厘清这个问题，还需要明确什么是“广告”，以及在现代广告学的研究范畴中，“广告”的本质特征是什么。

（一）“广告”概念的产生和发展

一直以来，“广告”这一概念都处于不断发展变化之中，尤其是随着新旧媒介的更替，“广告”的内涵不断丰富，外延逐渐扩张。拉丁文“advertere”是“广告”一词的最初源起，意为注意、诱导、传播。后来演变为“advertise”，其含义衍化为“使某人注意到某件事”，或“通知别人某件事，以引起他人的注意”。17 世纪中后期，随着西方商业活动的兴盛，“广告”一词得以广泛运用，成为商业活动中的重要宣传手段，其在社会生活中的功能不断得以拓展，相应地，“广告”这一概念也渐渐脱离了原有的字面意思。19 世纪末一种普遍认同的定义是“广告是有关商品或服务的新闻(news about product or service)”；20 世纪初美国著名广告人约翰·肯尼迪提出了一个具有深远影响的定义：“广告是印在纸上的推销术(salesmanship in print)。”早期对于“广告”定义的落脚点主要停留于广告的存在形态及其功能上。

随着广告传播环境及广告活动的日趋复杂，尤其是广告学作为一门独立学科开始兴起并不断发展后，越来越有必要给“广告”下一个更为精准的定义，以区分广告活动与其他传播活动。国内外学者、广告从业者、行业组织对“广告”一词做过很多界定，表述不一。

美国营销协会提出：“广告是由可确认的广告主，对其观念或服务所作之任何方式付款的非人员性陈述与推广。”

《不列颠简明百科全书》对广告的定义是：“广告是传播信息的一种方式，其目的在于推销商品、劳务服务、取得政治支持、推进一种事业或引起刊登广告者所希望的其他的反应。广告信息通过各种宣传工具，传递给它所想要吸引的观众或听众。广告不同于其他传递信息的形式，它必须由登广告者付给传播的媒介以一定的报酬。”

《中华人民共和国广告法》(1994 年 10 月 27 日颁布)中界定的广告是：“商品经营者或者服务提供者承担费用，通过一定媒介和形式直接或者间接地介绍自己所推销的商品或者所提供的服务的商业广告。”

著名的广告学大师威廉·阿伦斯在《当代广告学》(第8版)中对广告做出如下定义："广告是由已确定的出资人通过各种媒介形式进行的有关产品(商品、服务、观点)的、通常是有偿的、有组织的、综合的、劝服性的非人员的信息传播活动。"①

以上对于"广告"的定义虽然有所差异，但基本观点趋于一致，即"广告"应具备如下几个基本特征：(1)有明确的广告主；(2)有明确的广告目标；(3)广告是一种信息传播行为，也就是说必须有具体的广告信息；(4)基于一定的媒介载体进行传播；(5)传播者需要支付一定的费用。

(二)新媒体广告的界定

在新媒体环境下，广告的生存形态、传播形态发生了巨变，广告内容化趋势变得更为明显。例如在搜索引擎中，通过关键字竞价排名的方式，将出高价者的页面信息放在搜索结果的最前方；在一些名人博客中，博主收取了广告主的广告费用后，在文章中对商品或服务进行推荐等。广告与内容已经几乎融为一体，普通受众常常很难明确辨别。

关于新媒体广告的概念，也有学者进行过表述，华中科技大学舒永平教授对新媒体广告的定义是："由特定组织和个人通过付费方式获得各种媒体载具上的时间与空间，旨在引导受众的情感态度与相应互动的、有关商品和观点的信息传播。"②武汉大学张金海教授认为："所有付费的，公开传播的，有关生产与消费、供应与需求的所有商务信息都属于广告的范畴，其介质、形式不必拘泥。对网络传播而言，在网络上发布的所有商务信息都是广告。"③

2015年4月24日，《中华人民共和国广告法(修订草案)》在十二届全国人大常委会表决通过。修订后的《中华人民共和国广告法》中，对适用对象即广告活动进行了重新界定，明确提出："在中华人民共和国境内，商品经营者或者服务提供者通过一定媒介和形式直接或者间接地介绍自己所推销的商品或者服务的商业广告活动，适用本法。"这一界定相对于1994年版的《中华人民共和国广告法》而言，实质上扩大了广告概念的外延，将新媒体广告传播中的"去中介化"特征和通过自媒体传播等现象纳入了广告概念的范畴。

综合前面的分析可以看出，对于新媒体广告的概念目前仍然没有完全一致的看法。我们认为新媒体广告有广义和狭义之分，广义上的新媒体广告泛指通过新媒体平台或渠道发布的所有商务信息；而狭义上的新媒体广告是指商品经营者或服务提供者以付费的方式获得在各类新媒体平台中的曝光机会，以实现产品(服务)推介或信息沟通为目的的商业活动。本书中涉及的新媒体广告均指的狭义上的概念，而诸如企业网站上的自主宣传、个人通过论坛发布销售信息、消费者无偿评论转发、自媒体传播等，虽然客观上起到了广告宣传的作用，但不属于本书的研究范畴。

---

①[美]威廉·阿伦斯.当代广告学(第8版)[M].北京：人民邮电出版社，2005.

②舒咏平，陈少华，鲍立泉.新媒体与广告互动传播[M].武汉：华中科技大学出版社，2006.

③张金海，王润珏.数字技术与网络传播背景下的广告生存形态[J].武汉大学学报(人文科学版)，2009(04).

第二节　新媒体广告的特点和分类

由于新媒体在技术手段和传播方法上具有完全不同于传统媒体的特点，其采用数字技术、计算机网络技术、移动通信技术等进行信息传输，具有传播范围广、信息量大、即时性、互动性、开放性、分众化等特点，这决定新媒体广告与传统媒体广告有本质区别。

一、新媒体广告的特点

新媒体广告相对于传统媒体广告而言，最大的特点在于广告内容的丰富性和多样性，广告表现的交互性和参与性，广告传播的精准性和持续性，广告效果的可测性。

（一）广告内容的丰富性和多样性

新媒体的数字化和开放性特点，决定了新媒体广告在内容上具有量的丰富性和质的多样性。具体表现在如下几个方面：

1.广告信息数量巨大（可扩展性）

新媒体广告以数字化的方式进行开发、存储，基于国际互联网络进行传播，突破了地区、国家间界限，可以 24 小时不间断地传播信息，决定了其广告在数量上是传统广告无法比拟的；同时，新媒体广告利用超链接技术，在一个广告链接的后面，对应着系统的、立体化的企业宣传信息或广告活动。

2.广告内容涉及领域广（广告门槛低）

在传统大众媒体时期，广告的门槛较高，一般只有具备较强经济实力的企业才会在报纸、电视台发布广告。而新媒体时期，媒体多元化、广告投放形式多样化和发布方式的便捷化，使得广告投放门槛大大降低，普通大众可以随时随地进行广告信息的投放和发布。比如每个人都可以注册一个账号，支出很少的费用即可在搜索引擎网站上进行竞价排名广告投放，宣传自己的产品或服务。这种低门槛的广告投放，导致参与宣传的产品范围更为广泛，广告内容更为丰富。

3.广告表现形式多样

一方面，新媒体广告利用数字技术和网络技术，将文字、声音、图像、动画、超链接等表现形式进行全面融合，容易进行个性化的广告创意；另一方面，媒介产品的多元化，使得广告表现不拘一格，不同的广告平台对于广告有其适配性，文字广告、图形广告、贴片广告、植入广告等，在不同的广告平台上有不同的表现方式。

（二）广告表现的交互性与参与性

新媒体的互动特征，使得新媒体广告有了进行交互设计的基础。新媒体广告的交互性表现为多个方面。首先，大部分新媒体广告不仅仅是静态的图文展示，用户通过点击广告可以进入下一级页面，或参与更多活动或注册成为会员或直接点击下单购买或进一步分享信息等；其次，还有一部分新媒体广告本身就是一个趣味性的互动游戏，在游戏中找到与产品的结合点，并通过互动性的设计，吸引用户兴趣，或者在与受众的互动过程中慢慢释放出全部信息;再次,对于手机类新媒体而言,互动性元素更为丰富,用户可以通过即时发送短消息、拨打电话,扫描二维码等参与互动还可以对广告信息进行评论、转发等。

(三)广告传播的精准性和持续性

广告传播的精准性和持续性主要表现在如下几个方面:

1. 广告发布的实时性

在传统广告时期,一次广告活动从策划到实施需要较长的时间周期,而且一旦广告刊播后,几乎没有修改的余地。但是对于新媒体广告而言,其不仅信息传播迅速及时,而且可以实现随时制作随时发布,同时广告发布者也能根据情况变化及时更新广告信息,非常有利于广告时机的精准把握。比如面临危机公关时,配合危机公关的广告可以第一时间在新媒体中发布;在事件营销活动中,广告主也可以根据时机随时开展或改变广告攻势,使广告信息"无处不在"地包围受众。

2. 广告目标的精准性

大数据主导下的广告投放,基于海量的用户资料搜集和强大的数据分析技术,可以实现广告目标的精准性。网络服务商可以利用网络追踪技术收集用户信息,整理用户访问的内容及访问习惯,并按照用户性别、年龄、职业、爱好、收入、地域等不同标准对广告受众进行分类,然后利用相关技术,根据广告主要求向不同类型的用户进行精准广告投放,实现广告的高度个性化和分众化。人们在浏览网页时常常会发现,页面上显示的广告信息,总是与自己之前浏览或查询过的产品内容"不谋而合",这就是新媒体广告的精准性投放所致。

3. 广告受众参与传播

在传统媒体时期,受众一般是被动接受广告信息,对于媒体中刊播的广告,受众只有选择看或不看,听或不听的权利;同时对于广告信息而言,其传播为一次性行为,尤其是广播广告和电视广告,一则广告的播出意味着一次广告活动的结束,受众无法重温广告信息,更无法对广告信息进行反馈和二次传播。但是新媒体背景下的广告传播活动包含着更深层的传播规律,受众不仅可以根据自身需要检索广告信息,而且可以参与广告互动,成为使用体验的分享者、广告信息的二次传播者。受众的参与性,使得新媒体广告的传播不是一次性行为,而具有长效性。

(四)广告效果的可测性

广告效果的可测性,表现为如下几个方面:

1. 访问数据的可测性

传统媒体以发行量、收视率、收听率等作为广告效果的测量指标,而现实情况是,看过报纸的读者、收看电视的观众并不一定会看过广告,因此传统媒体的广告效果测量其实只是一种粗放型估量。而新媒体中,既可以通过访客流量系统统计出相应网页的浏览量,还可以通过点击率转发率、评论数等来精确计算消费者对广告的即时反应,同时点击者的地域分布、点击时间都清晰可辨,这些均可作为广告效果的重要测量指标。

2. 营销效果的可测性

随着电子商务、互联网金融以及物流业的迅速发展,通过网络购物已成为现代人的一种消费习惯。因此，新媒体广告与营销效果之间的关系也变得更为密切。广告通过超链接与营销平台进行关联，在电脑或手机上看到一则广告，如果对广告产品或服务感兴趣，即可方便快捷地实时完成产品购买。尤其是电子商务网站上的广告，销售效果更是广告效果的精确测量指标，而这些都是传统媒体无法实现的。

近年来，随着新媒体的迅速发展，新媒体的触角已经布及社会生活的方方面面，新媒体广告逐渐以后来者居上之势，冲击和分流着传统媒体的广告市场。但是由于新媒体的开放性，其存在与生俱来的不足。新媒体广告虽然相对于传统媒体而言有诸多优势，但目前还存在不少问题，比如违规广告多、广告可信度低、诚信缺失、手机短信广告泛滥、广告点击率造假、监管困难等问题层出不穷，这些问题亟须随着新媒体的发展进行逐步规范和完善。

二、新媒体广告的分类

新媒体广告形式多样，广告发布平台多元化，对于新媒体广告的分类的角度比较多，没有完全一致的标准。由于新媒体广告属于广告的一种，因此，很多对于传统广告的分类方法用在新媒体广告中同样适用。比如，按照广告的性质分，可分为商业广告和非商业广告；按广告对象分，可分为消费者广告、行业广告、服务业广告；按广告目的分，可分为产品广告、品牌广告、观念广告、促销广告等。也有学者从新媒体自身的特征出发进行分类，如根据新媒体技术实现方式，把新媒体的广告分为互动性广告和非互动性广告；根据推送手段，分为定向广告和非定向广告；根据传播范围，分为大众广告和窄众广告等类别。本书主要从新媒体广告终端载体的角度进行分类，将其分为网络媒体广告、手机媒体广告、电视新媒体广告三类。（见图 1-3）

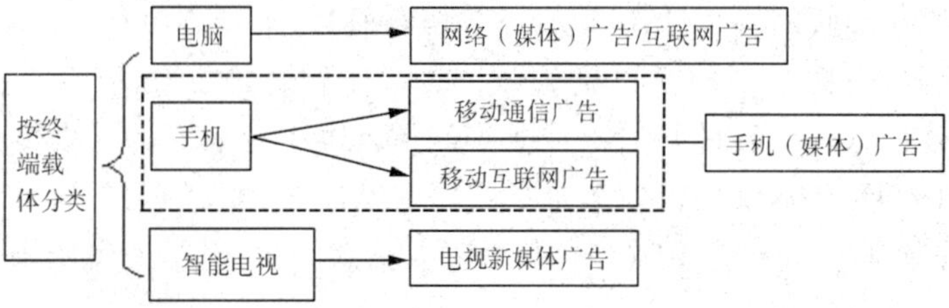

图 1-3　新媒体广告的分类（按终端载体划分）

（一）网络媒体广告

网络媒体广告，通常也称为网络广告、互联网广告。对于网络广告的概念有很多不同的看法，广义上的网络广告泛指通过互联网、移动通信网、广播电视网等网络技术进行传播的所有广告形态。从这个角度出发，也有人提出新媒体广告实质上就是网络广告的泛化。

狭义上的网络广告特指基于互联网技术，通过 PC 机、笔记本电脑等终端进行传播的广告。由于在互联网诞生的初期，电脑是承载网络信息的主要终端载体，因此人们约定俗成地将这一类广告称为网络广告，而为了以示区分，将后来兴起的基于手机终端和平板电脑终端的网络广告统称为“移动互联网广告”。如北京市工商局在 2001 年 4 月颁布的《北京市网络管理暂行办法》第二条规定:“本办法所称网络广告,是指互联网信息服务提供者通过互联网在网站或网页上以旗帜、按钮、文字链接、电子邮件等形式发布的广告。互联网信息服务提供者包括经营性和非经营性互联网信息服务提供者。”该办法作为我国第一个全面规范网络广告活动的文件,虽然从现在看来存在较大的局限性,但可以看出其对网络广告的界定是狭义上的概念。

本书后面章节所涉及的网络广告均指的狭义上概念,我们给其下一个定义:网络广告,指由可识别的广告发布者,通过图文或多媒体等形式在计算机网络平台上发布产品或服务信息,以达到劝服或沟通等目的的传播活动。

(二)手机媒体广告

手机媒体广告,通常也称手机广告、移动通信广告、移动广告、无线广告,指以手机媒体为终端载体进行传播的新媒体广告形式。手机媒体由于兼具移动通信功能和网络的移动终端功能,目前已经成为新媒体广告领域最具潜力的媒体终端。因此手机终端常作为一个独立的研究对象,其包含了利用无线通信技术进行传播的“移动通信广告”和基于互联网技术而发展的“移动互联网广告”两层内涵。

若结合前面所提到的“广告”的基本特征,可以将手机广告定义为:由可识别的广告主付费,通过手机终端,以短信、彩信、手机网页、客户端等媒体进行发布,向用户传递产品或服务信息,以达到影响和劝服目的的传播形态。

(三)电视新媒体广告

电视新媒体广告,也称互动性电视广告,是指利用数字技术,以具有互动性功能的电视或智能电视为终端,通过广播电视网或互联网等网络进行传播的广告形态。

实质上,在“三网合一、多屏融通”的趋势下,不同终端所承载的内容间的界限越来越模糊,电脑终端可以拨打电话、手机可以上网、电视可以承载各类网络应用,很难绝对分清界限。比如网络广告与手机媒体中的移动互联网广告存在千丝万缕的联系,目前正在渐渐向电视领域渗透。但由于电视新媒体目前受到多方因素的制约和管控,电视新媒体广告仍处于起步阶段。

第三节　新媒体广告发展概览

新媒体广告的产生以网络广告为先驱,手机广告后来者居上,它们像一股强劲的旋风席卷了全球广告市场,使得传统媒体广告的市场份额不断萎缩,广告经营岌岌可危,而以数字化和互动性为典型特征的新媒体广告所向披靡,广告份额节节攀升。本节主要对网络媒体广告、手机媒体广告的发展历程和现状进行简单梳理和回顾,由于电视新媒体的发展受到各方面政策的制约,目前其广告经营尚处于起步阶段,因此在本节中不进行专门介绍。

一、网络媒体广告的发展概况

从网络广告的出现至今仅20年时间，目前，在大部分网络广告较为发达的国家，其市场规模已相继超过杂志、广播、报纸、电视，成为排名第一的媒体类别。网络广告发展之快，令世界瞩目。以美国网络广告市场为例，其广告市场规模从1995年不足6000万美元增长到了2013年的428亿美元①，仅8年时间，广告规模翻了700多倍。2001年时，美国网络广告的市场规模开始超过了户外广告，2007年超过了广播广告，2008年超过了杂志广告，2010年超过了报纸广告②。2013年，美国网络广告首次超过电视广告，目前仍然在以两位数的速度继续增长。

回顾世界网络广告的发展历史，一般划分为如下三个阶段：

（一）探索发展期（1994—2000年）

1994年10月，美国著名杂志《在线》（Wired）推出了网络版Hotwired（www.hotwired.com），其主页上出现了AT&T、IBM等14个客户的网幅广告（banner），这则广告被视为世界上第一则标准的网络广告，其意义就像一个里程碑，宣告着网络广告这种新型广告方式的诞生。

图1-4　1994年10月14日出现的第一个网络横幅广告

之后几年中，网络广告逐渐在世界范围内兴起，日本、俄罗斯、英国、德国等较发达国家均开始出现网络广告。我国的网络广告起步比美国晚3年，第一个网络广告是Chinabyte网站于1997年3月发布的一条468×60像素的动画旗帜广告，这则广告是IBM为AS400的宣传所发布的，为此IBM支付了3000美元广告费。当时我国互联网用户仅62万人③，大多数人对网络这一概念还十分茫然，但这则广告的出现，标志着我国网络媒体打破了"烧钱"阶段对风险投资的过度依赖，开辟出了一条新的盈利渠道，为网络媒体的可持续发展奠定了基础。随后，陆续有网络服务商开始利用网络广告创造一些营收，1998年，中国国中网在世界杯比赛期间推出世界杯网站，取得了200万元广告收入；1999年1月，IBM与新浪签订了30万美元的网络广告合同，这成为当时最高金额的单笔网络广告单子。网络广告渐渐走进人们的视野。

综观这一阶段，网络广告市场表现出如下几个特点：

1. 网络广告从无到有，增长迅速

从第一则网络广告的出现到2000年，网络广告市场如横空出世的黑马，经营额一路飙升。从表1-1可以看出，1996年，美国网络广告市场增长率一度达到385.5%，之后几年

---

①美国互动广告局（IAB：U. S. Interactive Advertising Bureau）于2014年4月10日发布的《美国数字广告市场年度报告》。

②艾瑞咨询于2011年8月发布的《1995－2011年美国网络广告市场数据研究报告》。

③中国互联网信息中心于1997年10月发布的《第一次中国互联网络发展状况调查统计报告》。

虽有所放缓，但也几乎是翻倍增长。中国网络广告虽然起步较晚，增长态势与美国基本相仿，1998 年市场规模仅 0.3 亿元，而 1999 年已经达到 0.9 亿元，比 1998 年增长了两倍。

表 1-1　2000 年以前中国和美国广告市场规模和增长率①

类别 年度	美国网络广告		中国网络广告	
	市场规模（亿美元）	增长率（%）	市场规模（亿元）	增长率（%）
1995	0.6		——	——
1996	2.7	385.5	——	——
1997	9.1	239.7	——	——
1998	19.2	111.7	0.3	——
1999	46.2	140.7	0.9	200
2000	80.87	75	3.5	288.9

2. 广告主结构较为单一

在网络广告产生的早期，由于受众群体规模较小，加上企业对网络广告还不了解或尚未接受，这一时期网络广告的投放者主要集中在 IT 行业，诸如计算机软硬件公司、网络服务公司、网络设备公司等。根据艾瑞整理的美国广告市场广告主投放比例的数据显示，1996 年，美国网络广告投放量前几名的行业是 IT 产品类、消费类、媒体类、通信类，其中 IT 产品类广告投放量最多，占 38%②。而在中国，这一时期网络广告主主要来自两大行业，即电脑和电信。Intel、联想、IBM 是电脑行业中的主要广告主，而摩托罗拉和诺基亚则是电信行业的主要广告主。直到 1999 年上半年，才陆续有其他行业涉足网络广告，打破了网络广告主单调的僵局。

3. 广告表现形式较为单调

由于没有可借鉴的模式，最早出现的网络广告，主要借鉴的是传统媒体的广告表现形式，配合网络页面设计广告图标，也就是旗帜广告（banner），又称网络横幅广告。后来渐渐发展出动态旗帜广告、文本链接广告、电子邮件广告等形式。总的来说，在网络广告初期，展示型广告占统治地位。

4. 一批早期的网络广告代理公司诞生

在网络广告起步之初，广告主一般直接与网络媒体合作，开展广告投放业务。但很快，嗅觉灵敏的广告从业者就感知到了广袤的市场空间，一批专门服务于网络广告的代理公司开始出现。1996 年，全球最大的网络广告代理商 Double Click 在美国成立，其主要业务是从事网络广告软件开发与广告服务；1998 年 10 月，上海好耶计算机有限公司成立，这是中国第一个收费运营的网络广告联盟；1998 年 11 月，互动传媒亚洲有限公司成立，这是由中华网与互动传媒公司合作成立的全资子公司，是最先进入中国的全球性专业网络广告代理公司③。此外，一些传统广告公司也纷纷涉足数字业务。1999 年 1 月，英特尔的全球

①表中数据根据美国互动广告局（IAB）历年发布的《美国网络广告收入报告》及中国互联网信息中心历年发布的《中国互联网络发展状况统计报告》中的数据整理。

②艾瑞咨询：《1995—2011 年美国网络广告市场数据研究报告》。

③王成文. 中国网络广告第一个十年发展研究[D]. 郑州：河南大学，2008.

广告代理公司灵智大洋广告有限公司在北京成立“互动传播部”；1999 年 4 月 16 日，奥美国际集团与智威汤逊中乔广告有限公司通过其合作联盟传立在中国联合推出互动媒体咨询服务；1999 年 10 月，北京电通广告有限公司成立网络互动中心。

5. 网络广告影响力迅速提升

随着网民人数的不断攀升，网络广告的影响力迅速提高，受到管理部门和行业组织的重视。1996 年，美国网络广告局(IAB：Interactive Advertising Bureau)成立，代表了全球网络广告行业的步入正轨。1998 年，联合国新闻委员会正式提出互联网“第四媒体”的概念。在我国，1999 年，网络广告规范性管理意见开始酝酿并提上国家监管司的议事日程。同时，在一些重要的广告大赛中(如戛纳国际广告节)，网络广告也开始作为一个独立的评奖单元，吸收相关作品并进行评奖。

(二) 受挫调整期(2000—2003 年)

基于前一阶段网络市场的高度繁荣，投资者们对网络市场的发展前景一致看好，数以千亿计的资金涌入互联网领域。作为新经济晴雨表的纳斯达克指数从 1998 年 10 月的 1500 点一路上扬，到 2000 年 3 月 10 日，创下 5132.5 点的高点。但是由于人们对网络经济过于乐观，“概念”炒作过多地替代了实体经营，终究导致虚假繁荣背后的泡沫破灭，股指连续下挫，投资者陆续撤出，从 2000 年 3 月以后，网络行业愁云笼罩，进入了空前的黑暗期，大批网站倒闭或被并购，互联网职员被裁员。网络广告在这种形势的影响下，呈现出如下特点：

1. 网络广告遭遇重创，收入锐减

由于前期网络广告的广告主以 IT 业为主，网络经济的破灭直接导致了广告收入锐减。美国网络广告一改高歌猛进的势头，从 2001 到 2003 年持续负增长。据统计，2001 年，美国网络广告市场比 2000 年下跌了 11.8%，2002 年继续下跌 15.8%，直到 2003 年下半年才开始缓慢回升。中国广告虽然还在持续增长，但增幅从 2000 年的 288.9%大幅降至 2001 年的 31.4%和 2002 年的 32.6%。

2. 广告投放较为集中

尽管网络经济陷入萧条，仍有一些广告主坚持在网络上投放广告，只是投放的媒体更为集中，主要选择影响力较大的门户网站进行投放。根据 IAB 发布的调查数据，在 2002 年第三季度，美国 15 家最大网络媒体中有 9 家的收入与 2001 年同期相比平均增长了 66%，可见网络广告收入主要由少数大型网络媒体所控制。而在中国，2002 上半年中国网络广告主数量为 570 家，仅新浪和搜狐两家的广告客户数量就达到 432 家，占全部广告主数量的 75.8%①。

3. 广告形式有所创新

在严峻的经济环境下，网络媒体为了吸引用户和广告主，在广告形式上进行不断进行尝试和创新。一方面在广告尺寸上进行变革。最早进行广告形式上革新的是美国的 CNET，其在 2001 年 2 月推出了放置在网页中心位置的 360 ×300 像素的巨型广告，此后各大网络公司纷纷跟进，掀起了网络广告越大越好的浪潮，大通栏、画中画、弹出窗口等广

①冯英健. 综述：网络广告的 2002[EB/OL]. (2003-01-06) www.marketingman.net.

告形式成为主流;另外通过技术手段的创新,发展出了 Flash 广告、网上视频广告、流媒体广告、插播式广告等多样化形式,并开始重视广告的互动性。网络广告公司 24/7 Media 在广告中引入即时通讯技术,使得用户通过一则在线抽奖活动广告中可点击嵌入按钮,将这项活动通过短信息的形式发送给朋友,结果发现,这种广告远比电子邮件广告效果要好,广告回应率提升了 300%。

4. 竞价排名广告异军突起

当展示型广告受到重创时,一些网站积极寻找新的盈利模式。2001 年 10 月,Google 推出关键字广告业务,采用点击付费和竞价的方式进行广告经营,这种以关键词检索为代表的竞价排名广告一出现便受到热捧,其营业额逆势增长。据 IAB 的统计,2002 年美国第二季度的关键词检索收入比 2001 年同期增长了 144%。中国的百度也在几乎同一时间启动了搜索引擎竞价排名广告业务。

(三)复苏和快速发展期(2003 年至今)

从 2003 年开始,全球网络经济开始回温。在这一年,一场突如其来的非典(SARS)把很多人困在了家里,网络成了人们之间互通信息的最好渠道。网民人数在这一年中激增,网络的影响力空前高涨,投资者对互联网重拾信心,网络市场再度繁荣,网络广告节节攀升。2003 年可以说是网络广告从低谷走向繁荣的重大转折,美国网络广告一举打破连续两年的负增长态势,在 2002 年基础上实现了 20.9%的增长(如图 1-5),而中国在这一年创下了 10.8 亿元人民币的网络广告收入,比 2002 年的 4.9 亿元翻了一番。

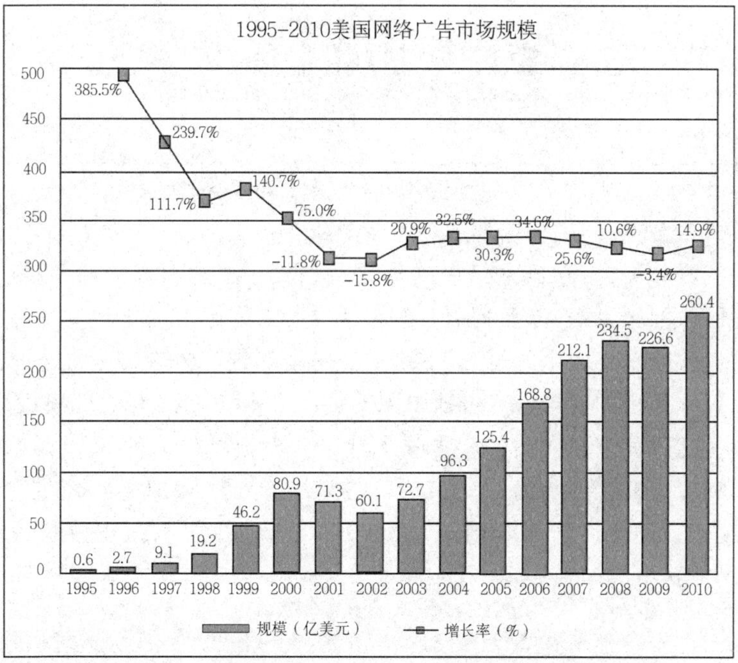

图 1-5　1995—2010 美国网络广告市场规模①

①该图片摘自艾瑞咨询于 2011 年发布的《1995—2011 年美国网络广告市场数据研究报告》。

从 2003 年至今，虽然期间受世界金融危机的影响，全球网络广告市场曾在 2009 年一度下滑，但从 2010 年开始，继续保持一路增长的态势。具体来说，这十几年间，网络广告市场表现出如下特点：

1. 网民人数快速增长，广告营收稳步上扬

1997 年，全球网民人数仅 7000 万人，到 2009 年，数量已突破 10 亿，其中 43％来自亚太，28％来自欧洲，18.4％来自北美，中东和非洲地区占 4.8％。以中国为例(见图 1-6)，中国的上网用户数自 2003 年开始呈爆发式增长，到 2008 年时网民人数已经超过美国，成为世界上上网人数最多的国家。从网络广告营收上来看，以我国为例，2003 年，我国网络广告市场规模仅为 10.8 亿元，而此时全国电视广告的市场规模为 231 亿元；2011 年，网络广告的市场规模为 512.9 亿元，首次超过了 453.6 亿规模的报纸广告，成为仅次于电视广告的第二大媒体；到 2014 年，我国网络广告的市场规模已达到 1540 亿元，已经超过电视媒体的市场规模。

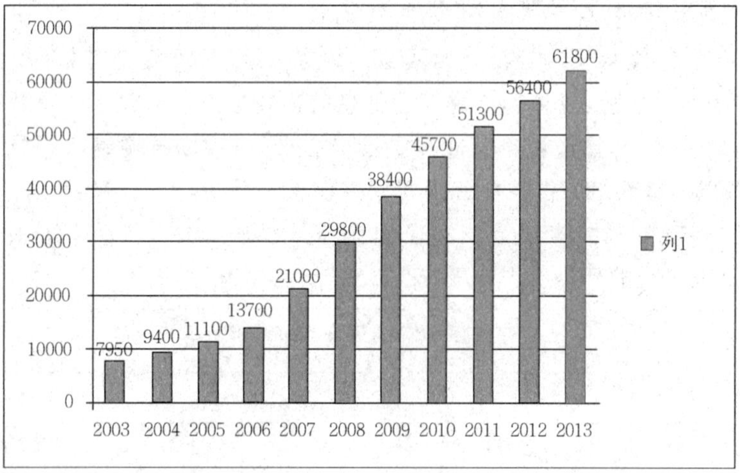

图 1-6　2003—2013 年中国上网用户数变化情况①

2. 广告媒介平台百花齐放，广告形式不断翻新

网络广告的媒介平台，不再是门户网站一家独大。搜索引擎网站、垂直网站、视频网站、电子商务网站、社区论坛，以及博客、播客、微博、微信等个人化社交媒体强势进驻，纷纷以其独特的优势吸引广告主的目光，不断瓜分网络广告市场这块诱人的蛋糕。2006 年，新浪网以 9.5 亿人民币的广告收入占据中国网络广告市场 15.7％的份额，稳居第一，加上搜狐、腾讯、网易这四大门户网站的广告收入共占广告市场份额的 35.1％；而到 2014 年，这四大网站累加所占的比例降到了 13.2％(如图 1-7 所示)。同时，从广告形式上看，在传统的网幅广告、文字链接广告等基础上，发展出了垂直搜索广告、视频贴片广告、植入广告、原生广告等更新型的广告形式。

①根据 CNNIC 历年发布的《中国互联网发展状况统计报告》整理。

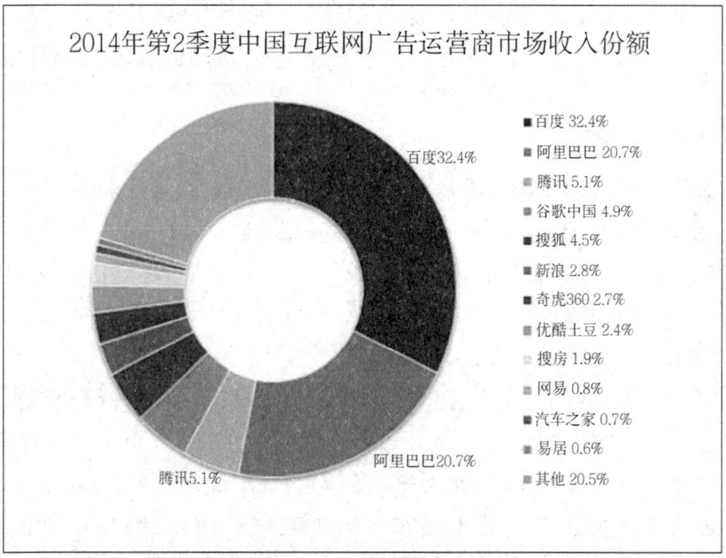

图 1-7　2014 年第二季度中国互联网广告运营商市场收入份额①

3. 程序化投放发展迅速，媒介购买向受众购买转变

2007 年前后，谷歌和百度两个搜索领域的巨头就开始依靠对网民搜索信息的分类和大数据分析，探索网络媒体购买的新模式，向广告主“售卖”具有类似特点的人群，如浏览同一信息的网民或某个时间点同时在线的人群等；2012 年以后，随着需求方平台(DSP)和实时竞价(RTB)技术的出现，越来越多的网络媒体开放自己的版位资源，利用程序化投放平台的大数据分析及人群定向技术，为广告主找到精准的用户，并进行实时投放，使每一个互联网用户只看得到自己感兴趣的广告，网络媒体开始突破从传统媒体沿袭而来的版面固定价格买卖形式，向购买网络受众转变。

4. 广告产业链重新洗牌，并购融合成常态

随着网络媒体的极度繁荣，传统的广告运行模式已经无法满足客户的需求，广告运行模式呈现多样化特征。在网络广告产业链中，除了传统广告代理公司外，涌现出一大批专业的网络广告代理公司、网络广告联盟；此外，随着程序化广告投放的兴起，出现了服务于广告活动各环节的技术公司，如广告创意优化公司、广告投放公司、广告效果优化公司等。这些新的广告产业链成员，或由传统广告代理公司演变而来，或生根于网络媒体，或为独立的新生实体，它们在网络市场资本运作的大环境下，接受大浪淘沙的洗礼，或被并购融合，或被市场淘汰。

网络广告经历了多年的快速发展，广告市场从无序到有了一定的规则，但目前还存在诸多可能阻碍其进一步发展的问题。

1. 广告媒介良莠不齐，广告创意难上台阶

由于互联网的开放性特征，网络媒介数量众多，良莠不齐。除了一些具有知名度的门户网站、视频网站等专业网站外，还有大量的小型或个人化网站从事广告经营活动，它们以极低的门槛为广告主发布网络广告，不注重广告形式和表现。通常的情况是，用户通过

①易观智库.易观分析：2014 年第二季度中国互联网广告运营商市场规模达 373.1 亿[EB/OL].2014-07-23，http://www.enfodesk.com/SMinisite/maininfo/articledetail－id－409916.html.

搜索引擎进入一个网站，扑面而来的是各种设计低劣的“牛皮癣”类广告。尤其是随着程序化广告投放的兴起，小网站上的劣质广告数量更是呈几何倍数增长，影响了整体网络广告市场的品质。

2.网络广告发布门槛低，虚假广告泛滥

随着网络媒体影响力的扩大，越来越多的个人或小型企业开始通过网络渠道发布广告，由于网络广告的发布门槛低，广告监管漏洞多，虚假广告泛滥。此种情况据时任国家工商行政管理总局副局长甘霖宣布的一组数据可见一斑：从2007年到2014年这八年中，我国共查处了37万件虚假违法广告案件，其中30%属于虚假广告。

3.广告效果监测标准不统一，市场秩序较混乱

对于传统媒体来说，各行业的广告效果监测已有相对一致的标准，然而在日新月异的互联网媒体中，网络广告的监测标准则显得较为混乱。虽然已经出现一些第三方监测机构开始探索互联网广告效果评估标准问题，但倾向于各自为政，各执一词；而形式众多的网络媒体的广告效果评估主要是基于网站所提供的数据，其准确性和公正性容易受到广告主的质疑。企业在投放广告前很难做效果预测，一定程度上抑制了广告主的投放决心。

二、手机媒体广告发展概况

手机媒体广告的出现时间不长，世界各国发展进程不一致。手机在其发展过程中，由作为个人通信工具的移动电话，发展成电脑网络的移动终端，在这过程中，手机广告的概念也从“无线广告”逐渐发展为“移动广告”。“无线广告”是在2G通信时代常用的概念，用来特指手机广告，“无线”主要是相对于固定电话的“有线”而言，基于手机（无线通信）的“无线广告”则多指基于无线通信功能的广告，比如短信、彩信和WAP作为载体的广告。在3G通信时代，“无线广告”概念逐渐被“移动广告”概念所取代，“移动”相对于个人电脑的“固定”而言，这意味着手机媒体作为移动电脑终端的角色得以强化。“移动广告”在表现形式和投放方式上都更接近于网络广告，比如banner广告、积分墙广告、插播式广告、植入式广告等。手机并不是生来就被视为一种媒体形式，而是随着其功能的不断完善，用户使用率和黏度的不断提高，其媒体属性和价值才开始被发掘和利用，手机广告的发展与手机的媒体化历程密不可分。

（一）手机的媒体化

综观各国的手机发展情况，基本都经历了从第一代蜂窝移动通信技术（1G）、第二代数字移动通信技术（2G）和第三代宽带数字通信技术（3G）的发展历程，目前大部分国家已经进入4G时代。相应的手机设备也实现了由模拟制式手机到第二代数字手机、第三代智能手机的演变（如图1-8）。

世界上第一部手机诞生于1973年，摩托罗拉的总设计师马丁·库伯带领他的团队完成了世界通信史上的巨大突破，研制出“便携式”移动电话。但是，这时的手机体积非常巨大，基本不能作为移动通信工具。直到1983年6月13日，摩托罗拉终于推出了世界上第一台真正意义上的便携式手机，这台手机体积和重量减少了很多，最长通话时间是一个小时，可以存储30个电话号码。手机发展的序幕由此拉开。

早期的手机不仅较为笨重，而且功能非常简单。在 1G 时代，手机只能完成基本的语音通话功能。因此，这一时期的手机仅仅是作为通信工具使用，不具备大众媒体属性。

第一代手机　　第二代手机　　第三代手机

图 1-8　手机外观的演变

2G 时代的手机除了语音通话功能外，还可以收发短信，短信功能的出现使手机具备了发布广告的最基本条件。1992 年世界上第一条短信在英国沃达丰的网络上通过电脑向手机发送成功，标志着短信时代的到来，我国的移动通信网络在 1994 年也具备了短信功能。

接着，以手机为载体的各类增值业务开始出现，如手机新闻、手机报、手机电视、移动商务、游戏、邮件应用等。2001 年，我国第一份手机报问世。2004 年，随着中国移动彩信业务的推出，《中国妇女报》率先推出了《中国妇女报(彩信版)》，此后其他报纸纷纷行动，开始了报纸的数字化融合之路。2005 年，唯一拥有手机电视牌照的上海文广与中国移动合作开通手机电视“梦视界”业务，向手机用户提供下载点播和直播等形式的手机电视业务；中国联通与央视新闻频道、央视 4 套、9 套以及凤凰资讯台等 12 个电视频道联手推出“视讯新干线”手机视频服务。手机如同一座正待开发的金矿，吸引着媒体人士的注意力。在研究领域，手机也作为一种新的媒体形态，频频被纳入新媒体研究范畴，手机作为“第五媒体”的概念就在这一时期提出。但是这一时期的手机屏幕较小，承载的内容少，而且网速低，上网费用高，互动性非常有限，因此，这一时期的手机，只能将其看作一种媒体形态的雏形，仍属于人际沟通的工具，不是真正意义上的大众媒体。

直到 3G 时代的到来，手机正式由人际传播工具向大众传播媒体转变。手机实现与互联网的高速连接，以大屏幕为特征的智能手机成为手机市场的主流，网络媒体中存在的各种媒体形态几乎都设计了手机版，在手机上可以通过 WAP 或 APP 客户端进入与网络媒体融合的疆域。手机变成了具有通信功能的迷你型电脑，成为网络媒体的延伸，人们通过手机可以移动上网、办公、购物、交际、娱乐，手机从人际传播工具转变为了可以进行大众传播的工具，其媒体属性在这一时期正式得以确立。有学者对手机的传播形态进行了总结：“手机作为媒体，最初是一对一传播，之后随着短信技术的出现逐渐变成一对多传播，当网络技术运用于手机后，手机就变成了以视听为终端，以网络为平台的，以个性化信息为传播内容的，以分众为传播目标、以定向为传播效果、以互动为传播应用的大众传播媒体。”①

由于手机媒体集印刷媒体的滞留性、电视媒体的直观性、广播媒体的便携性、网络媒

①黄传武等. 新媒体概论[M]. 北京：中国传媒大学出版社，2013：64.

体的互动性为一体，其有望成为所有媒体形式中最有发展潜力、最有市场的媒体，甚至有人预言："随着社会的发展，或许将来只有一个主流媒体，那就是手机。"①

（二）国外手机广告的发展概况

手机广告是随着2G网络的发展而开始出现的。2G属于数字移动通信系统，也称窄带数字通信系统，不仅可以支持语音业务，还可支持低速数据传输。"短信"功能在这一系统下得以实现，并逐渐从简单的文字发送发展成一种集新闻、娱乐、互动于一体的信息传播方式。世界各国最初的手机广告都与短信业务密切相关。

世界上最早的手机广告出现在日本，1999年，日本电信运营商NTT DoCoMo公司推出了基于i-Mode技术的手机短信报增值业务，一些公司在上面发布产品或服务促销信息，可以视为手机广告的发端。在短信的诞生地英国，靠短信传递消息非常普及，2001年，英国一家名叫ZagMe的无线内容公司开始尝试短信广告业务，其最初与伦敦两家最大的商业中心合作，只要在ZagMe网站注册或通过短信息提出申请，就可以成为会员，免费得到商业中心提供的促销信息和折扣券，还能参加许多有奖活动，这个活动很快吸引了8万手机用户成为其会员。ZagMe公司再通过会员的注册信息，为其发送"量身定制"版的商家优惠信息和折扣券，并选择最恰当的时间向用户发送。刚开始这项服务是免费的，后来ZagMe每发布一条促销信息，即向相应店铺收取45美分②。这可以说是英国早期短信广告的典型代表。美国虽然是世界上网络广告最发达的国家，但早期手机广告的发展相对滞后，其中一个重要原因是美国对个人隐私的保护，使手机广告的发展受到一定制约。

日本、韩国以及英国、德国、挪威等国家都是较早开通3G业务的国家，但日本在3G应用领域领先全球，也是手机广告发展最成功的国家。日本于2001年就开通了3G网络。2005年，日本利用手机上网的用户数量已经超过了使用计算机上网的用户，是世界上第一个手机上网用户超过计算机上网用户的国家；2009年8月，日本3G用户数已达1.036亿，占手机用户数的94.8%③。日本手机广告一方面形式非常丰富，除了普通的WAP网站展示型广告外，还发展出了电子邮件广告、流量导入广告、搜索关键字广告、游戏广告、手机视频广告、手机定位广告等多种形式；另一方面，在广告表现上注重与人们的生活密切融合，如通过手机发送虚拟优惠券，通过阅读手机广告获得赠品或减免话费，将手机上浏览的内容巧妙的做成广告内容等。在日本，对手机广告有着非常完善的法律法规，还有详细的网络广告发布、后期刊登等的申请格式。例如，根据2011年的报道，日本通信省计划要求移动服务提供商公布上网费的计算方式，目的是让用户降低在移动媒体费用上的支出。相关部门也已经明令三大运营商进行全方位的信息披露，做到真正的透明化④。

美国2005年才正式开通3G业务。2006年，位于美国加州的AdMob公司推出了为广告主提供手机广告自助服务的移动广告交易平台，这是美国第一家移动广告平台，2009年被谷歌收购，目前已经发展为全球最大的移动广告平台。虽然美国在网络广告的发展

---

①波记.探讨手机广告业务[J].邮电企业管理，2001(02).

②袭云.短信息广告哄得两头都说好[EB/OL].(2001-09-08).人民网：http://www.people.com.cn/GB/it/50/147/20010907/554394.html.

③匡文波.手机媒体概论[M].北京：中国人民大学出版社，2012：12.

④魏玮华，张殿元，西海瑠依.日本手机广告研究[J].青年记者，2012(07).

上走在世界前列，但其手机广告却相对滞后，有数据显示，2009年美国手机使用率已达到91%，其手机广告支出仅为4.16亿美元，而当年的网络广告支出却是240亿美元[①]。近年来，手机广告开始被视为美国广告市场最有潜力的经济增长点，受到了各方的重视，2013年其手机广告支出已达到9.69亿美元，在2012年的基础上实现了122%的增长，美国手机广告走向了发展的快车道。据美国市场研究公司eMarketer估计，到2018年，英国手机广告将占数字广告总额的70.4%；美国将接近67.8%。

（三）我国手机广告的发展阶段

在我国，手机广告的萌芽与世界上大部分国家基本同步，但广告市场缺乏有效管理和引导，加上3G业务的推出较晚，导致目前手机广告市场的发展较为滞后。从广告形态上看，我国的手机广告也经历了短信、彩信类广告、WAP网站广告的发展途径，目前正在向网络应用类广告发展。从手机广告市场发展来看，主要经历了如下几个阶段：

1. 萌芽期：2003—2006年

我国手机广告的萌芽也与短信业务的发展密不可分。1998年，我国正式开通手机短信业务，2000年以后短信业务呈爆发式增长。据统计，2003年2月13日，仅春节这一天，人们发送短信70亿条，平均每人发30多条[②]。在此背景下，手机短信的广告价值很快被商家所注意。虽然电信运营商还没有开发任何正规化的短信广告业务，但从2003年开始，已有一些专门从事短信群发业务的小作坊式的"皮包公司"出现，它们通过各种渠道获取用户的手机号码，利用群发器或特定软件来发布各类信息。2005年，通过google搜索引擎，键入"短信广告公司"字样，可获得34 800多条相关信息[③]。

2003年下半年，freewap网站开始风行，freewap网站的最大特点是所有手机应用服务都免费，与中国移动于2001年开通的"移动梦网"的收费服务模式形成鲜明对比，吸引了大批用户，这标志着手机广告有了萌芽的土壤。2004年，3G门户、WAP天下、MOABC等网站纷纷获得投资。但是，由于缺乏有效的市场监管，有很大一部分freewap网站以吸引用户登录网站并成为会员为手段，以获取用户手机号码等个人信息为目的，在未经用户许可情况下大规模向手机用户发送绑定了广告信息的短信，发展到2005年，已经导致整个WAP行业乌烟瘴气。正是在作坊式短信公司和freewap网站的双重作用下，导致垃圾短信、虚假短信泛滥，这一时期所谓的"手机广告"几乎是"垃圾信息"的代名词。

在这一时期，一些专业从事手机定向广告服务的公司也开始出现，如国内最早从事无线营销的公司飞拓无限成立于2003年；北京凯威点告网络技术有限公司在2004年开发出了WAP PUSH（通过短信推送WAP站点链接）广告平台，通过2年的运营，占有了中国WAP PUSH广告市场近80%的份额，日发送能力达1200万条。

2. 正规化起步期：2006—2009年

一般认为，2006年是我国的手机广告元年，在这一年中，发生了多件具有标志性意义的事件。一方面，我国的两家主要电信运营商开始涉足手机广告业务，2006年3月21日，

①吴国华.美国手机广告的现状及发展趋势[J]，新闻与写作，2010(08).
②徐海玲.手机短信的传播学解读[J].新闻爱好者，2004(05).
③漆乐融.手机广告可行性及其模式探讨[D].武汉：华中科技大学，2005.

中国移动与飞拓无限广告公司建立合作关系，联手推出手机互动广告平台；随后，中国联通也依托其全资子公司联通新时讯全面开启了手机广告运营。另一方面，诸多专门从事手机广告销售业务的公司出现，传统广告公司也开始注意到手机媒体这一新兴领域，如中国本土规模最大的户外广告公司分众传媒，于2006年3月21日完成了对北京凯威点告网络技术有限公司的全资收购，成立分众无线独资公司。电信运营商与专业广告公司的介入，标志着我国手机广告市场开始走向正轨。

此后几年，我国手机广告得以飞速发展，广告的主要形式一类是通过短信、彩信、WAP Push等方式直接将广告信息发送到用户手机，另一类是在WAP站点进行广告投放。但是，由于网速及手机硬件的制约，这时的广告形式以短信、彩信广告为主，WAP站点所占比重较小。艾瑞咨询的数据显示，2007年中国无线广告收入市场中，短信广告占到了78.1%的市场份额。2008年，短信、彩信类广告的市场规模为6.01亿元人民币，而WAP广告仅1.68亿元。

但是，在这一时期，以分众无线为代表的一批手机广告代理商，无视用户体验，在未经用户许可的情况下就以“简单粗暴”的方式向其推送信息广告，使得这几年间信息类广告成了过街老鼠，人人喊打。2008年，央视“3·15”晚会对垃圾短信进行了曝光，剑锋直指我国短信广告的最大代理商分众无线，短信广告所涉及的用户信息隐私问题、权益问题、虚假宣传问题等一一被提上台面。此后，管理部门和移动运营商纷纷出台政策对信息类广告进行管制，导致短信(彩信)类手机广告进入了短暂的调整期。

3.过渡发展期:2009—2012年

2009年，对于我国手机媒体来说是具有重要意义的一年。2009年1月7日，工业和信息化部为中国移动、中国电信和中国联通发放3张3G牌照，标志着我国正式进入3G时代。在这一阶段，手机广告市场呈现如下特点：

(1)智能手机使用率和移动网民的迅速增加，为手机广告的发展奠定了良好的表现平台和受众基础。3G网络开通，电信运营商陆续下调网络资费，刺激了智能手机使用率迅速提升，据统计，我国手机网民在2009年一年增加1.2亿，达到2.33亿人，占整体网民的60.8%，手机上网已成为我国互联网用户的新增长点①。

(2)从媒体形态上看，基于各类手机操作平台开发的移动应用(APP)数量增长迅速，成为手机广告的新载体。据统计，到2010年底，苹果移动应用商店的应用数量已达到30万个，安卓平台的移动应用数量也增至12万个，增长率为544%。

(3)从广告构成上看，WAP广告的市场份额显著提高，逐渐取代短信、彩信类广告的主导地位，移动应用广告异军突起。2009年，短信、彩信类广告的市场份额在2008年62.3%的基础上下降到了50%，到2011年，WAP广告的市场规模达到13.56亿元，首次超过了短信、彩信类广告。

(4)移动应用广告平台开始起步，推动手机广告走向广告程序化投放。鉴于移动应用数量的快速增长及受众使用率的提高，从2010年开始，电信运营商、互联网巨头、第三方网络服务机构等各方力量纷纷布局移动应用广告领域，开发服务于移动应用开发者和广

①数据来源：中国互联网络信息中心(CNNIC)于2010年1月发布的《第25次中国互联网络发展状况统计报告》。

告主的移动应用广告平台，将手机广告推向了平台化发展阶段。

但是，总体来说，由于智能手机的完全普及需要一定的过程，在这几年间，使用2G手机的用户还占较大比例，2G时代占主流的短信、彩信广告，以及WAP站点广告仍然占据较大的市场份额；而移动应用平台刚刚起步，基于移动应用媒体发布的广告尚未形成相对统一的行业标准，广告效果评估和监控体系还没有建立，广告主，尤其是品牌广告主对手机广告的认知度仍然较低，部分广告主开始进行尝试性投放；因此这一时期还属于手机广告的过渡发展期。可以预期的是，随着手机网民人数的持续增多及无线网络的进一步发展，手机广告形式必将从最初的消息类"无线广告"向网络类"移动广告"升级，具有丰富的表现力和信息承载力的网络类广告毫无疑问将占据手机广告的主要份额。而在以二维码为代表的新技术的推动下，手机广告还有更广阔的创意空间。

4.爆发式增长期：2012年—现在

我国3G业务的开通比日本晚8年，比美国晚4年，经过几年的探索以及对国外手机广告运营的学习，到2012，我国手机广告进入了爆发式增长期。

(1)智能手机迅速普及，网民大规模从网络端向移动端转移。2012年全国智能手机保有量为3.6亿台，移动网民规模4.2亿，占整体网民数量的75%，首次超过了PC机的网民数量；到2014年12月，移动网民规模达到5.57亿，网民中使用手机上网人群达到85.8%。

(2)基于手机终端的移动应用呈爆发式增长，涉及的内容和服务与人们生活的密切度不断提升，渗透入生活的方方面面，人们对手机终端的依赖程度与日俱增。

(3)广告主一改早期对手机广告的敬而远之的态度，越来越重视手机终端的影响力，广告预算大幅向手机媒体倾斜。根据多盟平台统计的数据显示，2012年1年间，利用多盟平台进行投放的品牌类型增长了90%，广告主数量增幅超过350%，其中65%的收入来自国际一线品牌，这意味着手机广告逐渐在摆脱过去以推销保险、楼盘，办理证件、开假发票为主的混乱时代，开始向良性、正规化广告市场转变。

(4)从广告形态上看，短信和彩信类广告日渐减少，依托于手机网页和移动应用客户端的广告大幅增长，广告形式不断创新，付费墙广告、原生广告、信息流广告等新型广告形式不断涌现。

(5)移动应用广告平台日渐成熟。经过几年的探索，加上互联网巨头加盟，一些大的移动应用广告平台一方面资源整合能力大大提高，能实现面向更多媒体的跨屏投放；另一方面在技术上更加成熟，能对目标受众进行更准确的分析，做到广告与受众的精确匹配，广告投放效率大幅提高。

(6)手机广告产业链重新洗牌。由于手机媒体的互联网属性日益增强，原来生根于网络媒体的广告产业链开始向手机媒体转移，电信运营商在手机广告产业链中的主导地位被颠覆，互联网领域巨头、手机生产商、网络广告服务商、APP应用开发者等，都开始在手机广告产业链中占据一席之地，服务于手机广告活动各环节的产业链角色不断完善。

【知识回顾】

新媒体广告，顾名思义，是以新媒体为载体的广告，因此，要认识新媒体广告的概念，首先要界定何为新媒体。本章从介绍学术界对新媒体这一概念的不同认识入手，在此基础上提出新媒体广告的概念、特点和分类，进而对以“网络广告”和“手机广告”为代表的新媒体广告的发展情况进行了梳理和分析。

新媒体广告的特点与新媒体的特点密不可分，从内容上看具有丰富性和多样性；从传播方式上看具有精准性和持续性；从广告效果来看，其效果具有可测量性。新媒体广告的分类角度更为多元，从传播的终端载体划分，可分为网络广告、手机广告、电视新媒体广告；按广告的呈现方式划分，可分为展示类广告、内容服务类广告、植入类广告、推送直投类广告等形式。

我国网络广告的发展虽然比美国等发达国家滞后几年，但发展的历程较为类似，可分为探索发展期、受挫调整期、复苏和快速发展期这三个发展阶段。目前大部分国家的网络广告发展迅速，已成为仅次于电视广告市场的第二大广告媒体。手机广告产生的时间不长，是随着2G网络的发展而出现的。日本是世界上手机广告发展最早的国家。我国的手机广告经历了萌芽期、正规化起步期、过渡发展期，从2012年开始，随着智能手机的迅速普及，网民大规模向手机端转移，我国的手机广告进入了爆发式增长期。

【思考题】

1. 新媒体有哪些典型特点？你认为车载电视、户外电子屏是否属于新媒体？
2. 新媒体广告与传统媒体广告最大的区别何在？
3. 如何认识手机广告、移动广告、无线广告这几个概念？
4. 日本的I-Mode广告形式对我国手机广告的发展有哪些借鉴意义？
5. 如何看待手机短信广告？

第二章
新媒体广告平台

【知识目标】

☆“平台”及“新媒体广告平台”的内涵

☆新媒体广告平台的分类标准

☆不同终端载体的特性

☆主流媒介平台的广告经营概况

【能力目标】

1. 能对新媒体广告平台进行层级分类

2. 能结合案例分析几种主流网络平台的广告价值

3. 能结合案例分析主要手机媒介产品的广告价值

4. 能独立思考各类媒介平台在广告经营上存在的问题

【案例导入】

2011年4月，一款名为“捕鱼达人”的手机游戏APP在苹果应用商店中脱颖而出，上线三个月后，总下载量已突破1000万次，日活跃用户120万，日启动490万次，苹果连续六周在其应用商店首页推荐，曾在30多个国家的App Store中下载排名第一。与这一成绩相对应的是这款APP的盈利能力，其在上线的前三个月内就赚取了52.5万美金，2011年全年收入达到1500万元人民币，“捕鱼达人”被媒体誉为“最会赚钱的鱼”；2012年3月，“捕鱼达人”的激活装机量已达到6150万，日活跃用户数为450万；2013年，据该APP的所有者“触控科技”负责人透露，该游戏的日活跃用户超过1000万，全球收入每月达到628万美元；2014年7月，第三代升级版本“捕鱼达人3”通过苹果和安卓双平台发布，在发布后的24小时内，两个平台的下载量总数已突破千万，其中安卓版下载量达到545万，收入为75万。2014年10月，“捕鱼达人3”已获得4000万高峰值收入的成绩。

“捕鱼达人”在各应用商店中主要采取免费下载模式，那么，其究竟靠什么盈利？据其开发者介绍，目前的所有收入中，7成收入来源于内置广告，在未来很长一段时间里，广告收入都是“捕鱼达人”的主要收入渠道。

通过这个案例，请试着思考：APP目前作为手机媒体中的最主流的内容载体，其广告空间究竟有多大？具备哪些传播优势和广告价值？目前手机APP广告市场存在哪些问题？

“传媒梦工场”在《2014中国媒体融合发展趋势报告》中提出“互联网的生存模式，一是平台，二是生态圈”[①]。显示出了“平台”一词目前在互联网及新媒体领域的应用之广泛及地位之显著。“平台”这一概念衍生出的丰富内涵正好切合了新媒体开放、共享等诸多特征，因此成为新媒体领域中使用频率极高的词汇。本章中的新媒体广告平台，指的是新媒体广告展示所需要的环境，对应传统媒体中的“广告媒介”概念。在传统媒体时期，一般认为报纸、杂志、电视、电影、广播、户外媒介等是广告传播的主要载体；在新媒体领域，如何从新的角度看待新媒体广告载体，其类型如何划分，分别有什么特点，广告经营现状如何？这是本章将要探讨的主要内容。

第一节　新媒体广告平台概述

随着数字技术和网络传播的发展，“平台”这一概念的提及率和使用率越来越高。在实际运用中，“平台”被使用于诸多领域，比如技术平台、业务平台、通信平台、合作平台、教学平台、交易平台等，在计算机网络领域有互联网平台、数字平台、云平台、购物平台、游戏平台等说法。“平台”具有哪些内涵？新媒体广告平台具有什么特点呢？

一、“平台”的内涵

“平台”原是一个具象的概念，有三个基本词义：一是指高于附近区域的平面，如楼房的阳台；二是指供休憩、眺望用的露天台榭；三是生产和施工过程中为进行某种操作而设置的工作台，有的能移动和升降[②]。随着计算机技术的出现，“平台”的内涵得以延伸，开始被用以描述计算机硬件或软件的操作环境，典型的应用如 Windows 操作平台，人们可以在系统界面上完成各种操作，实现人机对话。后来，“平台”被运用到更多领域，演化成了一个虚拟的空间概念，泛指进行某项工作所需要的环境或条件。中国传媒大学黄升民教授认为，平台是一个具有复杂内涵的概念，从思想层面讲，它意味着开放、共享、平等；从商场运营层面讲，“平台”是有利益、有控制、有竞争性的主体；而上升到国家信息战略层面，平台的价值则远远超出经济层面，加入了政府信息监控和公共信息福利等重要考量因素[③]。也就是说，“平台”用于不同领域或层面，有其不同的内涵。但究其根本，平台具有几个共同特征，那就是开放、共享和平等。

从平台的功能属性看，现代意义所说的“平台”一般具备几个基本功能：

1. 承载功能

平台就像一个无形的承载工具，信息、数据、服务、业态等可以依托该承载空间进行呈现或传输。

2. 聚合与共享功能

由于平台具有“开放”的特征，其承载信息的空间没有边界，来自各个层面的信息或相关内容均可以在相应平台上聚合，在授权许可的条件下可以与他人进行共享，“实现双边

---

①梦工场观察：《2014 中国媒体融合发展趋势报告》，2014－12－31，http://chuansongme.com/n/1036040.

②百度百科：http://baike.baidu.com/view/58664.htm.

③黄升民，龙思薇. 十年探索 汇聚平台[J]. 广告大观（理论版），2011(11).

(或多边)主体之间的互融互通"[①]。

3.业务促进功能

任何平台的搭建,都有相应的业务形态,平台则可以用于开展或实施具体的业务,比如新闻类网站平台可以进行信息发布;购物平台可以方便用户进行货品交易;教学平台用于教师和学生开展学习活动;游戏平台用于游戏玩家进行游戏操作等。

二、新媒体广告平台的概念

既然"平台"泛指进行某项工作所需要的环境或条件,顾名思义,"广告平台"则是指开展广告活动所需要的环境或条件。对于传统大众媒体而言,提起广告平台,想到的必然是报纸、杂志、广播、电视等媒介载体。在报刊中,广告以图片的方式刊登;在广播中,广告以声音的方式播放;在电视里,广告以视频的方式播出。每种媒介形态下的广告形式互相独立,易于分类和界定。

而在新媒体领域,基于计算机技术的新型应用和业务形态层出不穷;广告活动的技术形态、表现形态、传播形态等也较传统媒体复杂很多;"新媒体广告平台"这一概念变得更为复合,提起"新媒体广告平台",人们在实际使用中容易联想到多重意义。

(一)技术平台

技术平台指新媒体广告发布所需要的技术环境。新媒体是伴随新技术的发展而产生的全新媒体形态,数字技术、计算机网络技术、移动通信技术是新媒体赖以存在的关键技术,因此,新媒体广告平台有时特定指向为某一类技术环境,如"数字广告平台""移动通信广告平台"等,可以看作以技术环境为指向的平台划分。

(二)终端平台

终端平台即广告展示所需要的硬件环境或终端载具,包括电脑、手机、电视以及其他数字化终端。

在传统媒体时期,不同的终端平台是相对独立的,报刊广告的终端平台是报纸、杂志;广播广告的终端平台是收音机;电视广告的终端平台是电视机;广告分别以图片、声音、视频这三种不同形式出现于相对应的终端中。而新媒体广告的终端平台既具有独立性,又有鲜明的融合性特征。以电脑和手机为例,两种终端不仅形态有别、功能不一、各具特色,基于两种终端开展的广告活动无论是在广告表现、广告投放方式,还是费用计算等方面都是相互独立的;但是,它们之间又有很强的融合性,同一种媒介产品可以分别开发电脑版和手机版,以不同的形式出现于两个平台中。

(三)媒介平台

媒介平台即广告展示所需要的媒介环境,也就是媒介产品。新媒体传播主体的多元性,直接导致媒介产品具有多元性的特点,不只是以提供新闻资讯为主的门户网站是广告媒体,购物网站、搜索引擎、论坛、博客、微博、微信,甚至一个独立开发的APP程序都可以看成是广告媒体,这些媒体相当于一个个相互独立的媒介产品,成为新媒体广告中的媒介

---

①黄升民,谷虹.数字媒体时代的平台建构与竞争[J].现代传播,2009(05).

产品平台。比如常说的搜索引擎平台、微博平台、微信平台指向的即是媒介产品平台。

（四）广告发布平台

广告发布平台是指由广告服务商开发，专门用以连接广告主与媒介，以实现广告实时购买和发布的技术平台。由于新媒体的媒介形态数量巨大，广告环境前所未有的复杂，过去以人工排期的投放方式已完全无法满足现实需求。随着广告的智能化投放和程序化购买的推进，广告发布平台发挥着越来越重要的作用。一些主要的网络媒体、互动广告公司都纷纷开发自有广告发布平台，以便在广告发布环节占据主动地位。

本章中所涉及的新媒体广告平台主要特指第 2 和第 3 层含义，即基于一定的特定的新媒体"终端平台"进行信息传播的"媒介平台"。而关于新媒体广告的"发布平台"，在第七章中有专门分析和论述，本章中不进行赘述。

三、新媒体广告平台的分类及其特点

鉴于前面的界定，我们可以对新媒体广告平台的层级关系进行梳理（如图 2-1）。

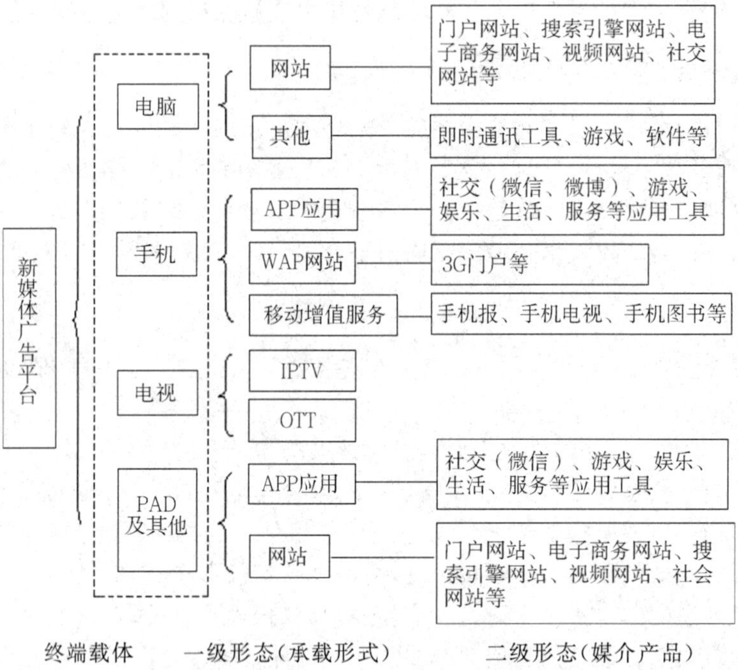

图 2-1 "新媒体广告平台"层级示意图

（一）从终端载体的角度进行分类

从终端载体的角度看，新媒体广告平台包括电脑平台、手机平台、电视平台、其他数字化终端平台（如 PAD、电子书、户外数字电子屏等），各类广告平台相比较而言，分别有其独特的优势和特点。

1. 基于互联网应用的桌面电脑平台

电脑是最早的新媒体终端载体，很长一段时间几乎是新媒体的代名词。电脑作为广告平台有如下特点：

(1)屏幕大,有利于多样化的广告表现。相对于手机来说,电脑显示器屏幕较大,可承载的信息容量更大,广告也具有更大的创意空间,容易产生具有强烈的冲击力和丰富的感官性的广告,比如画中画广告、插播广告、全屏广告等,都可以在电脑平台上得以全面展示,有利于塑造产品或品牌形态,同时给受众带来较好的用户体验。

(2)操作方便,有利于广告信息的深度传播。用户通过鼠标和键盘进行电脑操作,浏览和反馈信息比手机和互动性电视都更为便捷,可以通过广告的超链接快速进入任何下级页面,进一步了解广告内容,或进行信息沟通与反馈,比如可以在浏览广告的同时使用即时通信工具,与广告主进行在线交流,或直接产生交易行为等。

(3)用户使用行为更有规律,有利于广告策划的整体实施。随着移动互联网的快速发展,人们越来越多地把碎片化上网时间分配给了移动终端,而相对固定的大段时间留给电脑,电脑渐渐演变成为办公工具。人们在特定的时间中坐在椅子上通过电脑上网,有相对固定的浏览内容,往往在一个页面上停留的时间更长,注意力更为集中。这些特征都为一场广告活动的整体策划和实施提供较好的条件。

(4)技术上看,通过电脑连接网络有统一的协议,每台电脑有唯一的 IP 地址,便于广告相关数据的统计和监测。

2.基于移动通信技术和移动互联网的手机平台

手机作为一种媒介,具有个性化、互动性、移动性、人性化等特性,而手机作为广告平台,其显著的优越性体现在如下几方面:

(1)覆盖人群广。工信部的统计数据显示,截至 2016 年 1 月,我国的手机用户数量已达到 13.06 亿;从中国网民的上网设备来看,手机使用率达 83.4%,首次超越了超越传统 PC 的整体使用率。而从世界范围看,目前世界 71 亿人口中有 68 亿手机用户,苏联成员国的手机普及率最高,平均每个人拥有 1.7 部手机。非洲手机普及率最低,但每 100 名居民中的手机用户也已经达到 63 个。市场研究机构 Strategy Analytics 调查显示,2015 年底前全球人口中约有 34.7%使用智能手机,超过全球总人口的 1/3。手机名副其实地成了拥有最广泛用户数的大众媒体,随着手机在电子商务、休闲娱乐、社交应用等领域的不断渗透和发展,其作为广告平台的价值将越来越凸显。

图 2-2　中国手机网民规模及其占网民比例[1]

---

①数据来源:中国互联网络信息中心(CNNIC)于 2014 年 7 月 21 日发布的第 34 次《中国互联网络发展状况统计报告》。

(2)用户黏度高。用户黏度高一方面是源于手机媒体的移动性和便携性;另一方面源于智能手机成了移动的电脑终端。曾有人提出,手机是“带着体温的媒体”,这暗示着手机与人们生活的密切度。对于很多人,尤其是年轻人,手机几乎是如影随形。根据 Facebook 和市场研究机构 IDC 的联手进行的一项最新调查,在 18－24 岁年龄段的智能手机用户中,89%的人在醒来后 15 分钟内会查看手机,74%的人是醒来后马上查看①。正是由于手机的便携性和移动性,手机平台与用户之间的黏度远超过电脑和电视。

(3)传播精准性高。由于手机最初是作为移动通信设备而产生的,是人与人之间最重要的联络工具,每部手机都对应着一个明确的电话号码,这也意味着每一个手机终端背后都是实实在在的用户。而作为广告投放平台而言,则意味着每一则出现在手机上的广告与用户之间是一对一的关系。尤其是基于手机运营商对用户信息的掌握以及手机定位等技术的应用,每个手机用户几乎都可以被清晰锁定,通过一系列的定位及数据分析,可以将广告信息有针对性地发送给相关的用户,使得广告传播更精准。

(4)互动方式灵活便捷。与电脑相比,手机媒体的互动优势更为明显。首先,手机是一个贴身媒体,随时带在身边,且用户的查看频率高,这使得手机能带来的移动互动性更接近于天然面对面互动;其次,从操作上看,用户通过动动手指或摇摇手腕即可完成互动,可以对自己感兴趣的话题进行评论、反馈,还能通过微博、微信等社会化应用与朋友分享,实现信息的二次传播;再次,随着移动金融的发展,手机与电子商务紧密结合,可以即时完成交易过程,提高广告的转化率。

尽管手机平台有诸多优点,但其屏幕小,广告位稀缺,广告表现空间有限,广告对用户体验的影响较大,受众在移动过程中浏览信息,注意力不集中等缺点都是困扰手机广告传播的几个关键问题。

3. 基于数字技术和网络技术的电视新媒体平台

电视新媒体,是电视与新媒体技术融合的产物,目前仍处于不断的发展过程中。电视作为一种媒体终端经历了从黑白电视到彩色电视,从模拟电视到数字电视,从标清到高清电视等演变过程,过去的电视无论形式和技术如何变化,其传播方式均属于单向传播,是一种传统媒体。但是,当数字技术、互联网技术与电视媒体相结合,用户从被动收看者变成主动搜寻者,电视从播出渠道变成信息平台,其基因开始发生深刻变化,变身为一种全新的新媒体终端。

电视新媒体的终端载体一般形态为网络电视或智能电视,其有如下两个突出特点:

(1)相对于电脑和手机而言,互动性电视的特点在于屏幕表现空间更大,传播过程中的抗干扰性更强,更适合于品牌广告的传播。

(2)在传播对象上,一般以家庭为传播对象,有助于影响家庭行为。新媒体电视作为传统电视的诞生,家庭用户依然是其核心受众群,在互动性电视中投放广告,家庭成员都能接触到同一个广告,有助于他们达成较为一致的意见,尤其是对于大宗物品的购买、参与社区活动与交流方面,在互动性电视中投放广告优势较为明显。

---

① MarketingCharts:《3/4 的年轻智能手机用户在醒来时查看手机》,2013－04－14,http://www.alibuybuy.com/posts/80973.html.

4. 其他数字化终端平台

（1）PAD。PAD是电脑与手机二者融合的产物，既具备手机轻便易携带的特点，也具备电脑屏幕大，表现形式丰富的优点。目前，在移动互联网浪潮汹涌而来的趋势下，PAD与手机一样，已经成为承载移动网络的主要终端平台，网络媒体经营者在开发媒体资源时，除了开发网络版外，大部分都会同时推出手机版、PAD版，基于PAD呈现的广告也越来越受到广告商的青睐。

（2）电子书。电子书是专为阅读图书设计的一种便携式手持电子设备，随着电子书保有量的提升，其作为广告平台的价值日益显，以亚马逊的Kindle为例，其每款机器型号都有普通版和广告版两个版本，广告版中一般会在首页和屏保中内置一些广告，读者花更少的价格，就可以拥有与普通版完全一样的终端设备。

（3）可穿戴设备。可穿戴设备是指可直接穿戴在身上的一种智能化电子产品，其可以通过计算机软件技术以及基于网络的数据交换技术来实现人们所需要的各种功能。虽然可穿戴设备这个概念在20世纪60年代就已经有人提出，但直到2012年谷歌推出智能眼镜，这个概念才被大众所广泛认识和熟悉。近两年来，随着网络市场的进一步成熟以及智能手机的逐渐饱和，互联网企业、国内外智能手机厂商都纷纷进驻这一新兴“红海”产业，推出各种可穿戴智能产品，如苹果的iWatch（智能手表）、小米和中兴等厂商推出的智能手环、索尼的智能头盔显示器等，此外，智能服装、智能鞋、智能头箍、手套式手机等形态各异的智能产品也渐渐出现在人们视野中。有人预计，可穿戴式设备未来将会取代智能手机在人们生活中的地位。如若真有这一天，其作为一种新媒体平台的潜在广告价值是不可估量的。

（二）从媒介产品的角度进行分类

媒介产品即具体的媒介形态。以传统媒体为例，从媒介产品的角度来划分报纸媒体，有党报、综合日报、都市报、财经报、生活消费类报纸等媒介产品；电视媒体有综合频道、娱乐频道、体育频道、戏曲频道等不同的媒介产品。不同终端的媒介产品各成体系，鲜有交叉。

而对于新媒体而言，由于终端平台间的融合性不断加强，每一种媒介产品都可能以特定的方式出现于不同的终端中（如图2-3所示），比如门户网站，其在网络媒体中主要以网站的形式呈现，在手机媒体中则以APP为入口，内容上则进行了重新整合；微信，既有手机版也有电脑版；电子商务，基于PC机界面诞生，近年来移植到手机，发展迅猛。同时，电脑、手机等终端平台，作为媒介产品的显示屏幕和终端，有其性质上的共通性，同时，又有各自的特点，如手机媒体作为移动通信工具，还具有通话、短信和彩信功能；互动电视媒体与机顶盒相连，作为电视节目的收视载体，也具有功能上的特殊性；电脑更是除了上网功能，还具有办公功能。正是基于这种在媒介形态上的交融性，终端之间界限的消解性，很难找到一个绝对界限对新媒体广告媒介平台进行分类。

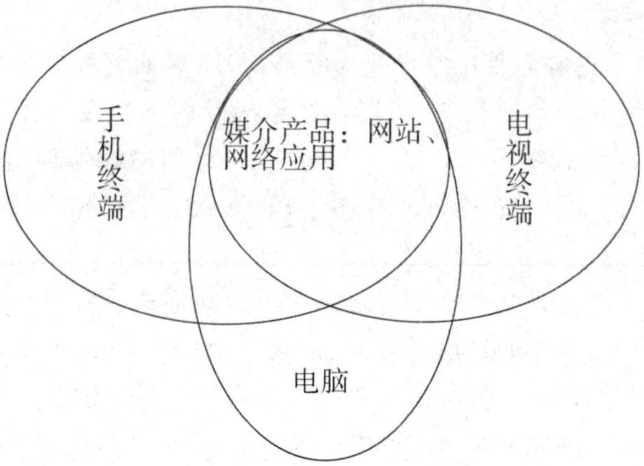

图 2-3 “新媒体”关系示意图

值得注意的是，并不是所有的媒介产品都具有广告功能或广告价值，只有那些具备了一定受众规模，并以广告为主要或重要盈利手段的媒介产品才是真正意义上的新媒体广告平台。当前，由于广电系统的政府管控等原因，电视新媒体还处于起步阶段，基于电视新媒体的广告更是凤毛麟角；一些户外新媒体也处于探索和过渡阶段，广告形式与传统户外媒体差别甚小；而基于 PAD 平台的媒介产品与网络和手机几乎重合。总的来说，新媒体广告的发展与创新主要集中于网络与手机这两个终端平台，因此本章中主要以网络和手机为重点，对这两个领域出现的典型媒介产品形态进行归类和梳理(如图 2-4)。

在网络广告中，典型媒介平台有门户网站、搜索引擎、电子商务、网络视频、社会化(社交)媒体、网络游戏等；手机广告中，典型的媒介平台有以微博和微信为代表的 APP 应用、以 3G 门户等为代表的 WAP 网站平台，以手机报纸、手机电视为代表的移动增值服务平台。

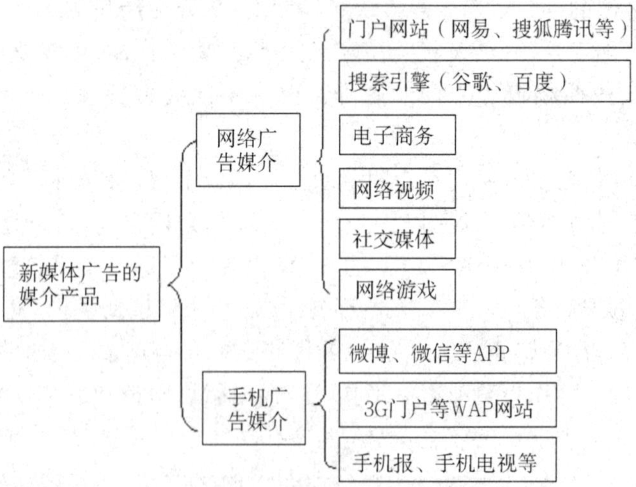

图 2-4 代表性媒介产品分类

第二节　网络广告媒介平台

网络广告媒介平台，特指基于计算机或平板电脑等终端来呈现，为网络用户提供包括新闻、搜索、娱乐、社交、购物等各项互联网应用服务，并以此为核心竞争力来博取用户注意，从而获得广告价值的各类媒介形态。以下选取几种典型的网络广告媒介平台，对其广告经营情况进行介绍和分析。

一、门户网站

根据百度百科的定义，门户网站是指通向某类综合性互联网信息资源并提供有关信息服务的应用系统[①]。换句话说，门户网站就是整合了多样化内容和资源，并为用户提供综合信息服务的一类网络枢纽平台。门户网站有很多种，从创办者的角度划分，可分为政府门户网站、企业门户网站、机关团体门户网站、个人门户网站；从主要传播范围来划分，可分为全国性门户网站和地方性门户网站；从门户网站所提供内容的宽度来划分，可分为综合门户网站和垂直门户网站；从其营利性质来划分，可分为商业门户网站和公共政务门户网站等类别。

作为综合信息与服务的提供平台，虽然大部分门户网站都拥有为数不少的稳定受众，但并不是所有的门户网站都参与广告经营活动，只有商业性门户网站才以广告作为其重要或主要收入来源，因此，后面提到的门户网站均特指参与广告经营活动的商业性门户网站。

（一）门户网站的广告经营概况

目前，雅虎（Yahoo）、美国在线（AOL）、MSN是世界上最大的三个综合门户网站，我国最大的四个综合门户网站则是新浪、网易、搜狐、腾讯，世界上其他国家大多也有存在具有一定影响力的商业门户，如韩国的Naver、巴西的Universo Online（UOL）等。

门户网站起源于互联网刚刚兴起的Web1.0时代，可以说是网络媒体的先行者，在发展初期，由于没有可借鉴的经验，其经营模式基本是借鉴传统的报纸媒体，广告是其最主要的盈利渠道和收入来源。由于早期竞争者较少，我国以新浪、搜狐、网易为代表的最早一批综合门户在网络广告市场可谓风光无限，网络广告几乎是它们的天下。2002年，新浪一家的广告份额就占全国网络广告市场的42.1%，三大传统门户网站的广告总收入占全国网络广告市场份额的70%以上。2003年以后，具有分众性特征的各类垂直门户网站开始成长，如IT行业的天极、太平洋电脑网，房产类的搜房网、焦点网等，它们对综合门户的广告市场形成了一定冲击。

2003年至今，虽然门户类网站的广告营业额仍处于上升通道中，但随着搜索引擎竞价排名广告的起步，视频网站、电子商务等网络应用的迅速发展，加上网络广告载体的不断

---

①百度百科：http://baike.baidu.com/view/9803.htm.

拓展，如桌面软件、网络游戏、即时通信、影音播放器等都成为网络广告的投放载体。在此背景下，综合门户网站的广告份额逐渐被侵蚀，其市场占有率也不断下滑，到 2014 年，新浪的广告份额仅占全国网络广告的 2.7%。

（二）门户网站的广告价值

媒体的广告价值，指媒体对于广告主在其平台上投放广告所能提供的价值，即其是否能准确到达目标消费者，是否能帮助广告主来影响消费者的态度或行为等。衡量媒体广告价值的指标很多，在传统媒体中，收视率、收听率、发行量、阅读率、传阅率、千人成本、受众结构等均是常用的衡量指标。若结合网络媒体的特点来看，用户数量、用户结构、用户使用频率、有效接触率、点击率、二次传播率、媒体权威性等都应是衡量的有效标准。

从门户网站来看，虽然近年来其市场份额不断下滑，不可否认的是，门户网站仍然是网络广告重要的主战场。这得益于门户网站具备诸多能吸引广告主进行广告投放的独特优势，主要表现在以下三个方面：

1. 拥有广泛、相对稳定、多元化的受众

一方面，由于门户网站信息丰富，综合型强，网民愿意通过门户网站了解信息，并将其作为进入互联网的一个入口，从而使其拥有了较为广泛的受众；另一方面，门户网站起步较早，在网络资源和网络信息相对匮乏的年代里，就已经培养出了一大批具有固定访问习惯的网民，成为门户网站相对稳定的受众群体；此外，与一些网络社区、网络游戏相比，门户网站的受众群更加多样化，地域分布广、年龄层不一、兴趣多元，这使得各类广告主都可以在此找到自己的目标客户。

2. 拥有可与传统媒体匹敌的公信力

门户网站作为一个综合型的枢纽平台，公信力是其一直追求的目标，也是多年积淀的成果。加上其拥有广泛数量的用户，在网民舆论监督、用户评价等外在压力下，门户网站的公信力更优于其他网络媒体。以综合门户网站为例，正是基于其公信力，每当有重大事件发生，或重要活动举办之际，它们都是品牌广告主投放网络广告的主要阵地。

3. 拥有多样化的广告形式和相对规范的广告运作流程

门户网站在广告经营上起步较早，已经发展出了一系列经过市场认可的，并具有相对统一规格的广告形式，如导航条广告、焦点图广告、视窗广告、背投广告、对联广告等，给广告主提供了较大的选择余地；同时，门户网站的广告运作流程相对规范，这使得广告主，尤其是品牌广告主在面对鱼龙混杂的互联网媒体时，能迅速找到栖身之所。

（三）门户网站面临的问题

互联网的发展日新月异，虽然门户网站出现的时间并不长，但已显得有些老态龙钟，甚至有人开始将其归类为“传统媒体”。目前，门户网站在发展中面临着诸多挑战：

1. 作为网络“入口”的角色被严重冲击，受众被分流

门户网站在创立之初就将自己定位为进入互联网的入口，利用海量信息的汇集来聚拢人气。然而，当百度、谷歌等搜索引擎兴起时，其作为“入口”的角色就已经被弱化，近年来，随着移动互联网的迅速发展，用户进入互联网的途径发生了翻天覆地的变化，条条大路通罗马，微博、微信、弹出窗口、信息推送等都可以引领用户进入自己感兴趣的领域。人

们不再是被动接受信息，而是主动寻找和过滤信息，越来越多的用户开始脱离对门户网站的依赖。

2."提供海量信息"的宽泛定位，使其丧失特色

门户网站试图满足所有人在各方面的需求，栏目设置上大而全，这种粗放型做法在互联网初期是深受欢迎的。但是，随着竞争的激烈化，市场细分和精细化运作成为必然，各领域都出现了能给人们提供更便捷服务的网络应用，门户网站在竞争中逐渐丧失优势，变得毫无特色。

面对这些问题，各门户网站也在积极寻求变革之路，不断寻找新的市场和广告增长点，加强核心竞争力，如网易专注于游戏领域，新浪极力发展新浪微博，后起之秀腾讯致力于社交广告和视频广告等。有人对未来的门户网站提出预测和期望：未来的门户网站可能不会像现在这样"庞杂""笨重"和"呆笨"，而会变得更加"精准""轻巧"和"智能"；也不会像现在这样以海量信息自诩，而是以能够及时提供用户真正需要的信息为荣；它不再是一望无涯需要用户苦苦寻觅才能找到自己想要信息的汪洋大海，而是能够揣摩用户需求提供贴心服务的"及时雨"①。

二、搜索引擎

搜索引擎，是指根据用户需求，以"为用户提供信息检索服务"为主的一类网络应用形式。伴随着互联网信息的日益庞杂，用户需要一个能够快速便捷地寻找信息的渠道，搜索引擎由此应运而生，按搜索引擎的工作方式和运行策略划分，可分为目录搜索引擎、全文搜索引擎、元搜索引擎三种；按其搜索范围来划分，可分为通用搜索引擎和垂直搜索引擎两种。从全球范围来看，目前全球最大的三大搜索引擎品牌分别为谷歌、百度、雅虎。其中，谷歌在全球搜索引擎市场中的占有率为68%，稳坐第一把交椅。而在我国，百度、360搜索、搜狗等是目前最为主流的搜索服务提供商。

形态各异的搜索引擎在经营过程中，发展出了多种盈利模式，如技术授权、搜索收费、广告联盟、关键字广告等。对于大部分商业搜索引擎来说，广告均是其主要的盈利模式之一。

（一）搜索引擎网站的广告经营概况

随着人们上网模式的改变，从被动浏览信息变为主动搜寻信息，搜索引擎发挥着越来越重要的作用。据全球最大网络调查公司CyberAtlas的一项调查表明，网站75%的访问量都来自搜索引擎的推荐②。

从广告经营上来看，在搜索引擎诞生的初期，其经营模式较为单一，主要依靠技术授权盈利，即为门户网站及各种需要搜索技术的网站提供搜索技术服务，从中收取服务费。1997年，GOTO.com（后改名为overture，2003年被Yahoo！收购）最先发明了"付费排名"（Pay For Placement）服务，根据付费多少来决定排名顺序。这种盈利模式在开展初期受到了较大争议，但很快成为大部分搜索引擎网站的主要广告模式。目前，搜索引擎网站

①陆高峰.门户网站是否还有未来[J].青年记者，2014(05).

②徐世杰.网络传播中的搜索引擎关键词广告[J].青年记者，2011(05).

的最核心广告业务一般分两种:一种是搜索关键字广告,一种是联盟广告。

在我国,百度作为最大的搜索引擎服务提供商,于2001年率先推出关键字竞价排名广告,该广告形式推出后直接促使了百度广告经营额的直线上扬。从2001到2007年,仅6年时间,百度的广告市场占有率已经达到16.5%,从榜上无名发展到排名第一,首次超过新浪、搜狐、网易等门户网站[①]。近年来,百度广告收入保持稳定增长,到2014年,百度一家的广告运营收入就占据我国互联网广告收入31.2%的市场份额,稳居第一。

从我国整体市场来看,大部分搜索引擎网站的广告都保持着持续增长态势。

从广告形式上看,到2005年,关键词广告成为仅次于品牌图形广告的第二大广告形式;到2012年,关键词搜索广告首次超过品牌图形广告,成为份额最高的广告形式。

从市场规模上看,到2008年,我国的搜索引擎广告市场份额第一次整体超过了综合门户网站的市场份额,至今仍维持第一的态势。(如图2-5)

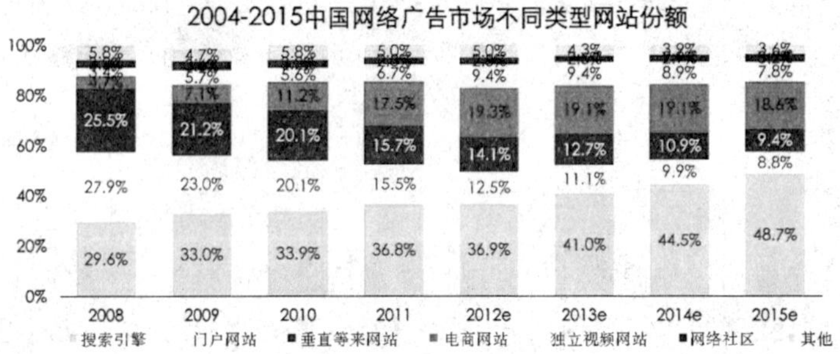

图2-5　2008—2015 **中国网络广告市场不同类型网站份额**[②]

(二)搜索引擎类媒介的广告价值

搜索引擎作为一种新型广告平台,其不同于门户网站等网络应用的最大特点在于,搜索引擎拥有"媒介"与"工具"双重属性,在广告传播上具有独特的广告价值。

1.用户数量和质量

衡量一种媒体的广告价值,最重要的要素即是用户:一是用户数量;二是用户质量。用户数量,即覆盖率;用户质量,即使用率。中国互联网络信息中心2016年1月发布的第37次《中国互联网络发展状况统计报告》显示,截至2015年12月,我国搜索引擎用户规模达5.66亿,使用率为82%;搜索引擎的工具属性决定了用户对其具有依赖性,使用频率高。有调查表明,我国搜索引擎是使用率仅次于即时通信工具的第二大网络应用。

2.广告到达率和转化率

搜索引擎的信息传播模式决定了其用户是主动的信息搜寻者,而非被动的信息接受者。用户通过关键词搜索信息,传达出明确需求,搜索引擎后台通过大数据及语义分析,可以为广告主进行精确的用户匹配,从而提高广告的有效达到率,实现广告信息的精准传达。此外,由于用户搜索信息时带着明确的个人需求,因此点击广告的可能性更大,转化率必然比被动接受信息时更高。

---

①数据来源:艾瑞咨询发布的《2009—2010中国网络广告行业发展报告》。

②艾瑞咨询:《2011—2012年中国网络广告行业年度监测报告》。

3. 广告成本与性价比

搜索引擎广告不同于门户网站等媒体的另一个显著特点在于其广告成本低廉。搜索引擎作为媒介平台，其容量或广告版面的无限性决定了其低廉的投放成本，每一个关键字都是一个广告机会，任何人在其广告投放平台上填写一份资料即可实现广告投放，广告门槛无限降低。同时，搜索引擎一般采用 CPC（按点击率）付费，用户点击后才产生广告费用，避免了广告浪费，这对于中小型广告主而言无疑提高了广告性价比，具有极大的吸引力。

4. 易于反馈的广告效果

由于搜索引擎中的广告一般按点击率付费，对于广告主来说，通过点击率来得到广告反馈，一目了然。

总的来说，关键词广告给数以万计急于寻找机会的中小企业提供了廉价又便捷的展示机会；联盟广告给众多中小网站提供了流量导入机会。用户的聚集、广告主的认可、中小型网站平台的拥护共同促进了搜索引擎网站广告经营的持续发展。

（三）搜索引擎在广告经营上面临的问题

搜索引擎在发展过程中，尤其是在广告经营上，目前存在以下几个突出问题：

1. 广告的真实性问题

搜索引擎目前通过竞价排名决定展示顺序的推广模式，任何人只需要付足够多的费用，即可将自己的信息置于最明显的版位。这就导致一些虚假广告的产生，当用户在搜索引擎中输入“电器维修”时，出现在第一个的可能是 400 开头的骗子信息；输入“南航改签”，出来的可能是钓鱼网站；而广告费用与真实性之间的矛盾最为突出的是医疗行业，当输入“皮肤病医院”时，出来的不一定是真正医疗水平高的医院，而是广告推广费用最多的私人诊所，这种信息不对称容易耽误病人的病情，造成更大的医患矛盾。在 2015 年两会期间，全国政协委员、中国新闻文化促进会会长，原新闻出版总署副署长李东东明确指出搜索引擎广告已成为“虚假广告泛滥的重灾区”，若广告的真实性问题得不到有效解决，长此以往，可能面临失去用户信任的危机。

2. 恶意点击问题

对于搜索引擎网站来说，无论是关键字广告还是广告联盟，基本上都是采取的按点击付费，因此每一次点击就意味着一定数额广告费的支出。搜索引擎网站的恶意点击问题一直以来就存在，或是竞争者为了耗完对手的广告费用以使自己的广告排名上升；或是联盟网站为了获取佣金分成；或是竞价排名代理服务商所为；抑或对广告投放者的报复行为等。恶意点击行为难以杜绝，也直接打击了广告主对搜索引擎广告的积极性。

3. 对隐私权的侵犯问题

搜索引擎通过跟踪搜索者的搜索记录，来分析用户的兴趣、爱好、信仰等个人特征，并将此信息变相卖给广告商，作为广告投放的主要依据。例如，当用户利用搜索引擎搜索“减肥”“整容”等信息后，下次当他打开网站时，映入眼帘的几乎全部是与减肥和美容相关的广告。这种现象已经构成了对用户隐私权的侵犯，但是由于目前法律监管的缺失，网站的法律责任尚未明确。但是随着法律体系的逐渐健全，搜索引擎网站面临的对用户隐私权的侵犯问题将面临巨大的压力。

三、电子商务平台

电子商务平台是指在互联网环境下，为买卖双方提供包括网上交易、电子支付及各类相关综合服务的网络平台。电子商务平台有多种模式，如 B2B(Business-to-Business：企业对企业)平台、B2C 平台(Business-to-Consumer：企业对消费者)、C2C(Consumer-to-Consumer：个人对消费者)、O2O(Online to Offline：线上对线下)、B2G(Business-to-Government：企业对政府)、B2F(Business to Family：商业机构对家庭)等。亚马逊、易趣、淘宝、京东商城等均为电子商务平台的典型代表。

电子商务作为一种网络应用，起步相对较晚。1998 年 3 月，我国第一笔互联网网上交易成功，意味着我国电子商务业务的起步。目前，从全球范围来看，电子商务的发展如火如荼，网上购物已成为人们习以为常的生活方式。在我国，截至 2015 年 12 月，网络购物用户规模已达到 4.13 亿人；我国网民使用网络购物的比例从 2014 年的 55.7%提升至 60%①。

(一)电子商务平台广告经营概况

在电子商务起步初期，大部分服务提供商的盈利模式主要以销售盈利、交易佣金、会员费等为主。随着网络购物用户及商户的日益增多，电子商务平台除了单纯的电子商务功能外，开始逐渐具备传播信息的媒体功能。一些用户规模较大的电子商务平台服务商，如亚马逊、阿里巴巴等，凭借其多年积累起来的用户数据、商家数据以及巨大的网络流量，开始探索带有媒体印记的广告经营之道，将买家的搜索需求与卖家的营销需求相结合，找到了一些独特的广告经营模式。

目前，电子商务平台的广告经营模式主要有几种：一是关键字搜索广告。其主要针对平台上的卖家，通过对关键字的出价多少，决定是否能在买家搜索到这个关键字时，出现在相应的推荐版位上。如淘宝的"P4P(直通车业务)"、京东商城的"京东快车"等，均属于这一类(如图 2-6)。二是展示类广告。即在平台中开辟若干展示位，广告主将自己的商品或店铺以展示广告的形式出现在特定广告位中，淘宝的"钻石展位"、京东的"京选展位"即为此类广告(如图 2-7)。三是联盟广告。其是指利用购物平台开发的系统，将商家的广告投放到联盟网站上，以增加曝光范围的一种广告形式，购物平台获取点击分成。

图 2-6　京东的关键字竞价广告

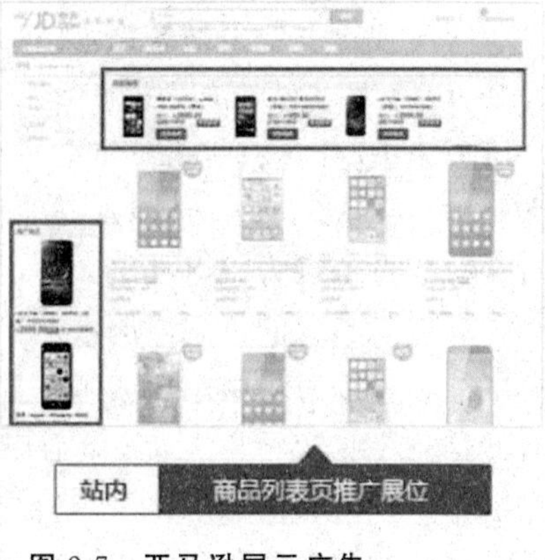

图 2-7　亚马逊展示广告

①数据来源：中国互联网络信息中心(CNNIC)2015 年 2 月发布《第 35 次中国互联网络发展状况统计报告》。

从2008年左右开始，我国电子商务平台广告从名不见经传一跃成为最主要的几种网络广告平台之一，近年来电商广告更是呈爆发式增长，在全国网络广告的市场份额中，电商广告从2008年的4.7%增长到2015年的28.1%，位居第二，仅次于排名第一的搜索引擎。淘宝作为我国电子商务领域的龙头老大，2015年的广告经营额达到538.4亿元，仅次于排名第一的百度。艾瑞咨询机构预计在未来几年内，电商网络广告份额仍是逐年上升趋势。[①]。

（二）电子商务平台的广告价值

电子商务平台的广告主主要是在该平台销售商品的商家，对于他们来说，电子商务平台的广告价值非常明显，主要体现在如下几个方面：

1.拥有明确的潜在消费者

凡是在电子商务平台购物并通过关键词搜索某商品信息的用户，一般来说即被搜索商品的潜在消费者。通过电子商务平台发布广告，可以基于该平台的消费者注册、浏览、搜索、购物等全方位信息，帮助广告主准确而迅速地锁定目标消费者，这也是电子商务平台最具竞争力的优势所在。

2.广告点击率高、效果即时、转化率高

广告主通过电子商务发布广告的目的非常明确，即促进产品销售。而登录电子商务网站上并浏览商品信息的用户，其直接目的则在于寻找到满意的商品并进行购买。因此，一旦用户在网络上看到自己曾搜索过的某商品信息时，即有很大的概率会点击并直接下单完成购买。艾瑞曾经做过一次关于网民关注与点击广告的情况调查，结果显示，购物类网站的广告关注度与点击率都是最高的（如图2-8）。而当带着明确或潜在购物目的的用户点击商品信息后，若对该商品表示满意，则很可能直接下单购买，广告效果则即时体现在销售数据上。比如淘宝中的钻石展位广告，有很大一部分广告商品最后成了销售“爆款”，广告效果不言而喻。

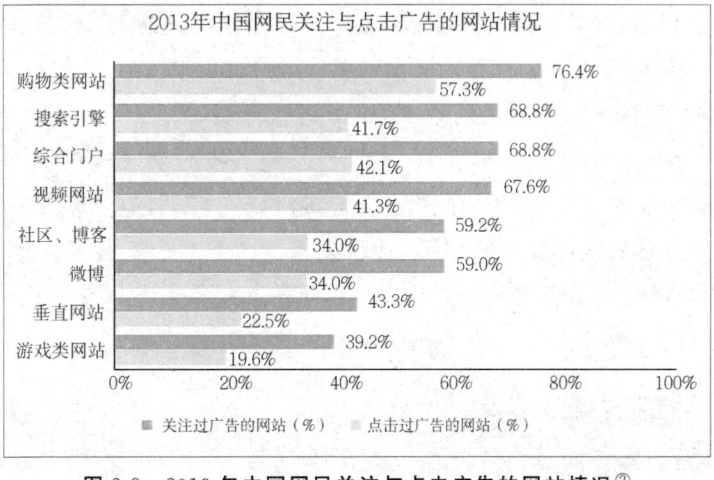

图2-8　2013年中国网民关注与点击广告的网站情况[②]

①艾瑞咨询：《2015年中国网络广告行业年度监测报告》。

②数据来源：艾瑞咨询《第十三届艾瑞网民网络习惯及消费行为调研》的调研结果。

（三）电子商务平台广告的问题

电子商务平台的广告经营与门户网站、搜索引擎等媒体形态最为显著的区别在于，电子商务平台主营业务的发展对广告经营有巨大的影响。由于电子商务平台属于闭环式经营模式，若经营得当，容易形成良性循环，即电商平台用户增多，刺激商户增多，商户增多反过来带动用户增多，在这种情况下，商户会积极开展广告活动来宣传自己。反过来，则会形成恶性循环。因此，电子商务类广告的发展极为不均衡，在我国，由于淘宝拥有电子商务市场大部分市场份额，其广告经营也是一枝独秀。电子商务平台必须不断做大，才能拥有巨大的流量和广告潜力。

四、网络视频平台

根据百度百科的定义，网络视频是指由网络视频服务商提供的、以流媒体为播放格式、可以在线直播或点播的声像文件。目前，提供网络视频服务的平台主要有网络电视台和专业视频网站。

主流的网络电视大多依托传统的媒体机构，就我国网络电视行业来看，有依托于中央电视台的中国网络电视台（www. CNTV. cn）、依托于湖南电视台的芒果 TV（www. hunantv. com）、依托于凤凰卫视的凤凰视频（v. ifeng. com）等，其主要运营模式是将传统电视台的内容以数字化形式放在网络上播出。

专业视频网站是指在一定的技术平台支持下，专门为用户提供各类网络视频服务的专业网站。专业视频网站有多种类别，有视频分享类网站，用户可以在线观看、发布、分享视频作品，如美国的 LULU、YouTube，我国的优酷土豆等；还有视频直播类网站，如 PPTV 等。目前，世界上最大的视频网站是 YouTube，此外，中国的优酷土豆、美国的 VEVO、Facebook、日本 Dwango 也是排名靠前的几大视频网站。

2004 年 11 月，我国第一家专业视频网站——乐视网上线运行，标志着我国网络视频行业的起步。而我国视频网站的爆发式增长发生在 2006 年以后。2006 年底，Google 以 165 亿美元收购了美国最大的视频网站 YouTube，让人们看到了这一领域的巨大商机，这一事件也刺激了我国视频类网站的激增。据统计，最高峰时期我国视频网站甚至达到上千家。视频网站在发展过程中经过了多轮洗牌，最后从百家争鸣变为几枝独秀。尤其是随着用户对视频网站的认可度不断提高，传统电视台、门户网站、搜索引擎等机构纷纷进军这一领域，造成视频网站群雄割据的局面。目前我国视频行业领军者主要有五家，分别是优酷土豆、爱奇艺、搜狐视频、乐视网、腾讯视频。

（一）网络视频平台的广告经营概况

目前，网络视频平台的盈利模式有多种，包括版权分销、免广告会员收费、收费观看、各类增值服务、广告刊播等。但是，在视频网站发展初期，曾经历过一段十分困难的时期，视频网站一度被认为是“烧钱机器”，盈利模式不清晰，广告模式得不到广告主认可，大部分视频网站亏损严重，投资者持谨慎态度，大量视频网站由于经营困难而关闭。2005 年，我国视频网站广告总收入仅占全国网络广告份额的0.03%。规模较大的视频网站一般把盈利重心放在版权分销和收费观看等项目上;而依托电视台的网络电视只是把自己当成电视节目的网络播出平台,经营意识不强。

2008年以后,随着一大批视频网站的倒闭,视频行业集中度越来越高,加上百度、腾讯等互联网巨头的介入,在资本运作的带动下,视频网站进入了快速发展期。节目类别的日渐丰富、用户规模不断扩大,网站经营者纷纷组建广告销售团队,把重心放在了广告经营上,发展出了贴片广告、暂停广告、页面展示广告、焦点广告、种子视频广告等多种形式,视频广告逐渐受到广告主的青睐,网络视频行业广告获得了迅速发展。2009年,视频网站广告增长率超过了任何其他形式的媒体平台,达到了138.6%(同年门户网站的广告增长率仅为2.3%);到2013年,在线视频广告市场规模已达到96.2亿元,市场占有率增长至7.2%。优酷土豆、爱奇艺PPS等视频网站均进入了全国网络广告市场媒体营收的前十强。

可以预计,未来几年,随着视频节目向手机、电视等多屏转移,视频行业将迎来新的发展机遇。有分析指出,视频贴片广告将是未来网络广告市场的主要增长力量。到2017年,我国视频广告的市场规模将达到282.2亿元。(如图2-9)

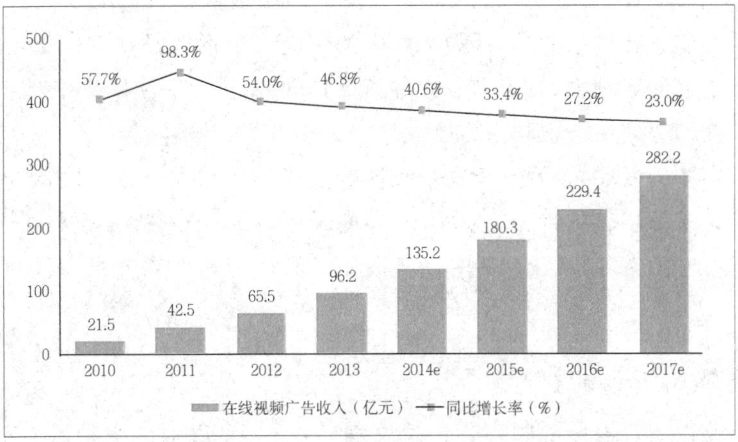

图2-9 2010—2017年中国在线视频行业广告市场规模[1]

(二)网络视频平台的广告价值

网络视频平台集合了Web网站和电视媒体的双重特点,既可以像门户网站一样发展图形展示类广告,也可以在视频播放过程中插播类似电视媒体的视频类广告。但是网络视频广告直到近几年才获得广告主的认可,对电视广告形成了巨大冲击,主要源于当前网络视频平台拥有如下广告价值:

1. 网络视频用户规模大、集中度高

根据CNNIC的统计数据,截至2015年12月,我国网络视频用户规模已达到5.04亿,网络视频使用率为73.2%。由于目前我国视频网站处于寡头竞争阶段,市场集中度高,因此网络视频用户主要集中在几大主要的网络视频平台上。CNNIC的统计显示,在

①艾瑞咨询:《中国网络广告行业年度监测报告(2014年)》。

2014 年半年内使用过网络视频的用户中，63％的用户使用过优酷网，排在首位；奇艺/爱奇艺、腾讯视频的品牌覆盖率都在 55％左右，分列第二、三位。

2. 网络视频广告性价比高、覆盖精准

网络视频平台的主要广告形式为视频贴片广告，相对于动辄几十上百万的电视广告而言，网络视频广告费用相对较低。网络视频广告一般按照 CPM（千次展示：Cost Per Mille）收费，以优酷土豆的基础刊例价为例，一条主要针对广州、深圳等 15 个地区的 15 秒贴片广告的刊例价约为 65 元/CPM，也就是说每百万个展示费用仅为 6.5 万元，远远低于电视媒体的费用。此外，网络视频广告可以根据用户 IP 地址分地区投放，随着程序化投放的兴起，还可以实现针对特定目标人群的精准投放，无疑对广告主具有巨大吸引力。

3. 网络视频广告具有品牌传播优势

自网络广告诞生以后很长时间，品牌广告主对网络广告的投放持谨慎态度，最主要的原因在于网络媒体秩序较为混乱，网络广告环境良莠不齐，除了少数门户网站外，品牌广告主难以找到适合于品牌传播的广告媒体和广告形式。对于视频类网站而言，过去曾经历过盗版严重、内容低俗等问题，但随着国家管理部门三令五申对视频行业的规范化管理，加上视频行业本身的优胜劣汰，使得目前整个网络视频行业得到了极大提升，适合于品牌广告主开展广告传播。此外，视频网站中的主流广告形式是视频广告，其本身较之于图形广告具有更强的表现力，在塑造品牌方面更具优势，因此深受广告主欢迎。

4. 跨屏延伸趋势使网络视频潜力巨大

随着手机媒体的发展，以及基于电视媒体的智能设备的发展，视频内容向移动端和电视端延伸已成为不可逆转的趋势。从 2013 年底开始，已经有一批视频网站开始布局基于 PC、手机、PAD、电视等多屏幕的一体化战略，一旦网络视频占领电视，其将凸显更大的媒体价值。

（三）网络视频平台存在的问题

在网络视频行业及网络视频广告快速发展的过程中，也渐渐暴露出了一些可能阻碍其未来进一步发展的问题，主要有如下两个方面：

1. 视频网站同质化现象严重

目前，从各个主要视频平台的视频内容和经营方式来看，同质化现象比较明显，虽然大部分视频网站都重视独播剧的引入和自制剧的制作，但从总体上说，普遍追求视频内容的大而全，差异化不明显。

2. 非理性逐利心理影响用户体验

当视频网站的广告逐渐增多时，开始产生一个现象，即贴片广告的时间越来越长，尤其是部分视频网站的独播剧或热播剧，贴片广告时长甚至达到了 2 分钟，用户在观看视频前必须无可奈何地被迫接受广告信息，严重影响用户体验。在互联网时代，失去了用户也意味着失去了市场。

第三节　手机广告媒介平台

手机广告媒介平台，特指以手机为终端来呈现，具有信息承载或服务提供功能，并能以此博取用户注意力，从而获得广告价值的媒介形态。

由于手机终端具有作为通信工具和移动互联网终端双重功能，因此基于手机终端的媒介产品也具有双重形态。一种是基于移动互联网而产生的媒介产品，如 WAP 网站、手机 APP、移动视频、移动搜索等；另一种是由移动通信公司主导的，以移动增值服务为特征的媒介形态，如手机报、手机电视等，本章中统称为移动增值服务平台。近年来，移动互联网以压倒性优势逐渐取代手机作为通信工具的功能，移动互联网广告增长迅猛，尤其是移动搜索广告、视频广告、APP 广告市场份额持续增长，而手机 WAP 网站广告市场份额不断下滑，各类基于移动增值服务的广告经营更是举步维艰。

本节中重点选取几类有代表性的手机广告媒介平台加以介绍。目前发展迅速的移动搜索、移动视频由于相当于网络搜索和网络视频的延伸，在上一节中已有涉及，这里就不赘述。

一、手机 APP

APP，英文全称为 Application，是随着智能手机的出现而产生的，主要用于智能手机、平板电脑等终端，可以作为互联网入口的客户端应用程序。APP 的应用，极大地优化了用户在使用智能手机等移动媒体上的体验，过去需要在手机浏览器中输入网址才能查看网站信息，有了 APP 作为载体后，一键即可直达内容。目前，APP 已经成为智能手机中最为主流的信息入口和内容载体。

苹果公司是手机 APP 模式的开创者，APP 一般通过应用商店下载，世界上第一家 APP 商店是苹果公司于 2008 年 7 月 11 日推出的基于苹果 IOS 平台的 App Store。App Store 是一个开放式的应用软件平台，在这个平台上，开发者可以利用苹果公司提供的应用开发包(SDK)开发 APP 并上传，用户可以有偿或无偿地直接将 APP 软件下载到手机等移动设备。App Store 推出后，市场反响极为热烈，到 2009 年 1 月，仅半年时间，应用商店已经超过 1.5 万个应用，超过 5 亿次下载，几年来，这两项数字仍呈几何倍数增长(如表 2-1 所示)。

表 2-1　苹果 App Store 应用程序及下载数目[1]

日期	应用程序数目	累计下载
2008 年 7 月 11 日	500	0
2008 年 7 月 14 日	800	10 000 000
2008 年 9 月 9 日	3 000	100 000 000
2009 年 1 月 16 日	15 000	500 000 000
2010 年 1 月 5 日	100 000＋	3 000 000 000＋
2011 年 10 月	500 000＋	18 000 000 000＋
2012 年 6 月	650 000＋	35 000 000 000＋
2013 年 6 月 11 日	900 000＋	50 000 000 000＋
2014 年 7 月	1 200 000＋	75 000 000 000＋

苹果在 App Store 模式上取得的巨大成功，吸引了包括移动运营商、手机生产商、第三方等多股力量进军这一市场，开发自己的软件应用商店，如谷歌公司基于安卓平台的 Google play 应用商店，蓝莓的 BlackBerry App World，微软的应用商城等。而从开发者来看，很多爆款 APP 让开发者品尝到了一夜暴富的滋味，在这种刺激下更多后来者加入了开发队伍，APP 程序数量越来越多。2014 年，谷歌 Play Store 的应用数量已达到了 143 万，首次超过 Apple Store 的数量。而亚马逊商店的应用数量也达到了 39.3 万，排名第三。市场研究机构 Gartner 预测，到 2017 年之前，移动应用的下载量将超过 2680 亿次，移动用户每天向超过 100 款应用和服务提供个性化数据流，这将增加更多的创收机会[2]。

从 APP 的内容来源和覆盖面上看，目前，APP 的开发者主要包括互联网公司、移动创业公司、传统企业以及个人开发者，APP 的内容已经遍及各个领域。首先，凡是互联网上存在的，几乎都开发了基于智能手机的 APP 入口，包括门户网站、新闻网站、垂直网站、搜索引擎、网络视频、电子商务、移动社交等所有领域；其次，数量众多的移动创业公司和个人开发了无数完全植根于智能手机的 APP，内容包括生活服务、娱乐、社交、游戏、移动支付、即时通信等各个方面；再次，很多传统行业，也希望在这一次浪潮中搭借 APP 的快车，走出与移动媒体融合的一步，纷纷开发自有 APP。

从 APP 的内容应用上看，越来越多具有较高技术含量，兼具实用性和交互性特征的 APP 产生，很多 APP 与人们的健康、生活、工作、学习紧密相关，它们丰富了手机对于用户的意义，用户下载具有较高的使用频率，并容易形成使用习惯，从而使他们拥有一批较为稳定的用户群。图 2-11 是调查机构易观智库发布的 2015 年 1 月份我国移动 APP 用户数和活跃度在前 20 名的榜单。

---

①根据苹果公司公开发布的数据整理。

②李路编译：《Gartner 预计未来三年 APP 收益将超 770 亿美元，2014－01－24，http://tech.qq.com/a/20140124/000023.htm.

移动APPTOP200排名

排名	APP名称	2015年01月活跃用户数（万）	12月活跃用户数（万）	排名对比
1	微信	38310.0	38317.4	=
2	QQ	31688.0	31669.6	=
3	百度	13814.4	13632.9	=
4	QQ浏览器	10934.4	11333.6	↑
5	搜狗手机输入法	10831.3	10684.0	↑
6	淘宝	10823.5	12348.7	↓
7	360手机卫士	8799.9	9443.1	=
8	QQ音乐	8578.8	9442.9	=
9	UC浏览器	8546.3	8657.6	↑
10	QQ空间	8499.9	9060.8	↓
11	腾讯新闻	8413.3	8166.1	↑
12	百度手机助手	8306.1	8458.2	=
13	百度地图	8252.5	8910.0	↓
14	微博	8184.9	7744.2	=
15	搜狐新闻	7102.4	6934.2	↑
16	今日头条	6925.6	6168.1	↑
17	腾讯手机管家	6642.1	7351.6	↓
18	360手机助手	6126.0	6482.2	=
19	支付宝钱包	6014.7	6592.3	↓
20	百度手机浏览器	5562.5	5367.8	↑
21	优酷视频	5354.7	5222.8	↑
22	暴风影音	5187.7	5897.6	↓
23	WiFi万能钥匙	5018.9	5177.4	↑
24	应用宝	4772.4	5366.3	↓
25	墨迹天气	4568.5	5011.9	=
26	酷我音乐	4451.6	4413.5	↑
27	陌陌	4411.8	5002.7	↓
28	百度手机卫士	4203.9	4320.7	↑
29	美图秀秀	4173.3	4454.7	↓
30	猎豹清理大师	4162.5	3778.5	↑
31	酷狗音乐	4145.6	4207.6	=
32	91助手	4130.5	4627.1	↓
33	腾讯视频	3748.0	3538.6	↑
34	豌豆荚	3433.0	3554.8	=
35	天气通	3420.8	3651.9	↓
36	掌阅iReader	3401.0	3354.7	=
37	网易新闻	3386.6	3257.0	↑
38	爱奇艺视频	3268.0	3343.4	↓
39	美颜相机	3263.3	33[illegible]	[illegible]
40	高德地图	3250.5	3302.4	[illegible]

图 2-11　2015 年 1 月中国 APP 排行榜前 20 名

（一）手机 APP 广告发展概况

丰富的内容，规模庞大的用户群，巨大的流量，形态各异的交互方式，使得 APP 这一媒介载体具有了广告媒体的价值，并且在近几年来被越来越多的广告经营者和广告主所关注。

1. 我国 APP 广告的兴起与发展

APP 广告是指利用移动应用程序这一媒介载体开展的广告活动，是随着 APP 的出现而产生的。在美国，较早从事 APP 广告经营活动的是 AdMob 平台。2008 年苹果推出应用商店后，该平台逐渐被我国所了解，从 2009 年开始，已经有一些模仿者开始开发国内自有的移动应用平台，在这一年中，仅有极少数互联网行业的广告主开始投放 APP 广告。

2010 年可以说是我国移动应用广告平台的正式兴起年，越来越多的广告主尝试这一全新领域，但主要还是以互联网行业广告主为主。这一年我国移动应用广告市场规模已达到 1.1 亿元。

随着 APP 的日益普及，人们对移动互联网认可度的提高，以及移动应用广告平台的成熟，近几年来，移动 APP 广告的市场规模迅速壮大。2013 年我国移动应用广告平台市场规模为 13.5 亿，较 2012 年增长 265.2%。预计 2016 年将达到 127.6 亿元[①]。而从 APP 广告在移动营销市场的整体占比来看，也是处于连年上升的趋势，从 2011 年的 7.2%上升为 2014 年的 19.8%，仅次于移动搜索广告的市场占有率(如图 2-12)。

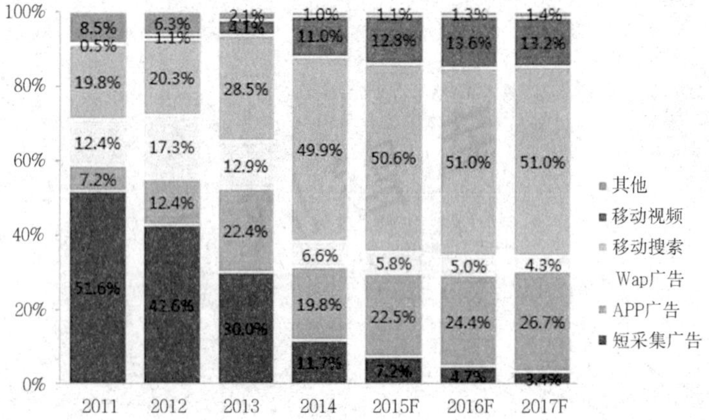

图 2-12　2011—2017 年中国移动营销市场结构及预测[②]

从广告主构成看，目前 APP 广告的广告主仍然以行业内广告主为主，尤其是手机游戏广告投放量最大。部分品牌广告主已经逐渐认可并尝试投放，如汽车、快消、日化、IT、金融、房地产类广告主均开始投放 APP 广告。

2. APP 广告经营模式

从 APP 所有者或经营者的角度看，发展 APP 广告业务的模式有多种：

第一种是将 APP 接入移动应用平台，通过平台进行广告分发，由平台收取广告费，按一定的分成比例支付给 APP 开发者。目前国内主要的移动应用平台有百度移动联盟、AdMob、艾德思奇、多盟、易传媒、安沃、InMob、腾讯的广点通移动联盟等，一般来说，个人开发者比较热衷于采用这种模式获取广告收益。

第二种是自营广告业务。即自己成立广告销售团队，自定广告标准和广告形式，直接面向广告主或广告代理公司开展广告业务。一般来说，拥有较强实力的 APP 开发企业常采用这种方式，如今日头条、微博、微信等都是自营广告业务。

3. APP 广告发布模式

从广告主的角度看，通过 APP 进行广告宣传一般有如下两种模式：

一种是将自己产品或品牌信息发布到与目标受众相关的 APP 应用程序中，广告形式

---

①数据来源：易观智库发布的《中国移动应用广告平台市场专题研究报告 2014》。

②易观智库：《中国互联网品牌广告投放费用与预测专题研究报告 2015》。

有横幅广告、插播广告、屏幕上下方留白处的广告链接、图形展示广告、品牌贴片广告等。

另一种是设计开发品牌自有 APP，在 APP 中内置品牌信息，如品牌动态、近期活动、产品介绍等，然后将其上传到各应用商店，供用户免费下载，让用户通过该 APP 了解该品牌或产品。也就是说，APP 与广告合一化，APP 本身就是一个广告产品。

（二）手机 APP 的广告价值

APP 被认为是目前最重要的手机媒介载体，APP 广告是移动互联网领域最具发展潜力的一支力量。从广告运营的角度看，APP 平台具有如下广告价值：

1. APP 常常拥有忠实而稳定的用户群

有数据显示，2014 年中国移动互联网用户平均每天启动 APP 的时长达 116 分钟，接近 2 小时，移动互联网用户的 APP 使用呈现高集中化，经常使用 1～5 个的 APP 占比最大，接近一半①。

虽然目前 APP 数量众多，用户群体极为碎片化。但是，用户一旦下载了一个 APP 且体验良好，可能会在手机上保留较长时间；若该 APP 与日常生活或工作息息相关，则很容易固化用户使用习惯，成为时时关注的贴身媒介。

2. APP 拥有更大的广告表现空间和更多互动可能

随着技术的发展，基于手机 APP 的广告相对于网络广告而言拥有更大的表现空间和互动可能。应用于手机上的人脸识别技术、增强现实技术、重力感应技术等，都可以与广告表现相结合，如曾经有一则利用增强现实技术发布的汽车广告，用户在闲暇等待时，打开广告页面即可感受到驾驶虚拟汽车的乐趣。此外，手机里内置的传感器，具有如助地感应、导航仪、红外探测等功能，给用户提供了多种互动方式的可能，使广告更具有趣味性。

3. APP 使更精准的投放成为可能

相对于网络媒体而言，通过 APP 投放广告的精准度更上一个台阶。由于手机媒体的随身性，手机 LBS 技术的应用，使广告甚至可以精准到具体几十米范围的地理位置，有数据证明，当打折信息地点在用户 500 米范围内时，广告的响应率是一般广告的 12 倍。

此外，APP 作为与手机用户关系最为密切的媒体形式，APP 的下载和使用能反映出用户的行为习惯、兴趣爱好、生活方式等全方位信息，通过对这些数据的分析，可以做到用户与广告主信息更为精准的匹配。

（三）手机 APP 广告存在的问题

由于 APP 广告从很大程度上代表了移动互联网广告的未来，从其生态系统来看，涉及 APP 应用开发者、移动应用平台经营者、广告主、用户等多方面力量的共同作用，因此对于目前 APP 媒体的发展及广告运营中存在的问题也应从多个角度来看：

---

①中文互联网数据资讯中心：《2014 年中国互联网数据大盘点》，2014－12－15，http://www.199it.com/archives/313652.html.2014－12－15.

1. 从用户使用层面看

第一，用户对APP媒体拥有生杀予夺的大权，由于APP是用户在手机上自主安装和使用的媒体，私人化程度较高，可随时安装亦能随时删除；第二，尽管用户使用APP的频率较高，但每个APP停留的时候有时仅有几分钟或几秒钟时间；第三，由于手机屏幕较小，用户对安置其中的广告信息极为敏感，广告接受度有限。由于用户的个人体验对于该媒体存亡及其价值具有决定性意义，因此APP广告如何在用户接受度范围内发挥作用，让用户能够愉悦地接受广告，是目前的一个考验。

2. 从APP应用开发者的角度看

如何让自己的应用从多如牛毛的APP中脱颖而出，并与用户建立稳固的联系，保持APP的生命力，是一个巨大挑战。有调查显示，在目前动辄上百万的APP中，其中一大部分属于"僵尸APP"，也就是说在很长时间内几乎没有用户下载或使用；还有一类APP红极一时，但最后由于功能单一、用户黏度不高，用户试用后玩腻了即将其删除，昙花一现后用户群迅速减少，广告价值也随之下滑，比如"脸萌""魔漫相机"等。

3. 从广告主层面来看

目前大部分广告主，尤其是品牌广告主对APP广告的认可度还不够高，仍然处于探索尝试阶段。

4. 从移动应用广告平台来看

目前接入平台中的APP以长尾流量居多，而知名度较高的优质APP相对较少，这也直接导致了广告主对移动应用平台的广告覆盖面存在一定的质疑和顾虑。此外，大部分移动应用平台的功能还不够完善，对于广告效果的评估指标较为单一，目前点击量是APP广告的一个主要评价指标，但是据调查，用户对APP广告的点击量是非常低的，是不是没有点击量，广告就完全没有效果？展示型广告效果如何评估？这都是值得重视的问题。

二、移动增值服务——手机报

移动增值服务，是指以电信运营商为主导，基于无线网络，在其基本业务（语音通话业务）的基础上，对手机用户提供的各项其他服务。移动增值服务的种类繁多，包括语音增值服务（多方通话、IVR等）、消息类服务（短信、彩信、移动IM）、视频类服务（视频通话、视频点播等）、音乐类服务（手机彩铃、手机音乐等）、游戏类服务（手机游戏等）、移动办公类服务（短信平台、移动视频会议等）、手机出版类服务（手机报、手机电视）等。在诸多增值服务形态中，仅有手机出版类服务具有媒介产品的基本特征，有以广告作为盈利模式的潜力，这里重点介绍手机报增值服务。

手机报是由电信运营商、网络服务商以及传统报纸媒体三方合作，由传统媒体提供内容，电信运营商和网络服务商提供渠道和技术支持，通过无线技术平台，将信息资讯以短信、彩信、WAP等方式发送到用户手机的一类移动增值服务，发送的内容涉及新闻、时政、文体、人文、生活、时尚等多方面资讯。

图 2-13　电信手机报宣传海报

图 2-14　《健康时报》手机报

（一）手机报发展概况

日本是最早探索手机报模式的国家，1999 年，日本最大的电信运营商 NttDoCoMo 就退出了基于 I-MODE 技术的手机短信报增值业务。《读卖新闻》《朝日新闻》《日本经济新闻》等报社都与电信运营商合作推出了手机报。

我国第一份手机报出现于 2001 年，其信息呈现方式是文字版的短信。不过一般认为我国第一份真正意义上的手机报出现于 2004 年 7 月 18 日，是由中国妇女报、中国移动、北京好易时空网络有限公司三方合作推出的《中国妇女报·彩信版》。

手机报这一媒体形态的产生并不是偶然的，其背后有多方面的原因：一是互联网媒体的兴起给人们的信息获取方式带来了巨大变化，传统纸质媒体在网络媒体的冲击下，影响力急剧下滑，焦灼于寻求新的出路；二是手机保有量的急剧增长，手机被视为继网络媒体后的“第五媒体”；三是电信运营商推出了彩信业务，使手机所承载的信息量大大提高。在这种背景下，传统媒体人对手机媒体寄予了很大希望，在大部分传统媒体开发“报纸网络版”成效甚微时，其与电信运营商在手机媒体领域的合作可以称为是各取所需、一拍即合。

《中国妇女报》的手机报模式的出现引起了纸媒行业的关注，一石激起千层浪，2005 年，全国各地的报纸、杂志等纷纷联合当地的电信运营商开办手机报，杭州日报报业集团、浙江日报报业集团、重庆商报、新华社、深圳报业集团、辽宁日报传媒集团、人民网等都是开展手机报业务的先行者；2006 到 2008 年间，全国更是掀起了创办手机报的高潮，“星星之火”变成“燎原之势”。截至 2011 年，国内已有一半的报刊开办了手机报，数量突破 1500 种[①]。内容涵盖新闻、娱乐、体育、财经、旅游、健康、饮食、教育等各个领域。

从手机报的呈现方式来看，有短信版、彩信版、WAP 网站版、IVR 语音版四种，但由于短信版信息承载形式单一、语音版流量太大，因此，目前最主流的手机报采用的是彩信版和 WAP 版。

近年来，随着 3G 业务的开通，智能手机的普及，任何媒体都可以越过电信运营商直接接入移动互联网，网易、新浪、凤凰网等几乎所有的网络媒体都开通了基于手机终端的入口，手机报的退订率持续升高，用户不断减少，发展陷入困境。

---

①数据来源：中国新闻出版研究院发布的《2010－2011 中国数字出版产业报告》。

（二）手机报的盈利模式及广告经营情况

手机报的盈利模式主要有三种：

1. 收取用户订阅费

由于手机报是用户通过订阅的方式向电信运营商申请，从第一家手机报《中国妇女报》诞生开始，收取用户订阅费就成了一种最主流的盈利模式。一般而言，手机报的订阅费按月收取，3 到 15 元不等，由电信运营商直接从手机资费中扣除，最后收益按一定的比例与媒体、网络服务商分成。

2. 收取 WAP 网站流量费

即当用户通过手机报接入 WAP 网站时，收取适当的流量费，这也是手机报的盈利模式之一。

3. 广告费

即以手机报的内容为核心价值，以规模庞大的订阅用户为潜在受众，吸引企业在手机报上投放广告。

在实际运营中，手机报的盈利来源主要是用户的订阅收入。但是，由于手机报是传统媒体与电信运营商等几方合作的产物，因此所有盈利收益都由合作三方按一定比例分成，一般来说，在订阅费和流量费上，电信运营商占大部分收益，传统媒体方收益甚少。加之近年来 3G 网络的开通带来移动互联网迅速发展，免费网络应用数不胜数，用户对于手机报"收费"这一模式越来越反感，一方面大量用户退订手机报，同时很多手机报也被迫由收费转为了免费。因此，过去动辄上亿的订阅收入已经走向下滑通道。

而对于广告运营方面，一般来说在合作三方的分成上，媒体可以拥有更大比例。但是实际情况是，广告收益很少或几乎没有。实际上，在手机报产生之初，媒体人就设想将其打造成第二报纸，在手机报上重现报纸媒体的"二次售卖"模式，即收取用户的订阅费，同时向企业收取广告费。然而，在实践过程中，由于电信运营商的控制，以及用户对广告的排斥，在众多手机报经营中，真正获得广告收益的非常少。目前，大部分手机报都处于"赔本赚吆喝"的状态，收入入不敷出。

目前，有一部分传统媒体继续利用手机报平台进行深耕细作，寻求创新，如《人民日报》将音频信息直接植入图文内容中，通过植入新闻标题栏旁的时评标志，把全媒体符号融入读者的阅读体验之中；还有一部分媒体已主动取消手机报业务，如 2014 年 2 月 28 日，东方网发布《告用户书》，正式宣布关停东方网手机报业务。

（三）手机报面临的问题

手机报近年来发展式微，用户数锐减，广告经营更是止步不前，归纳而言，主要面临如下问题：

1. 内容上同质化

虽然国内手机报数量众多，但大部分手机报都是传统媒体内容在手机上以数字化形式再现，内容同质化现象严重，用户认可度不高。

2. 经营上受制约

由于手机报是基于电信运营商开展的媒体业务，电信运营商对于规则制定、运作方式等都起到主导作用，媒体仅扮演着内容提供商的角色，这容易造成两个问题：一是媒体没有经营意识，电信运营商更没有把手机报当成一个媒介产品来经营的意愿，手机报单纯成为电信运营商若干移动增值服务产品之一；二是即便部分媒体有经营意识，但迫于电信运营商的制约，比如对广告形式、广告发布方面提出若干要求，媒体经营自主权受到限制。

3. 外部遭遇手机 OTT 业务的冲击

遭遇移动互联网的冲击应该算是手机报目前面临的最大挑战。通过移动互联网，凌驾于电信运营商之上的 OTT(Over the Top)业务大行其道，免费而具有特色的新闻类 APP 数不胜数，手机报，尤其是“收费订阅”的手机报的吸引力变得很小。

4. 内部传统媒体思路局限

手机报经营困难的最根本原因在于传统媒体思路老化，故步自封，缺乏创新意识和创新的想法，加上经营成本和人员的制约，使得手机报业务陷入困境。

【案例】

伊利畅轻营销：轻生活，一身轻

背景介绍：

伊利畅轻是一款益生菌酸奶。畅轻凭借着率先进入酸奶市场的契机，伴随着品类的发展而在酸奶市场中分得一杯羹。然而，随着竞争不断加剧，原有的益生菌酸奶品牌出现了包装相似，产品诉求同质化等问题。畅轻原有的竞争优势变得越来越模糊，并且逐渐被价格战所打压。如何帮助畅轻跳脱产品同质化格局，使得产品大卖，成为摆在企业面前的首要问题。

畅轻的主要消费群体——年轻女性白领，生活压力大，喝酸奶是她们减轻身体负担和放松心情最简单的方式。于是，立足于产品功能，将传播重心移至情感利益，公司提出了“轻生活，一身轻”的品牌理念。使得产品成功跳脱功能利益竞争，创造出了与目标群体具有共鸣的品牌价值。

为了传播畅轻这一独特的品牌价值，伊利营销团队展开了一系列的营销传播活动。从产品包装、电视广告、平面广告等多个层面传播畅轻“轻生活，一身轻”的品牌理念。

二维码传递“轻生活”。改变包装是畅轻所做出的第一步。在畅轻现有的清新别致的包装盒上有个二维码，消费者只需用手机扫描二维码便能够观看到 Gif 动画。畅轻用几个清新的小动画动态地诠释了“轻生活，一身轻”的品牌理念。

年度网络活动“Fun 飞生活轻起来”以微博平台为支撑，分为三个阶段。第一个阶段是 2013 年 7 月 27 日至 8 月 22 日，活动主题为“与高圆圆一起测试压力”。营销团队运用语义分析的技术，通过分析年轻女性白领在社交媒体上发表的状态来测试她们的生活压力，从而倡导轻生活的理念。同时，在移动端推出微信扫描二维码，向高圆圆提问并参与抽奖的活动。

第二个阶段是 2013 年 8 月 23 日至 9 月 18 日，活动主题为与“高圆圆一起释放压力”。结合活动主题在社交媒体上发起放飞轻生活气球的活动。同时，腾讯视频战略项目《大牌驾到》强势助阵，高圆圆与华少在节目中畅谈轻生活，再次传播品牌理念。并且，移动端微信扫描二维码抽奖活动持续进行。

第三个阶段时间为 2013 年 9 月 19 日至 9 月 30 日，活动主题为“与高圆圆一起畅享轻生活”。活动鼓励网友共建轻生活照片墙，使得网友进行自主传播，促进了社群互动。同时，移动端微信扫描二维码抽奖活动仍在持续。

点评：

伊利畅轻在这一次营销传播活动中通过多种媒介资源协调配合，成功地重塑了品牌形象，推广了“轻生活，一身轻”的品牌理念。新媒体部分的营销传播活动虽然不是整个战略中最为主要和突出的部分，但是有力地配合了其他渠道的营销传播活动，做到了多个平台，一个声音。同时，目前许多品牌的营销战略活动都会考虑到新媒体平台的营销传播活动。新媒体平台的营销传播往往会对整个营销战略起到有力的支持和补充。特别是维护消费者关系，通过参与式互动提升用户体验等。

然而新媒体平台运用也分为多个层次。伊利畅轻在产品包装盒上加入二维码，消费者可以通过扫描二维码获取动画或参与抽奖或与明星互动，这属于比较简单的层次。在微博平台使用语义分析技术来为目标群体测试压力属于较为复杂的层次。但对于新媒体平台或简单或复杂的运用并没有优劣、高低之分，只有适当或不适当的区别。任何要求消费者进行参与的活动，其评判的标准都在于是否能够带来用户价值。

【知识回顾】

在现代信息社会中，“平台”一词的提及率越来越高。“广告平台”指的是开展广告活动所需要的环境或条件，“新媒体广告平台”包含了技术平台、终端平台、媒介平台、广告发布平台等多重含义，本章中的新媒体广告平台特指以电脑、手机、智能电视、PAD等为代表的终端平台，以及以门户网站、搜索引擎、网络视频、社交媒体、微博、微信等形态各异的媒介产品为代表的媒介平台。不同的终端平台在广告传播与表现上有其自身的特点，而媒介产品平台在广告经营上也分别表现为不同的发展阶段。门户网站的广告经营从最初的一枝独秀发展到目前的广告领地逐步被侵蚀；搜索引擎以关键字广告为推动力跃居广告市场榜首；电子商务平台广告经营起步相对较晚，却成为最具营销潜力的网络媒体形式之一；网络视频在历经多次行业洗牌后，终于寻找到新的发展方向，其广告营业额近两年成为网络广告行业的领导者；在手机媒体领域，手机APP近年来成为智能手机中最主要的内容载体，基于APP的广告开始广受关注，市场占有率逐步提升；以电信运营商为主导的移动增值服务类媒介平台生存空间进一步遭受冲击和挤压，广告经营难以为继。

【思考题】

1. 新媒体广告平台相对于传统媒体而言有什么特点？
2. 媒介产品与不同媒介终端是如何融合发展的？
3. 门户网站应如何调整策略以应对其他媒介形态的冲击？
4. 搜索引擎可以采取哪些办法来解决在其广告经营上遇到的问题？
5. 电子商务在广告经营上还可以如何创新发展？
6. 如何解决网络视频网站的广告盈利与用户体验之间的矛盾？
7. 手机APP广告的发展前景如何？

第三章
新媒体广告的表现形态

【知识目标】

☆新媒体广告表现形态的分类

☆网络广告的主要表现形态

☆手机广告的主要表现形态

☆互动性电视广告的主要表现形态

【能力目标】

1. 能结合案例分析各类新媒体广告的特点

2. 能准确分辨各类新媒体广告表现形态

3. 能结合自己的理解说出不同新媒体广告表现形态的特点

【案例导入】

墨迹天气是一款天气类APP,目前拥有超过2.3亿用户量,每日活跃用户量达4200万,其中穿衣助手、空气指数、实景分享等功能深受用户喜爱。有一天,当身处不同地区的用户打开墨迹天气APP时,看到墨迹天气的画面发生了一些变化:穿衣助手小默哥和小默妹手上不约而同地多了一瓶饮品,服饰也换成了与饮品颜色相匹配的形象,点击穿衣助手,在右上方出现与饮品相关的提示语。但是,饮品类别因各地天气状况的不同而存在差异,比如在温度较高的地方出现的是"透心凉,心飞扬,雪碧释放你的夏日";在昼夜温差大于8℃的地方,出现"昼夜温差较大,来瓶果粒奶优,补充营养";在空气污染指数为良或以下的地方,出现"果清新带来滋润秘籍,助您四季以衡"等(如图3-1)。

图 3-1 可口可乐公司在墨迹天气 APP 中的植入广告

这是可口可乐公司与墨迹天气合作推出的 APP 植入广告，该合作持续了 6 个月。可口可乐公司利用墨迹天气中穿衣助手可以定制的功能特点，为旗下众多产品量身定制了多套广告方案，根据不同的天气推广不同的产品，让墨迹天气用户每天都能感受到可口可乐产品带来的关怀。结合这个案例，试思考：新媒体广告在表现形态上有哪些突出的特点？

新媒体的发展日新月异，媒介形态不断更新，一旦某种媒介产品引起了足够大的关注度，它就将实现向“广告媒介”的华丽转身。而依附于新媒体之上的广告，其表现形式并非如传统广告般一成不变，而是在新媒体的更新换代中不断寻找与其相适应的呈现方式，这使得新媒体广告种类繁多，形态多样，并永远处于发展变化之中。此外，由于新媒体的开放性特征，媒介经营组织数不胜数，不同媒介经营者对广告表现方式和发布标准均未达成共识，往往对于同一类型广告还存在多种称谓，这导致新媒体广告的表现形态看上去更为复杂，难以厘清头绪。本章中将对基于网络、手机、电视三种典型的新媒体的广告表现进行综合归类，然后分别介绍不同新媒体中的各种具体广告表现形态及其特征。

虽然新媒体广告表现形态千变万化，但万变不离其宗。从宏观上，我们可以根据广告呈现方式的不同，大体上将各类新媒体广告划分为如下几个类型：展示类广告、内容服务类广告、植入类广告、推送直投类广告等如图 3-2 所示。值得注意的是，除了这几种基本广告类型外，不同的媒体可能还有其特色的广告表现方式，比如后面会提到的手机媒体中的互动广告等。

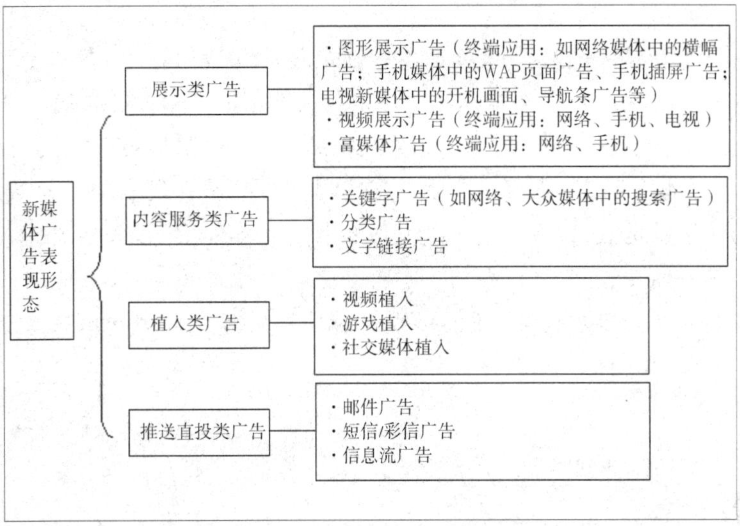

图 3-2　新媒体广告表现形态的分类

1. 展示类广告

展示类广告是指广告以图、文、影像等方式直接在载体中展示，只要打开相应页面或相应载体就可以看到的一种广告形式，包括图形展示广告、视频展示广告、富媒体广告。展示类广告实际上是对传统媒体广告售卖模式与表现方式的传承，具有传统硬广告的典型特征，在各类新媒体终端中的应用非常广泛。如网络媒体中的横幅广告、通栏广告、导航条广告、视频贴片广告等都属于展示类广告；手机媒体和电视新媒体中也适时地开发出了越来越多的展示类广告形式，如手机 APP 中的插屏广告、广告条；电视新媒体中的开机画面、导航条广告等。

2. 内容服务类广告

内容服务类广告是应新媒体信息爆炸的特点而生的一种新型广告方式，广告与受众关注的内容紧密结合，通过计算机技术和大数据，将受众当前最想看到的内容呈现在他们面前，同时实现为商家宣传的目的。内容服务广告最典型的应用是关键字搜索广告。此外，分类广告以及文字链接广告也可以归入内容服务类广告。

3. 植入类广告

植入类广告是将产品或品牌信息以各种方式植入于视频、游戏等媒介应用中，以潜移默化的方式影响受众态度的一种广告形式。植入类广告在新媒体环境下发展非常迅速，用户浏览或使用信息时，不经意间即可接触到大量的植入类广告。

4. 推送直投类广告

推送直投类广告与传统的直投广告意义类似，传统的直投广告是指将广告信息直接投递到受众的工作单位、住所等地。而新媒体环境下的直投广告是指将广告信息直接以数字化形态发送到与受众相关联的应用媒介中。如电子邮件广告，手机短信广告、彩信广告以及手机 APP 中的广告信息推送、微信中的信息流广告等均属于直投广告。

第一节　网络媒体的广告表现

网络媒体作为新媒体的最早起步者，在 20 余年的发展历程中，媒体形态和信息传播方式一直在发生着深刻变化。从早期以海量信息为特征的 Web1.0 时代，到用户创造内容的 Web2.0 时代，最后发展到与移动互联网相结合，用户随时随地创造和传播信息的 Web3.0 时代。从媒介形态上来看，先后出现了以门户网站为代表的信息集成者、以搜索引擎为代表的信息筛选者、以社区论坛为代表的信息分享平台、以博客和微博为代表的个人化信息平台等。而在这些媒介载体的基础上，先后产生诸多与之相适应的广告形式。

网络广告表现形态多种多样，我们可以根据前面的分类标准对网络广告的表现形态进行归类并一一介绍。

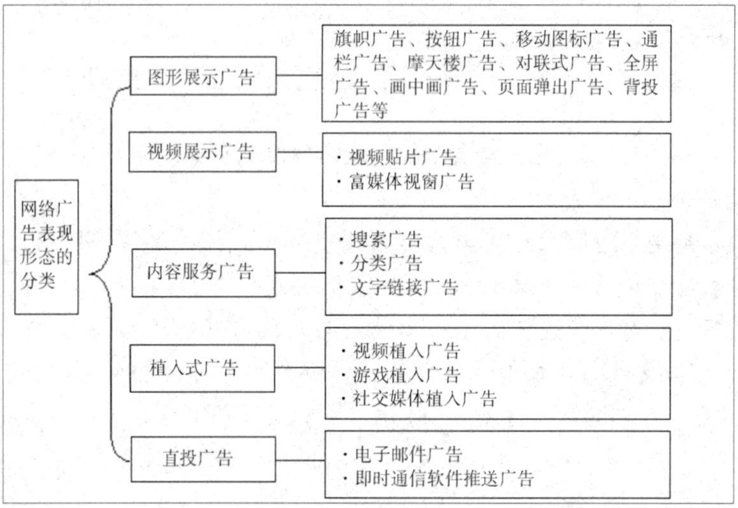

图 3-3　网络广告表现形态的分类

一、图形展示广告

图形展示广告是网络广告中常见的表现形态之一，主要投放在各类网站页面、即时通信软件客户端等媒介产品中，作用在于增强品牌或产品的曝光率，与传统媒体的展示广告延续同样的思路。目前，综合门户网站、垂直网站等都以图形展示广告为主。

图形展示广告包括旗帜广告、按钮广告、移动图标广告、通栏广告、摩天楼广告、对联式广告、全屏广告、画中画广告、页面弹出广告、背投广告等多种形态。从展示方式来看，图形展示广告又可表现为静态展示、富媒体动态展示、交互展示等多种方式。

（一）旗帜广告（Banner）

旗帜广告，也称横幅广告或网幅广告，是最早的网络广告表现形态，在网络广告中占有重要地位。旗帜广告的尺寸在一定范围内可以变化，大到 468 * 60 像素、小到 100 * 30 像素，其主要以 GIF、JPG、SWF 等格式建立图像文件，定位在网页中来展示广告内容，同时还使用 Java 等语言使其产生交互性。旗帜广告经常出现在网站主页上方的首要位置或底部，多用来作为提示性广告，浏览者也可以点击进入了解更多信息。

图 3-4 **旗帜广告**

（二）按钮广告（Button）

按钮广告，也称为图标式广告，是从旗帜广告演变过来的一种广告表现形态，尺寸较旗帜广告小。根据美国互动广告署(IAB)的标准，按钮广告有如下几种尺寸：125 * 125 像素、120 * 90 像素、120 * 60 像素、88 * 31 像素（如图 3-5）。

图 3-5 **按钮广告**

由于按钮广告尺寸小，表现手法较简单，可以被灵活地放置在网页的任何位置，适用于成熟期的品牌，唤起受众对品牌的记忆。但是按钮广告对设计要求很高，要求在有限的尺寸中设计精良，抓住受众的眼球，从而达到最佳的广告效果。

（三）移动图标广告

移动图标广告，是能在页面上进行上下或左右的自由移动，点击后可链接至指定的广告页面的广告表现形态。尺寸通常是 80 * 80 像素或 60 * 60 像素，一般使用 GIF、JPG 或 Flash 格式的图像文件（如图 3-6）。

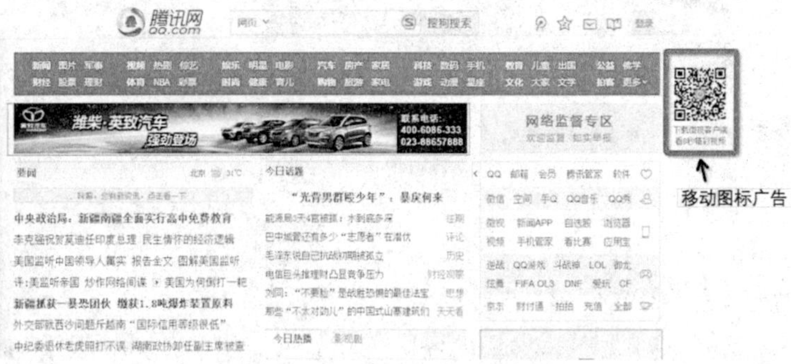

图 3-6　腾讯网中的移动图标广告

移动图标广告较其他广告不同处在于，其可以根据广告主的要求设定广告的运动轨迹，从而增加广告的曝光度。

（四）通栏广告

通栏广告也是旗帜广告演变而来的一种广告形式，一般以横贯页面的形式出现，通栏广告相对于旗帜广告和按钮广告而言，尺寸更大，视觉冲击力更强，是目前网络媒体中应用较为广泛的广告形式之一（如图 3-7）。

图 3-7　新浪网首页通栏广告

（五）摩天楼广告

摩天楼广告一般出现在页面的右侧，主要占据的是竖向空间，宽度相对固定，但高度可以很高，尺寸比较灵活。相对于旗帜广告来说，摩天楼广告占据的版面更大，发挥的空间也更大（如图 3-8）。

图 3-8　摩天楼广告

摩天楼广告因其占用网页面积较大，视觉冲击力强，非常引人注目。

（六）对联式广告

对联式广告，也称擎天柱广告。在网页的两侧各放置一个纵巨幅广告，内容相互呼应，当鼠标划过或点击时，即弹出一通栏广告，非常抢眼。一般使用 GIF 或 Flash 格式的图像文件（如图 3-9）。

图 3-9　对联式广告

对联式广告创意灵活，容易吸引眼球，这种广告形态一经推出就受到了信奉首页原则的广告主的热烈吹捧。

（七）全屏广告

全屏广告，当用户打开某页面后，全屏式出现广告 3～5 秒，随后逐渐缩成普通 Banner 尺寸至完全消失。一般使用 GIF 或 Flash 格式的图像文件（如图 3-10）。

图 3-10　**全屏广告**

全屏广告在短时间内迅速到达页面，使受众能够看到广告信息，很容易给人以强烈的视觉冲击，在很大程度上是强制性的，但因时间过短、画面精美，受众的反感度较低。

（八）画中画广告

画中画广告是将广告安插在各类新闻的最终页面中，与文字进行合理安排，自成独立小画面，在各大新闻页面中经常出现。一般使用 GIF 或 Flash 格式的图像文件（如图 3-11）。

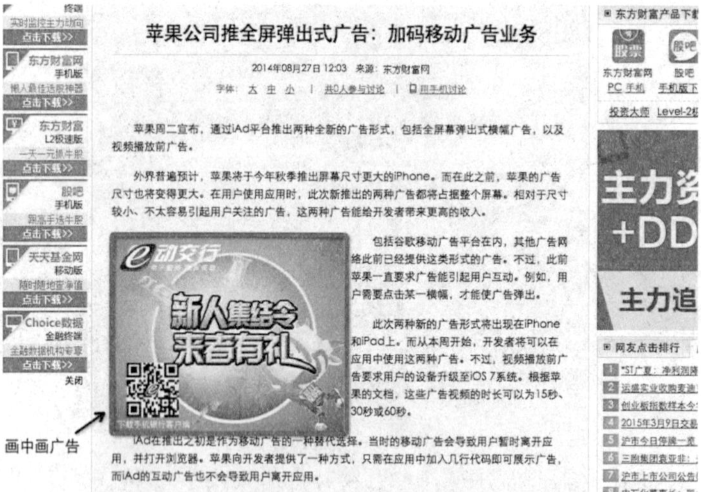

苹果公司推全屏弹出式广告：加码移动广告业务

2014年08月27日 12:03　来源：东方财富网

苹果周二宣布，通过iAd平台推出两种全新的广告形式，包括全屏幕弹出式横幅广告，以及视频播放前广告。

外界普遍预计，苹果将于今年秋季推出屏幕尺寸更大的iPhone。而在此之前，苹果的广告尺寸也将变得更大。在用户使用应用时，此次新推出的两种广告都将占据整个屏幕。相对于尺寸较小、不太容易引起用户关注的广告，这两种广告能给开发者带来更高的收入。

包括谷歌移动广告平台在内，其他广告网络此前已经提供这类形式的广告。不过，此前苹果一直要求广告能引起用户互动。例如，用户需要点击某一横幅，才能使广告弹出。

此次两种新的广告形式将出现在iPhone和iPad上。而从本周开始，开发者将可以在应用中使用这两种广告。不过，视频播放前广告要求用户的设备升级至iOS 7系统。根据苹果的文档，这些广告视频的时长可以为15秒、30秒或60秒。

iAd在推出之初是作为移动广告的一种替代选择。当时的移动广告会导致用户暂时离开应用，并打开浏览器。苹果向开发者提供了一种方式，只需在应用中加入几行代码即可展示广告，而iAd的互动广告也不会导致用户离开应用。

目前，苹果在移动广告市场仍面临谷歌的压力。谷歌通过多个平台，包括苹果的iOS提供广告服务。

图 3-11　**画中画广告**

画中画广告主要出现在新闻页面中，使得受众在浏览感兴趣的内容的同时关注广告内容，接受广告信息。

（九）页面弹出广告

页面弹出广告，又称为插页式广告，是在网页下载过程中，插入一个新窗口展示广告，广告可以使用 GIF、JPG 或 Flash 等格式。弹出式广告在广告页面上，将会出现广告主的有关信息，如果广告内容有足够的吸引力，就很有可能将用户引到它的网站上去，从而达到预期的广告效果。但其方式有点类似电视广告，都是打断正常节目的播放，强迫观看，如果广告不足以新颖，很容易引起用户反感（如图 3-12）。

图 3-12 弹出式广告

（十）背投广告

背投广告是指当用户打开一个页面时，随着用户的点击，在当前页面的背后弹出的一个窗口广告。与页面自动弹出广告不同的是，背投广告不会影响用户的正常浏览页面，也不会被用户及时关闭。当用户关闭所有页面时，背投广告仍然会在桌面上存放，不会随着页面被一起关闭。

二、视频展示广告

视频展示广告是指在网络上以视频影像的方式播放的广告。视频广告集合了电视广告和新媒体广告的优点，既可生动地传达广告信息，又可实现精准投放。目前互联网上的视频广告的主要形态有两种，一是依托于网络视频节目插播的视频贴片广告，还有一种是利用富媒体技术独立出现的视窗广告。

（一）视频贴片广告

视频贴片广告是指在网络视频节目播放前、播放过程中或播放完后插播的广告，相应地也称为前贴片广告、后贴片广告等。视频贴片广告是借鉴传统电视广告的模式而产生的，在用户观看节目的过程中进行强制性播放（如图 3-13）。

图 3-13　视频贴片广告

相对于电视广告而言，网络视频贴片广告一方面更具有针对性，在视频广告发布过程中，可以通过大数据技术对用户进行标签化分类，从而实现对目标受众的精准投放；另一方面，视频贴片广告投放成本相对更为低廉和实惠，因为视频网站一般采用按展示计费的方法，用户的点击率直接与广告预算关联，使广告费用落在实处，避免了浪费。

视频贴片广告近两年来发展非常迅速，但目前也存在一些问题，比如视频贴片广告的播放时长目前没有统一的规定，也没有法律政策上的制约，视频贴片广告播放时长不一，有 5 秒、10 秒、15 秒等不同规格，而一些热门视频前的贴片时间则被随意延长，最长的甚至达到 2～3 分钟，严重影响了用户体验。

（二）富媒体视窗广告

富媒体视窗广告是利用富媒体技术进行传播的一种视频广告形式，通常应用于门户网站等综合性网站中，出现在网页的右下角，当用户打开页面时，出来一个类似于普通视频播放器的播放窗口，通过其播放视频广告。用户可以进行暂停、播放、转发、下载等操作，其主要表现形式有标准的视频形式、画中画形式、焦点视频形式等。相对于视频贴片广告而言，富媒体视窗广告表现力更强，并具有一定的互动性（如图 3-14）。

图 3-14　**富媒体视窗广告**

三、内容服务广告

内容服务广告主要是利用用户渴望获取信息的心理而开发出的广告表现形态，广告与内容紧密相关。网络广告中的内容服务类广告主要有搜索广告、分类广告、文字链接广告。

（一）搜索广告

搜索广告是利用用户主动搜寻信息的行为，帮助广告主进行推广的一种广告形式。目前搜索广告广泛应用于搜索引擎网站和垂直网站上，因此又分为综合搜索广告和垂直搜索广告。搜索广告具有很强的针对性和目标性，且传播范围广，实时性、灵活性强，广告制作发布成本低，预算可自行控制，可准确统计阅读广告用户人数，有利于发展潜在用户。搜索广告的表现形态主要有以下两种：

1. 关键字广告

关键字广告是基于用户在互联网上的搜索行为来开展的一种广告活动，当用户搜索一些关键字的时候，与该关键字相应的推广广告就会出现在结果页面上。链接的关键字既可以是关键词，也可以是语句。关键字广告与用户的关联度高，点击率远远超过品牌图形类广告。由于其按点击付费，价格低廉，所有的关键字广告几乎是实时完成的，关键字和链接地址都是自行设定的，是一种高效的广告投放方式（如图 3-15）。

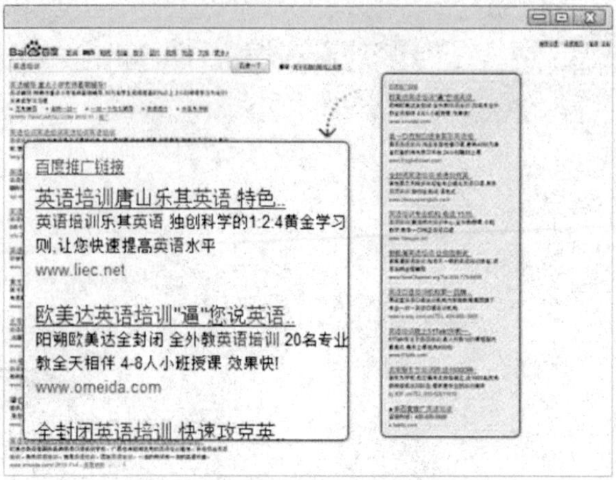

图 3-15　百度关键字广告

2. 关键字竞价排名广告

关键字竞价排名广告，是指按照广告主付费的多少来确定广告信息在搜索结果中的位置，即付费最多者广告信息排名最靠前的广告发布方法。它与关键字广告的最大区别在于对搜索后的广告显示内容采取拍卖竞价排列广告顺序的机制。如图 3-16，按照竞价排名规则，则越靠前的广告主付费越多。

关键字竞价排名广告最先由谷歌公司设计并使用。这种广告表现形态充分利用了搜索引擎用户量大的优势，采用按点击量付费的方式使广告针对性加强又价格低廉，同时广告主可以对用户点击广告情况进行统计分析控制广告效果，从而深受广告主的欢迎。目前关键字竞价拍卖广告已经成为各大搜索引擎的主要收入来源。

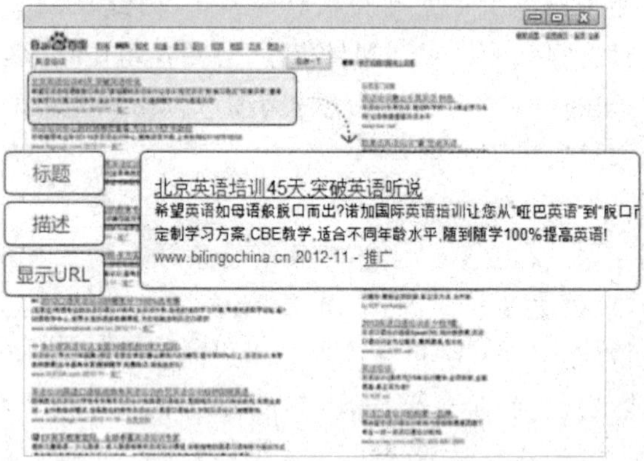

图 3-16　百度关键字竞价排名广告

（二）分类广告

分类广告，是指将各类短小的广告信息按照一定方法进行分门别类，以便用户快速检索，一般集合放置于页面固定位置（如图 3-17）。

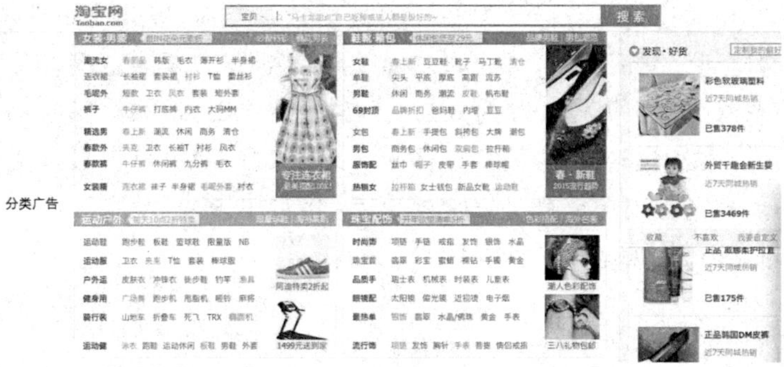

图 3-17　分类广告

分类广告发布快捷、形式简单、价格低廉、容易更新，便于消费者集中比较，具有很强的针对性。企业和个人用户通常会在需要时主动查询，广告不带有强制性，因而容易被受众所接受。中国最大的个人网上交易社区“淘宝网”通过商品目录的形式将成千上万种商品分成各种类别。这样大到房产汽车，小到玩具香水，通过其分类目录和搜索功能，受众都可以很容易地找到所需要的商品（如图 3-17）。

（三）文字链接广告

文字链接广告是以一排文字作为一个广告，点击进入相应的广告页面，主要投放文件格式为纯文字的广告（如图 3-18，3-19）。

图 3-18　新浪网上的文字链接广告

图 3-19　搜狐网上的文字链接广告

文字链接广告，是对浏览者干扰最少，却最有效果的网络广告形式。文字链接广告的安排位置灵活，它可以出现在页面的任何位置，可以竖排也可以横排，每一行就是一个广告，点击每一行就可以进入相应的广告页面。

文字链接广告通过加入的会员网站互相提供链接交换，以几何级数地扩大一个网站的链接空间，这比到处登记网站来得更有效果。文字链接广告要选择质量比较高的网站，因为高质量的网站可以拓展业务和间接带动网站的排名，还会带来不少的目标流量，增加销售额或知名度。文字链接广告的文件体积小，传输速率快，由于只是文本，所以受众更容易捕捉广告内容。特别是信息量很大的页面，相对于图片、动画等广告，文字链接广告直截了当，开门见山，使浏览者一目了然。

四、植入式广告

植入式广告是随着电影、电视、游戏等的发展而兴起的一种广告形式，是指将产品（品牌）或服务信息以巧妙的手法融入特定的媒体内容或媒体环境中，以达到潜移默化地影响受众心理的效果。网络媒体中的植入式广告常见于视频影片（含微电影等）、网络游戏以及一些名人的博客、微博等社交媒体中，因此，从植入平台的角度可以将植入式广告分为视频植入广告、游戏植入广告、社交媒体植入广告三种。

（一）视频植入广告

从植入手法来看，视频植入广告主要有场景植入、道具植入、台词植入、音效植入、剧情植入、文化植入等方式。

1. 场景植入

场景植入是指将产品（品牌）或服务信息置入视频中的人物活动场景中，一般表现为频繁出现同一场景，比如主人公用餐的饭店、购买服装的商店等。

2. 道具植入

道具植入是指直接将产品作为影片中的道具来使用，比如人物使用的手机、喝的饮料、穿的服装等。在微电影《家的味道》中，孩子们在父亲七十大寿时从各地赶回老家，其中带的各种礼品就成为广告中的植入产品（如图 3-20）。

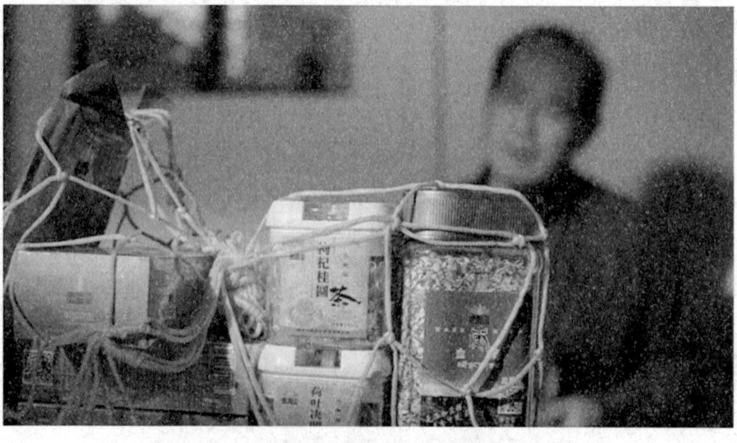

图 3-20　微电影《家的味道》中的植入广告

3. 台词植入

台词植入是将与产品或品牌相关的信息巧妙地穿插到主人公之间的对话内容中，以达到宣传的效果。

4.音效植入

音效植入是指通过旋律和歌词以及画外音、电视广告等的暗示，引导受众联想到特定的品牌，如手机特定的铃声、品牌广告特定的音乐背景等。

5.剧情植入

剧情植入是指在剧中设计与产品或品牌紧密相关的桥段，来达到宣传目的的方式。

6.文化植入

文化植入是指在影视剧中传播一种文化，通过文化的渗透来达到宣传这种文化背景下的产品的目的，这是一种更高层次的广告植入方式。

（二）游戏植入广告

游戏植入广告是指依托游戏的娱乐性带来的用户黏性和互动性，将广告信息植入游戏情境中或成为游戏环节的一部分，使用户在玩游戏的过程中潜移默化地切身体验产品特性，强化品牌印象，最终成为企业的忠诚消费者、追随者和传播者。从植入方式上来看，游戏植入广告除了有视频植入广告类似的场景植入、道具植入、音效植入、文化植入等植入手段外，用得较多的植入方式还有主题植入，即以某品牌、产品、服务信息直接作为游戏的主题，广告即游戏，游戏即广告(如图 3-21，3-22，3-23)。

图 3-21 《声名狼藉 2》中赛百味的场景植入广告

图 3-22 《口袋怪兽》中的阿迪达斯道具植入广告

图 3-23　可口可乐主题游戏植入广告

（三）社交媒体植入广告

社交媒体植入广告是指在社交媒体中出现的隐性广告传播活动，一般来说表现为社交媒体上的舆论领袖或具有一定号召力的公众平台，依托自身的影响力，在自有媒体平台上（如博客、微博、微信）中隐晦地提及产品（品牌）或服务信息，以达到影响其粉丝或关注者的效果。

社交媒体植入广告的形式多样化，表现方式灵活。比较常见的有如下几种形式：

1. 内容植入

如韩寒曾经在其博客文章的最后一段以赠送礼物的方式提及其代言的联想手机："最后，给这么早起的读者们一个礼物，老朋友联想最新手机——乐 phone，反应速度快，操作系统很好，很值得的一款手机，这篇文章和下一篇文章最早留言的新浪注册用户都可以获得一台。"这可以看作是内容植入广告的一种表现。

2. 生活信息植入

主要表现为将产品或服务信息与名人的私生活相关联，比如在一些明星艺人的微博中，常常出现诸如"早上用×××洁面泥洗脸，清清爽爽开工""谁说大叔儿不保养，老男人也得细皮嫩肉"（配上明星使用某面膜的图片）等，看上去是与艺人私生活相关的信息，实则是植入广告。

3. 环境植入

环境植入类似于视频植入广告中的场景植入，比如在社交媒体中展示自己的活动场景，或在自拍时不经意间使某一产品在背景上出现等。

4. 话题植入

话题植入是将产品或服务信息植入于能引起受众广泛关注或共鸣的话题，从而起到广泛传播的作用。

五、直投广告

网络媒体中的直投广告主要表现为如下两种形式：

1. 电子邮件广告

电子邮件广告是直投广告的典型表现形态，是指通过网络将产品或服务信息直接发到用户电子邮箱的广告形态，其针对性强，传播面广，信息量大，形式类似于传统的直邮广告（如图 3-24）。

图 3-24　**电子邮件广告**

电子邮件广告可以直接发送，但有时也通过搭载发送的形式，比如通过用户订阅的电子刊物、新闻邮件和免费软件以及软件升级等其他资料一起附带发送。也有的网站使用注册会员制，收集忠实读者（网上浏览者）群，将客户广告连同网站提供的每日更新信息一起，准确送到该网站注册会员的电子邮箱中。这种形式的邮件广告容易被接受，具有直接的宣传效应。

电子邮件是网民最经常使用的因特网工具。30%左右的网民每天上网浏览信息，但有超过 70%的网民每天使用电子邮件，企业管理人员尤其如此。经过长时间大量的实践证明，电子邮件是最具效果的广告形式。在正确应用的前提下，其回应率远远高于其他类型的广告。最近一次电子邮件广告活动的统计数据显示，60%的上网用户在邮件发送的首月内阅读了该邮件，其中超过 30%的用户点击邮件里的链接到达目标页面。

2. 即时通信软件推送广告

即时通信软件推送广告是指当网络用户通过自己的账号密码登录即时通信软件时，系统自动弹出的广告。一般来说该广告附有明确的用户指向性，并在用户登录时弹出，因此也可以看作直投广告的一种。

第二节　手机媒体的广告表现

手机媒体经历了从单一的移动通信媒体到移动互联网媒体的发展过程，相应地，手机广告的表现形态也经历了较长时间的探索和形式上的变迁，既打上了网络广告的烙印，同时拥有其自身的特色。根据广告呈现方式和互动方式，我们也可以将手机广告划分为展示类广告、手机直投广告、互动类广告、内容服务广告、手机植入广告五种类别，如图 3-25 所示。其中，内容服务类广告、植入类广告与前面网络广告的表现形态基本一致，本节中仅作简要介绍。

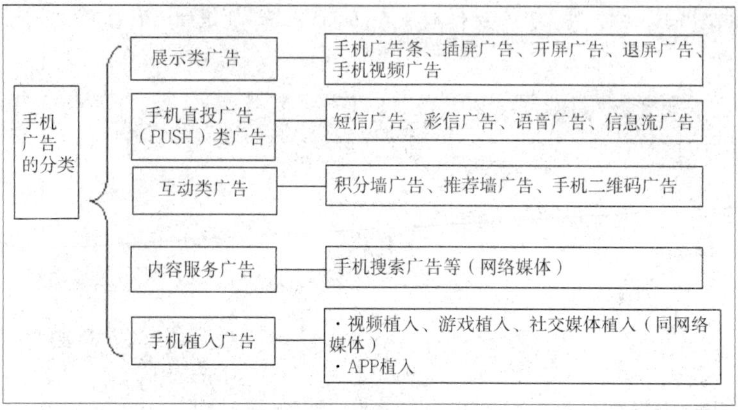

图 3-25　手机广告表现形态的分类

一、展示类广告

手机媒体中的展示类广告主要依托手机 APP 和 WAP 页面展现，其广告表现形态与网络媒体有一定的共性。从目前来看，手机媒体中的展示类广告主要有手机广告条、插屏广告、开屏广告、退屏广告、手机视频广告几种类型。

（一）手机广告条

手机广告条，也叫横幅广告或横幅广告条，一般内嵌在手机 APP 中，以横贯页面的形式出现在 APP 的顶部或底部，点击广告后的效果有下载手机应用、跳转到手机网页、播放富媒体、拨打电话以及发送短信等形式。手机广告条是目前主流的手机展示广告之一（如图 3-26）。

图 3-26　手机广告条

（二）插屏广告

插屏广告，一般出现在手机 APP 应用中，是在特定的时机以弹窗的形式展现的广告，用户可以选择点击或关闭广告画面（如图 3-27）。插屏广告与手机广告条相比具有更大的画面表现空间，出现在手机应用的间歇时段，且用户有选择关闭的权利，不占用界面空间。

图 3-27　插屏广告

插屏广告几乎可以出现在所有类型的 APP 中，目前应用比较多的是游戏类插屏广告、阅读类插屏广告、视频类插屏广告。

游戏类插屏广告通常选择在游戏开启、过关、暂停或退出时出现，能充分利用用户等待的时间，缓解其紧张的情绪。

阅读类插屏广告一般出现在阅读过程或阅读暂停时，在获得广告收入的同时可以起到让用户暂时休息，缓解眼部疲劳的功能。

视频类插屏广告一般是在视频开始播放、暂停或退出时出现，该形式在网络媒体中的发展已经非常成熟，是用户接受度比较高的广告形式。

（三）开屏广告

开屏广告是指在启动手机应用时，在开机画面后以全屏图片的形式展示的广告，一般来说开屏广告展示完毕后自动关闭并进入应用主页面（如图 3-28）。由于开屏广告是在用户进入移动应用的第一时间进行展示，展示时间一般为 3 秒，因此常被人们称为“黄金 3 秒”。

图 3-28　APP 客户端的开屏广告

开屏广告一般为大尺寸全屏展示，具有较强的视觉冲击力，适合于品牌广告主的传播。从传播效果上看，由于开屏广告仅在应用启动时展现，而在一般情况下，同一用户不会频繁启动单一应用，因此与其他广告形式相比，同样数量的广告展示下，开屏广告能覆盖更多的独立用户。目前，诸如新浪微博、腾讯新闻、墨迹天气等手机端应用都开发了开屏广告形式。

（四）退屏广告

退屏广告与开屏广告较为类似，其不同之处在于退屏广告是出现在用户退出 APP 程序的瞬间。

（五）手机视频广告

手机视频广告与网络视频广告类似，一般出现于手机观看影片之前或观看过程中，是以视频贴片的形式出现的广告。手机视频广告视听体验兼备，品牌传播效果较好，但由于在移动终端观看视频广告时流量耗费较大，因此更容易受到用户排斥。

二、手机直投广告

手机直投广告是指将广告信息直接发送到用户手机的一种广告形式。手机直投广告有两种类别：

（一）基于移动通信平台的短信、彩信、语音广告

基于移动通信技术的直投广告，过去常称为 PUSH 类广告，可以说是伴随着手机的产生一同诞生的，是使用非常广泛的一种广告形式，具体表现为短信、彩信、语音广告三种形式。短信和彩信广告一般是通过短信/彩信群发服务向三大运营商的手机用户进行定向发送（如图 3-29）。

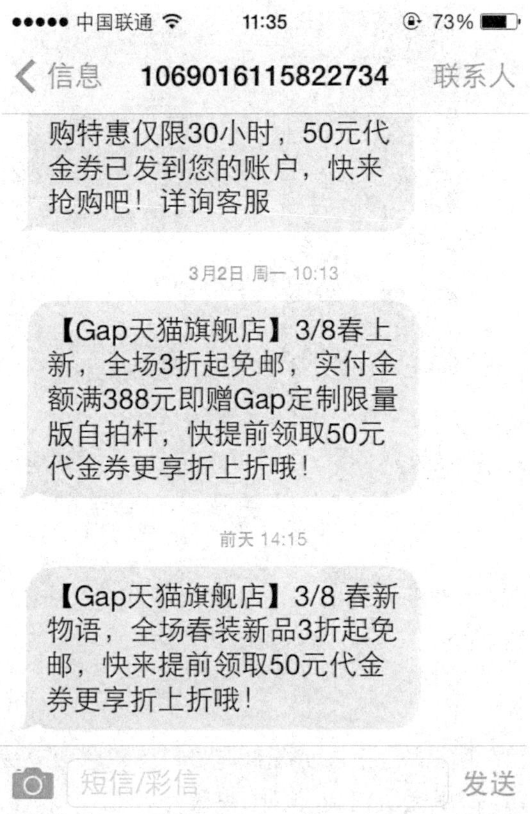

图 3-29　手机短信广告

这类手机广告形式简单，信息简洁直观，且成本低廉，因此极受广告主的欢迎，使用范围也最为广泛。商家可以根据其掌握的用户资料，进行有针对性的传播，让目标顾客群无论身处何处，都能在第一时间收到广告信息。此外，采用短信群发的广告形式，还方便了消费者即时转发，提高了广告的到达率，培养了潜在的消费群体。但这种广告本质上是一种用户被动、广告商占主动的广告，具有一定的强迫性，影响用户体验。

（二）基于移动互联网的消息推送广告

基于移动互联网的消息推送广告一般表现为将广告信息植入于 APP 中，当用户使用 APP 程序时，该应用程序以通知栏消息推送的形式，根据一定的人群细分标准向用户手机进行定向推送，用户可以进行点击查看、下载、转发等操作。图 3-30 是手机中出现的小米桌面推送广告，用户点击后可以进入移动应用商店进行下载。

图 3-30　**消息推送广告**

但是由于消息推送广告具有较大的强迫性，一旦使用过多容易引起用户反感。

三、互动类广告

互动类广告是充分利用手机媒体的互动功能而开发的广告形式，目前比较常见的有积分墙广告、推荐墙广告、手机二维码广告等形式。

（一）积分墙广告

手机积分墙广告是在手机应用内展示各种广告任务以供受众完成任务获得虚拟币的页面。广告任务包括安装试用优质应用、注册、填表等，用户完成任务获得虚拟币的同时，应用的开发者也能获得收入。积分墙广告为应用软件提供了展示推广机会，受到广告主与应用开发者的青睐。

具体来说，积分墙广告一般表现为在用户使用 APP 尤其是玩游戏的过程中，以文字或按钮提醒（如“获取免费金币”“精品推荐”等）的形式引导用户进入积分墙下载页面，用户只要下载了相应的应用程序，即可获得积分（如图 3-31）。

图 3-31　**积分墙广告**

（二）推荐墙广告

推荐墙广告是指在手机应用内展示精选推荐应用的广告形式，应用内置推荐墙，用户通过推荐墙页面，即可下载推荐的应用。推荐墙没有积分驱动，带来的转化更加真实有效，拥有多个 APP 的开发者还可以借助推荐墙推广自己的其他应用（如图 3-32）。

图 3-32　推荐墙广告

推荐墙广告与积分墙广告相比具有流量真实、传播方便、用户质量高等优点，可以满足游戏或应用获取优质用户、优质 App Store 榜单、提升搜索排名等推广需求。

（三）手机二维码广告

手机二维码广告，是基于原有手机 WAP 平台的一种新的广告形式，这种广告形式通过手机二维码将普通平面、户外等媒体广告与 WAP 平台实现有效嫁接，从而为广告主寻找到了一种新的广告整合手段，是一条信息链接的快速通道，对手机广告的进一步发展起到了积极的推动作用。

手机扫码是用户掌握主动决定权的行为，因此手机二维码广告受众广告主动卷入程度高，不具有 PUSH 类手机广告的强迫性。通过手机二维码技术，用户进入 WAP 网页看到的是与广告产品密切对应或者说专属于广告产品的网页，这种内容上的专属性以及主动阅读性极大地提高了受众与广告之间的互动性，可以说手机二维码广告与手机用户将有可能实现真正意义上的互动。另外，广告主可以充分利用全面的媒体表现手段如音频、视频、动画、多面屏保、手机游戏、背景主题等增强广告自身的感染力和表现力，既解决了传统媒体广告的版面局限性问题，又实现了广告的立体维度。同时，由于手机媒体的特性，手机二维码也可以精确地跟踪和分析每一个媒体、每一个访问者的记录，包括访问者的手机机型、话费类型、访问时间、地点、访问方式以及访问总量等，为企业选择最优媒体、最优广告位、最优投放时段提供精确参考。通过后台数据系统平台的分析，对广告投放的地点、媒体类型进行实时监控和数据分析，为商家用户使用更高效的广告投放策略提供有效分析数据。

四、内容服务广告

手机媒体中的内容服务广告与网络媒体中较为类似，主要表现形态是手机搜索和生活信息服务广告。作为互联网搜索技术与移动通信技术相结合的产物，移动搜索技术日渐成熟，随之产生的手机搜索广告成为无线网络时代最具潜力的广告模式。

手机搜索广告比网络搜索广告具有更强的互动优势，用户在获得搜索结果后，可以进行下一步的即时互动，如给商家发送信息、拨打电话、获取地理位置等导航信息，甚至可以直接完成交易行为。

五、手机植入广告

基于手机的植入广告除了有与网络植入广告类似的视频植入、游戏植入、社交媒体植入等形态外，还有两种特有的植入方式。

（一）手机厂商植入广告

手机厂商植入广告是指手机生产企业在手机出厂以前，就已经将产品或品牌信息以图片、屏保、铃声和游戏等形式植入到智能手机中。目前，在安卓系统手机中，用户在购买到手机时就会发现手机桌面上已经存在各类APP程序，这也是手机厂商植入广告的一种形式。

（二）APP植入广告

APP植入广告是指将广告信息以隐性的方式与APP内容相结合，以达到影响APP使用者的目的。由于APP植入广告的宣传属性不明显，用户不容易引起反感，容易带来口碑传播。如本章案例导入中提到的墨迹天气APP与可口可乐公司的合作，结合可口可乐的特点为其量身打造"天气助手"人物形象，并根据不同的天气和温度进行温馨提示，广告痕迹较少，比较容易为用户所接受。

第三节 电视新媒体的广告表现

数字媒介技术催生了以互联网为主导的新兴广告媒介集群，传统电视广告媒体也开始受到来自各方力量的侵蚀，渐渐具备了新媒体的基本特征。随着有线数字电视的推广，我国电视新媒体得到了前所未有的发展，至2015年我国有线电视将全部实现数字化。

从广告经营层面来看，荷兰VNU集团尼尔森市场研究公司在2010年左右预测2015年互动性电视广告的收入将出现井喷，达到80亿元，2020年将达200亿元。我国的电视新媒体由于受到多方面的制约，广告经营处于刚刚起步阶段，并未形成明显气候。目前电视新媒体广告的表现形态主要包括开机画面广告、主菜单广告、导航条广告、分类广告、互动性广告、VOD视频点播广告等。

一、开机画面广告

开机画面即机顶盒启动时显示的界面，播放的广告一般使用JPG、GIF、Flash或视频的文件格式。为了不影响受众的观看质量，开机画面广告一般时长为5秒左右。

新颖的电视门户广告，不仅可以带来巨额的广告收入，也可以通过定期更换广告发布内容，让电视的开机界面不再单调。在电视门户可以发布的广告根据发布位置与广告形式的不同，可以分为：电视门户页面出现前的广告，以及门户页面不同位置出现的标题广告。譬如，刊头广告、搜索页面广告等。

另外，根据观众点击后的去向细分为两种形式：一种是点击到电视的标题广告，也就是受众点击广告后将进入到电视广告页面中；另一种是点击到互联网网站的标题广告，观众点击广告后将直接访问到一个网站。

二、主菜单广告

互动性电视媒体系统都带有一个主菜单画面，作为受众选择相关服务时的主选单，是整个电视平台的门户。电视门户是指受众打开机顶盒，电视机所出现的第一个画面。电视门户页面一般主要包含电视节目指南以及方便受众选择服务导航内容。与网络广告的首页广告类似，主菜单广告是互动性电视广告的主要阵地。播放的广告一般使用 JPG、GIF、Flash 或视频的文件格式。

主菜单的内容因地域因素有所不同，一般包含电视频道、数据广播、视频点播、节目指南、系统设置等几大框架内容，从而构成导航菜单。受众通过这些导航菜单，进入相应的板块观看详细内容，主菜单界面给受众提供一种界面友好、便于使用、快捷收看节目的方式。

三、导航条广告

受众在电视直播状态下，操纵遥控器切换频道时，通常会有当前频道的信息出现在屏幕下方，内容一般包括日期、时间、节目进度及预告等，在选台后停留在屏幕下方 3～5 秒，然后消失。在其中部分嵌入广告信息，即为导航条广告。播放的广告一般使用文字、JPG、GIF、Flash 或视频的文件格式。

导航条广告与当前频道的界面信息同时出现，同时消失，虽然显示的时间短，但由于电视受众用遥控器换台动作频繁，出现的频率非常高，该广告位极具商业价值。

四、分类广告

分类广告是传统媒体中尤其是报纸最常见的一种广告表现形态，是传统媒体广告收入的重要来源之一。传统电视媒体因其不能让受众有选择地观看，做分类广告几乎没有可能，也不能让受众对感兴趣的广告信息进一步了解。互动性电视媒体解决了这些问题。

互动性电视媒体的分类广告可以让受众选择自己感兴趣的信息，按照类别搜索所需要的信息，对感兴趣的信息进行归类等。这类广告方式因受众的主动性，广告效果非常明显。

五、互动性广告

互动性广告，与传统电视广告表面上类似。一样的图像与冲击力，区别在于加入了让受众选择的“链接”按钮，受众用遥控器选择后将跳转到另一个页面，专有页面内会有关于企业、品牌、产品等的详细信息。

六、VOD 视频点播广告

视频点播是互动性电视媒体一项非常重要的服务内容。打开 VOD 画面之后，会提供给用户一个典型的 EPG 画面进行节目选择。视频点播一般分为准视频点播、真视频电视、订阅视频点播三种形式。

准视频点播并不能实现真正按需点播，它是电视运营商利用几个频道资源按照一定的时间间隔轮播节目，因此受众的每次请求都会有时间的延迟，利用延迟间隔插播广告。受众并不能对其进行暂停、快进、快退控制。

真视频电视，实现了对每位受众都定制一个频道，所有受众可以实现对节目的完全控制。受众通过在机顶盒插入已获得授权的智能卡按次收费观看，除非流量限制。真视频电视没有点播时间延迟，广告与传统的电视广告相类似，均是强行插入。

订阅视频点播是指基于订阅的视频点播服务，与真视频电视的区别在于，受众的付费方式是订阅的，一般情况为包月付费。

【案例】

伊利 QQ 星植入广告营销——《爸爸去哪儿 2》

背景介绍：

早在 2013 年 11 月，我国十八届三中全会前已传出计生政策的松动风声，乳品股因为这个利好刺激，已经上涨多时。在此背景下，国内乳制品也掀起了涨价潮，涨幅普遍在 8% 左右。计生政策的正式松动，不仅刺激股价和奶价上涨，还令乳企对市场越来越乐观。伊利一举夺下《爸爸去哪儿》第二季的冠名权就是最好证明。

伊利 QQ 星儿童成长牛奶，是伊利针对儿童成长时期所需的营养需求打造的产品，特含维生素 D、益生元、DHA＋ARA 益智组合。从其竞品来看，“娃哈哈”“旺仔”已经具备一定的市场地位和相对稳定的消费群体；蒙牛也在 2006 年推出新的儿童奶——未来星，更为了与伊利 QQ 星竞争宣布升级未来星儿童奶。通过上网搜索可以发现很多消费者在购买决策中认为伊利 QQ 星和蒙牛未来星区别不大，这也说明伊利迫切需要增加产品辨识度。目前国内的儿童奶市场一直被蒙牛、伊利、光明三大巨头分食，伊利要在激烈的竞争中使得 QQ 星在市场中占据主导必须要加大力度。为此伊利 QQ 星通过竞价获得湖南卫视《爸爸去哪儿 2》的冠名权，并在活动过程中通过话题植入、游戏植入、视频植入等方式开展了一系列品牌传播活动。

执行时间：2014-06-20 至 2014-10-03

1. 超高黏度营销话题：

超高黏度的营销话题是其定制爆点，这让传播显得更加自然，受众也乐意参与其中并产生新的话题促进再次传播。湖南卫视针对暑假档这一特殊收视阶段，动用所有外宣资源炒作节目，网络、户外、纸媒等各类媒体，一瞬间铺天盖地的话题讨论，一波又一波的热点关注，让“爸爸”这个词在整个第三季度成为不可回避的话题。与此同时，伊利在节目中发起“爸爸节”讨论，在微博中发起“爸爸节”互动，同时定制与“成长”相关话题：成长共识、成长时刻、成长测试等，与湖南卫视紧密沟通，及时进行话题炒作，同步传递，形成微博微信双向互通。

2.线上线下有机结合：

伊利QQ星借势《爸爸去哪儿》优势资源，将"参观伊利工厂"活动升级为全民亲子体验活动，此举巩固并扩大品质营销成果。《爸爸去哪儿》草原专场播出第二天，第一批消费者来到呼伦贝尔伊利牧场，亲身体验亲子之旅，亲眼见证高品质奶源。

3.官方微信强势推动：

顺应新媒体发展浪潮，以"参观伊利工厂"官方微信账号为唯一报名平台。微信作为一款互动性极强的社交软件，运用于企业推广，更是优于许多单向传播的媒体，而当前QQ星购买者大部分为年轻80后父母，他们使用微信的频率高，这样就扩大了与消费者的接触面。所以在上线首日，数百参观名额即被秒杀一空。

除了单个微信号的充分利用外，此次营销还将集团微信资源整合，深度影响消费群体。

整合集团&事业部十余个官方微信号，启动"三天倒计时"系列传播，深度影响约200万微信人群。

4.发力微博营销：

在长达一周的公关预热后，2014年8月14—15日，两天之内，社交舆论的热情"一触即燃"。以"萌爸萌娃牧场总动员"等话题在微博上广泛传播，而"爸爸去哪儿"主话题新增阅读总量达到202.9亿，曝光量增长超过200亿次，超越"世界杯"71亿的话题阅读量，成为微博上电视节目阅读量最高的话题词。而微博热搜"爸爸去哪儿"，即满屏洒落"伊利牧场"，有网友戏称：伊利不光承包了《爸爸去哪儿》，还承包了新浪微博……节目播出过程中用户边看节目，还可以边通过微博发起讨论，内容同步到电视上呈现，增加了观众的参与热情。

5.互动游戏做有效补充：

开发关于伊利牧场的九宫格趣味游戏，该游戏易于上手，可以吸引新用户，引发用户的互动、参与和关注，进一步参与到节目内容和植入产品的传播。

6.产品上印制二维码：

这使产品本身作为广告载体，扩大了影响、减小了传播成本。而消费者只需要通过扫一扫二维码这个简单的动作，就可以进一步参与互动，无形中增加了其参与的积极性。

7.从第三方视角，持续公关放大：

利用第三方视角如艾瑞网、搜狐财经等深挖传播点，影响意见领袖，放大长尾效应。第三方视角一方面显得更公正客观，增加受众的信任度，另一方面也使得影响进一步扩大，可能吸引更多的人了解和参与。

8.病毒视频传播引发广泛传播：

QQ星健护病毒视频《1000种生病的理由》和QQ星温馨小贴士这两个视频收到了很好的传播效果。其中《1000种生病的理由》视频三天点击量破千万，总点击量3400万。

通过明星微博发布引爆，名人微博扩大，激发网友自主参与，层层转发扩散，伊利QQ星实现了网络口碑的快速爆发，网络互动参与人次达51万(评论、转发、回复)。

点评：

随着传统媒体与新媒体的进一步融合以及社交媒体的发展，品牌营销对内容和社交媒体的依赖越来越深。伊利QQ星在强势冠名《爸爸去哪儿2》后，联动电视台、视频网站、社会化媒体平台、户外资源、线下活动、终端卖场等以破竹之势进行全方位360度整合传播。通过电视植入、广告TVC、话题炒作、病毒视频、线下互动、终端促销等丰富的内容与形式增强了与受众的互动，实现线上线下有机结合，让QQ星狂潮在全国不断蔓延，在2014年创造了现象级传播效果。

2014年，QQ星的关键品牌指标、产品销量均实现了较大幅度增长，且增长幅度高于竞品，冠名营销的价值充分体现。作为国内儿童奶市场的领导者，QQ星借助《爸爸去哪儿2》整合营销在全国掀起品牌攻势，形成对竞品的全面压制，进一步巩固市场领导地位，成为娱乐整合营销与植入广告营销的又一经典案例。

【知识回顾】

伴随着新媒体的发展，与不同媒体形态特征相匹配的广告形式被不断挖掘和开发。但是由于新媒体的开放性特征，媒介经营组织数不胜数，不同媒介经营者对广告表现形态和发布标准均未达成共识，往往同一类型广告存在不同称谓，这导致新媒体广告的表现形态看上去更为复杂。从宏观上，我们可以根据广告呈现方式的不同，大体上将各类新媒体广告划分为展示类广告、内容服务类广告、植入类广告、推送直投广告这四类。在网络广告中，有以旗帜广告、按钮广告、移动图标广告、通栏广告、摩天楼广告、对联式广告、全屏广告、页面弹出广告、画中画广告等为代表的图形展示广告；有以视频贴片广告、富媒体视窗广告等为代表的视频类广告；有以搜索广告、分类广告、文字链接广告为代表的内容服务广告；以视频植入、游戏植入、社交媒体植入为典型方式的植入式广告；以电子邮件广告为代表的网络直投广告等。而对于手机广告而言，其既打上了网络广告的烙印，同时拥有其自身的特色。有以手机广告条、插屏广告、开屏广告、手机视频广告为代表的展示类广告；有以短信、彩信、语音广告为代表的PUSH类广告；有以手机积分墙广告、推荐墙广告、手机二维码广告为代表的互动类广告；有以手机搜索为代表的内容服务广告以及手机植入广告等形式。互动性电视媒体虽然发展较为滞后，但目前已经出现了开机画面广告、主菜单广告、导航条广告、分类广告、VOD视频点播广告等广告形式。

【思考题】

1. 不同的网络广告表现形态在广告信息传播上分别具有哪些优势和特点？
2. 不同的手机广告表现形态在广告信息传播上分别具有哪些优势和特点？
3. 互动性电视广告形态还有哪些发展空间？

第四章
新媒体广告策划与运作

【知识目标】

☆新媒体广告策划的原则、内容、流程

☆新媒体广告创意的特点及创意方法

☆新媒体广告预算的特点、方法

☆新媒体广告的计费方式

☆新媒体广告效果评估的特点、内容、指标

【能力目标】

1. 能以相关理论为指导进行新媒体广告策划活动
2. 能以相关理论为指导进行新媒体广告创意活动
3. 掌握新媒体广告的预算方法并应用于实践
4. 理解新媒体广告效果的评估指标并应用于实践

【案例导入】

2015年4月15日，对于北京来说是个不寻常的日子。在这一天，北京遭遇了13年来最强的沙尘天气，而最受人瞩目的不仅于此，还在于一天之内的天气状况的风云骤变：上午阴天，中午阴转多云，下午突发沙尘暴，漫天黄沙，傍晚雷阵雨，接着迎来六七级至九级大风。微信朋友圈几乎被关于天气的话题刷屏，人们或议论或调侃或抱怨这恶劣的怪天气，有网友调侃，这样的天气出门需要戴口罩、带雨伞、带衣服、带秤砣！下午5点多，正是下班晚高峰，沙尘暴开始肆虐，夹杂着风的嘶叫声，空气里弥漫着呛人的尘土味，整个城市被黄沙笼罩，像即将沦陷的世界末日，马路上的行人眯眼皱眉，焦灼地等待各种交通工具，盼望能早一分钟到家。

在这一时间点，滴滴打车通过手机短信的方式，向所有用户发送出了一条推送广告："老天一定在今天用完了一整年坏天气，你也一定经历完了一整年的不顺利。免起步的滴滴专车，正在接你的路上【滴滴专车】。"紧接着，有网友在微信朋友圈晒出了这一暖心的广告。

结合这条案例，试思考：新媒体广告策划具有哪些特点？在新媒体环境下应如何转变创意观念？

任何成功的广告战略，都离不开周密的广告策划与运作。在新媒体环境下，广告策划与运作方式既有对传统理念和操作方式的沿袭，同时，面对新的技术环境、新的媒体形态、新的信息传播方式以及新的受众行为模式，广告运作各环节又分别呈现出不同的特点，并发展出不同的方法和规律。本章重点介绍新媒体环境下的广告策划、广告创意、广告预算及广告效果评估这四个主要环节的运作规律和相关方法。

第一节　新媒体广告策划

新媒体广告策划是指根据广告主的营销目标和广告目标，在新媒体广告活动过程中进行的战略和策略上的规划。新媒体广告策划是整体广告运作的核心环节，规定了广告活动的主要内容及基本框架，广告策划成功与否，关系到整体广告活动能否顺利进行，以及能否达到预期的广告效果。

一、新媒体广告策划的原则

广告策划有着自身的规律，新媒体广告策划虽然是在新的市场环境和媒体环境下开展的，但是也要遵循一般的广告策划规律，同时又要结合新媒体的特性，才能达到预期的广告效果。具体来说，新媒体广告策划应遵循以下几个基本原则。

（一）整体性原则

任何广告策划活动都不是孤立的，策划的整体性原则表现为两个方面。其一，新媒体广告策划不仅仅是新媒体广告活动的核心环节，它还是企业营销策划系统中的一个分支和重要组成部分。因此，新媒体广告策划必须服从企业营销策划，与企业营销策划中的各项策略协同作战，形成一个协调统一的大系统，共同发挥作用。其二，新媒体广告策划在广告活动中居于核心地位，因而能够做到使广告活动中的广告调查、广告创意与表现、广告制作与发布、广告效果测定等各环节协同作用，融为一个有机的整体。正因为每一个环节都会对整个广告活动系统产生影响，所以在新媒体广告策划的过程中必须把握整体性的原则。

（二）互动性原则

新媒体最大的特性就是互动性强。新媒体在传播的过程中，传者和受者可以实现即时互动，新媒体用户使用手机看视频、读新闻，可以随时评论、转发或直接进入社区讨论，其互动性是传统媒体所不具备的，因此，新媒体广告策划要充分发挥新媒体互动性的特点，实现新媒体广告与受众的互动与沟通。受众可以深入新媒体广告中增强自身体验，根据各种交流情境，对自己观看、触摸、阅读和使用的东西加以理解、思考和谈论，从而加深受众对广告的理解。

（三）目的性原则

人类的策划活动总是围绕着明确的既定目的而展开，新媒体广告策划也是如此。“对于一个企业而言，在其经营过程中，可能会针对各种具体情况同时制订出若干种目标。广告活动处于企业经营目标指导之下，往往也会面临多个目标需要谋划。不过，对于每一次既定的广告活动而言，其能够实现目标的数量是有限的，为了集中火力、避免分散实力以便实现更好的广告效果,每次广告活动最好只瞄准一到两个目标。”[①]那么,作为广告活动运作之前的运筹和谋划,新媒体广告策划需要明确每一次广告活动的目标,以目标为线索,将广告活动的不同环节连接起来,以实现有条不紊的活动安排,有针对性地提出战略和策略,做到有的放矢。只有这样,才能为新媒体广告活动理想开展打下坚实的基础。

(四)创新性原则

通常我们认为,在广告活动的诸环节中,广告创意是最需要求新、求异的。相对而言,广告策划具有很强的科学性和规范性,在广告策划中,比起创造性思维,我们更需要严密的逻辑思维。但是,在新媒体环境下,策略与创意的界限逐渐模糊,新媒体广告策划同样需要运用大量的创新思维。一个新媒体广告活动要想吸引并打动消费者,必须在策划阶段积极大胆求新求异,而决不能四平八稳、人云亦云。所以,新媒体广告策划要具有创新性。新媒体广告策划的创新性原则要求在广告全局规划和广告各环节都积极探索,大胆创新,在广告战略和策略方面都有独到之处。

(五)灵活性原则

在数字技术的支持下,新媒体广告形式多样、流传性广、发布及时。受众可以将广告信息随时保存,随时咨询广告主,需要时可反复阅读,并可随时发送给感兴趣的朋友。广告主可根据产品特点弹性选择广告投放时间,甚至具体到某个时间段内发布。新媒体广告可以覆盖受众视线所能达到的地方,并且不受时间、地点的限制,具有灵活性。因此,新媒体广告策划要体现出新媒体广告的特性,做到反应迅速、灵活多变,

(六)可操作性原则

广告策划的最终目的是要在广告活动的运作过程中进行操作,因此,广告策划的每一个具体的步骤和方法都必须是可以实际操作的,而不是纸上谈兵。由于新媒体广告的多样性和存在的诸多不确定因素,因此,新媒体广告策划更要注重可操作性。

新媒体广告策划的可操作性原则,首先要注意到广告策划必须结合企业实际,也就是说,在企业现实条件下,新媒体广告策划的目标和手段具有可行性。策划必须对企业负责,而不能脱离企业实际。其次,新媒体广告策划的每个环节都必须是能够实际操作的。广告策划方案是广告活动的总结,其中创意方案、媒介计划与组合策略方案、效果测定方案、预算方案等具体环节都应当是具有很强实用性、可操作性的实施方案。

二、新媒体广告策划的内容

新媒体广告策划形式多样、灵活多变,我们在进行新媒体广告策划过程中主要从哪些方面入手,这是摆在广告人面前的一个非常重要的问题,也就是说,新媒体广告策划的具体内容包括哪些?一般情况下,我们进行新媒体广告策划要准确把握目标受众、广告信息表达和广告传播方式。

---

①张金海,余晓莉.现代广告学教程[M].北京:高等教育出版社,2010:225.

（一）广告目标受众策划

新媒体广告策划首要针对目标受众而展开。目标受众策划根据受众的生活习惯、消费行为、消费心理以及媒介接触行为及其特点等，做出具体的战略考虑和战术选择。为了迎合受众的消费需求，新媒体广告策划针对目标受众开展分众传播、聚向传播和窄告传播的定向传播，将广告内容和信息有针对性、一对一地传送给需要得到信息的消费者，引起受众的注意和兴趣，消除对广告的抵制心理，提高广告的到达率，产生更多的经济效益。美国著名的广告专家丹·E.舒尔茨曾经说过："试图用一个策略去传达给太多的人和太多的人实在是一项风险。试图对一个更广大的市场夸张一项利益，希望借以吸引更多的人士几乎永远是一种错误。"①在新媒体环境下，广告传播更加个性化，新媒体广告策划更应该先对广告受众的人口因素、生活方式、行为特点、文化因素等方面进行细致深入的研究，重点是对各类消费者的消费方式和消费行为的分析，为广告后期的"投其所好"打下基础。

（二）广告主题策划

广告主题是广告作品的中心思想，是广告主通过广告试图向目标受众说明的基本问题，它像一根红线贯穿广告之中，使组成广告的各要素有机地组合成一则完整的广告作品。主题的策划是如何更准确地确定商品的位置，概括商品能够给顾客带来的物质和精神意义，这是确定广告传播的核心概念，也是广告的诉求重点。广告主题要从所宣传的商品、服务、企业和观念中找出能够调动目标消费者的兴趣、激发目标消费者欲望、说服目标消费者购买，并与其他的商品、服务、企业和观念相区别的理由。新媒体广告主题的策划主要根据消费者的物质需求和精神需要制订对应的广告诉求重点。为了使消费者能更好地接受广告所要表达的主题思想，应使广告主题具有以下特征：②1.显著性。主题的显著性能更好地刺激受众，最大限度地引起人们对主题的注意，广告策划的目的就是通过广告引起受众的注意、兴趣、记忆、欲望以及产生购买行为，让广告的诉求重点成为消费者感兴趣的卖点。2.趣味性。幽默有趣的广告与互动性传播相结合能让受众对广告留下深刻的记忆。3.易懂性。通俗易懂、平易近人的广告能更好地被消费者所理解和接受，将广告的核心信息更准确地传递给广告受众。4.统一性。为了保护广告信息传播的连续性，增加广告的累积效应，使广告信息具有内在的统一性，就必须保持广告主题的统一。5.创新性。广告主题以创意为基础，帮助客户品牌的广告抵挡住竞争广告的攻势，使得信息有更好的机会被受众吸收，给人留下更长久的印象。

（三）广告媒体策划

新媒体环境下的广告媒体策划是将现有多种媒体进行选择与组合，最大限度地发挥各种媒体的影响力，从而达到广告目标。仅凭借单一媒体向消费者诉求极易淹没在媒体的相互干扰中，很难引起消费者的注目与关心，为了使广告信息更容易被消费者注意与记忆，必须根据广告主题进行广告媒体的选择与策划，根据选择媒体的结果和广告的目标进

---

①[美]丹·E.舒尔茨.广告运动策略新论[M].北京：中国友谊出版公司，1994：79.

②刘华玉，李倩.新媒体环境下的广告策划[J].艺术探索，2008(05).

行搭配组合。这是因为：首先，每种媒体都有其特定的受众群，不可能覆盖所有的目标对象，靠单一媒体是不能有效锁定所有的目标对象的；其次，今天的消费者获取消费信息的途径是多样化的，如果只是死守单一媒体，将失去其他与消费者接触的机会，无法获得期待的认知；最后，媒体本身所具有的属性特征不同，也决定了不同媒体在同一广告活动中扮演着不同的角色，而不同角色之间的相互补充和相互强化，更能达到广告的有效传递。因此，综合考虑媒体自身的特性，对媒体进行有机组合的媒体策划，是决定广告传播效果的关键一环。新媒体环境下的广告策划应根据广告目标的特征、通过广告媒体组合宣传建立良好的产品品牌形象和企业形象。

三、新媒体广告策划的流程

新媒体广告策划对于新媒体广告运作非常重要，作为广告活动的系统规划，广告策划必然要依照一定的程序来进行。结合广告运作的规律和新媒体的特点，新媒体广告策划一般应遵循下面的流程。

（一）营销分析与消费者洞察

广告是营销的重要手段，作为从事广告活动，不管是否参与广告客户营销计划的制定，都需要清楚地了解企业的整体营销计划。尽管广告并非营销，广告策划并非营销计划，但广告作为市场营销的一个不可缺少的组成部分，广告策划作为整体市场营销的一个组成部分，必须服从于企业营销计划的整体规定性，广告只有在与其他营销要素整合的前提下，才有可能使广告运作有效地配合整体营销运作，从而实现广告运作的目的和促进市场营销目的和效果的达成。新媒体由于具有较好的互动性，可以实现传播者和受众的沟通交流，这非常有利于消费者的调查了解。因此，新媒体广告策划首先就是要充分发挥新媒体的特性，实现与消费者互动沟通，做好对消费者的洞察。

（二）确立广告目标

广告活动的所有努力，集中到一点上，就是实现预定的广告目标。确立广告目标是广告策划过程中的关键性步骤，它指示着广告运作的具体目标和方向，它决定着广告策划如何发展。新媒体广告策划中，目标市场的选择，广告策略的采用，广告预算等，最终指向都是为了达到一定的广告目标。

针对新媒体广告策划而言，我们一般从两个方面确立广告目标：一个是广告营销目标，另一个是广告传播目标。对于广告客户而言，其总是希望广告运作能够实现其营销目标。就广告的终极目的而论，任何广告的最终目的都是为了促进产品的销售。但是销售目标，并不等于广告目标，销售效果并不全部等于广告效果。在新媒体传播环境下，传统广告方式已经发生变化，赤裸裸的广告叫卖遭到广告主和消费者的拒绝。因此，新媒体广告策划不能只是考虑产品销售目的，更重要的是要实现品牌形象塑造与传播。

（三）规划达到广告目标的策略和手段

广告目标确立之后，就要开始规划达到这一广告目标的策略和手段，其中包括目标受众以及细分市场的选择，广告诉求、广告表现以及媒体策略的制订，为配合广告运作的促销建议，整体广告运作执行的具体日程安排等。新媒体广告策划在这一阶段，尤其要综合分析广告主题与广告创意等策略选择是否适应新媒体传播形式，媒体受众是否能够覆盖产品消费者，新媒体广告发布的时机能否引爆受众的兴趣点等。简而言之，新媒体广告策划在这一阶段的任务就是要以最恰当的广告内容，在最合适的时机，通过最适当的传播途径，将广告信息传递给目标受众，从而最有效地实现预定的广告目标。

（四）建立广告活动评估方案

广告运作的事后评估，是科学广告运作的一个不可缺少的环节。新媒体广告策划之初就应该建立广告事后评估方案，这不仅是从广告活动事后评估的重要性来考虑，也是为了避免在广告活动事后评估问题上的随意性和非科学性。由于新媒体具有针对性强的特性，特别是随着大数据的兴起，我们更容易了解新媒体的受众是哪些人，他们有什么样的兴趣、爱好等，这为新媒体广告的精准投放提供可能。所以，新媒体广告策划要建立广告活动评估方案，新媒体广告策划中广告运作事后评估方案的重点是测定广告目标的达成情况。

【延伸案例】

吉野家的新媒体广告策划①

互联网时代，受众呈现高度碎片化，网络的去中心化使得草根崛起，品牌与消费者沟通多元发展，如何利用新媒体实现品牌与消费者的有效沟通是广告人面临的重要问题。吉野家的“手工派”活动为新媒体广告策划提供了一个有益的借鉴。

1. 好产品还需好传播

过去人们常说“酒香不怕巷子深”，但现在不同了，再好的产品，如果没有好的传播，也是“养在深闺人未识”。这对于吉野家招牌牛肉饭来说可谓是深有体会。吃过吉野家的招牌牛肉饭的食客纷纷赞不绝口，称其味道让人回味无穷。毫无疑问，吉野家招牌牛肉饭是好产品，然而，接下来，问题来了，如何把吉野家招牌牛肉饭的好口碑传播出去呢？如果沿用传统的电视广告、报纸广告等形式，很难打开竞争激烈的餐饮市场局面。正是认识到这一点，吉野家的广告策划人员抛弃了传统广告方式，于是一场牛肉饭的互联网广告营销大幕开启。

2. 网络“病毒式”传播的招数

我们来看看吉野家招牌牛肉饭的互联网营销都使用了哪些招数。

(1)网络软文预热。“揭秘吉野家招牌牛肉饭怎么做”“冒死潜伏吉野家偷出招牌牛肉饭秘籍”等软文见诸各大网站论坛，引起了众多消费者的关注。一些消费者尝试去做，可是无论按照哪一种攻略做，都做不出吉野家招牌牛肉饭的那种味道。吉野家的招牌牛肉饭，到底有什么诀窍呢？这引发了消费者探究的兴趣。

(2)推出吉野家招牌牛肉饭制作视频（如图 4-1 所示）。视频一经上传，即刻引发网络热议，网友纷纷感叹“大赞，中国版寿司之神”“看哭了，以后要好好对待牛肉饭”“以后去吉野家吃牛肉饭，一定要吃的一粒米饭都不剩”。

---

①案例改编自：《一碗牛肉饭的互联网营销：好好玩耍，天天向上！》广告门，http://www.adquan.com/post－15－29392.html.

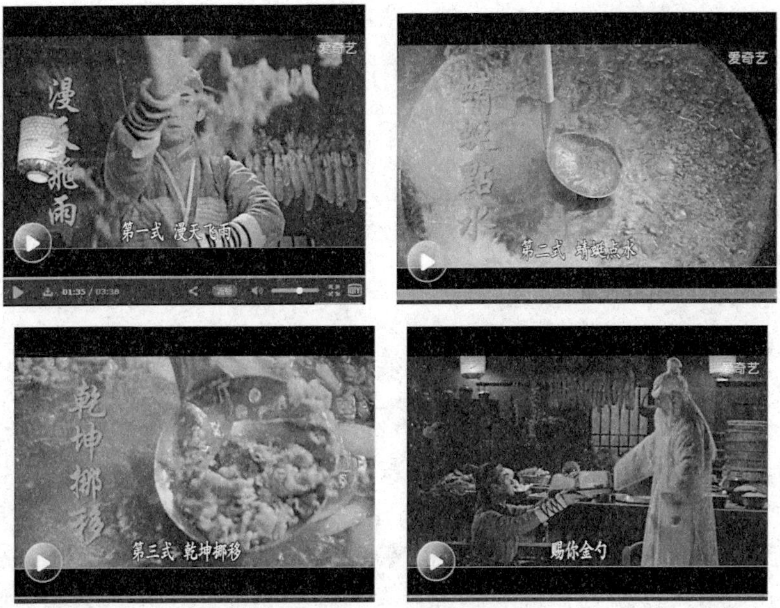

图 4-1 吉野家视频广告画面

(3)利用意见领袖将话题持续传播。不但有五岳散人、西门不暗等微博认证用户加入到传播活动中,美食家蔡澜先生也卷入其中,推波助澜、扩大影响。最终,视频的总点击量突破了 1000 万,并在微博上迅速扩散。

3. 线下门店联动,强化传播落地

如果仅仅止于微博宣传,吉野家这次新媒体广告策划活动并不算是很成功。为了配合线上微博微信等渠道的热炒,吉野家在线下做起了活动。吉野家门店员工换上特别订制的手功派服装,郑重的宣示:我们是手功派,吉野家的每一碗牛肉饭都是新鲜手作。借助线下活动,吉野家"手功派"的概念,很快地被认可。很多消费者表示"从来不知道吉野家招牌牛肉饭做得那么用心",纷纷表示"这碗饭也是蛮拼的"。

4. 全民招募,增强消费者体验

为了加强品牌与消费者互动,增强消费者的体验,广告策划人员又发起"手功派招募"活动,引发了全民狂欢。吉野家手功派招募的条件非常简单:十指灵活,手功了得,爱心满格,热情似火。网友纷纷晒出自己的非凡手功,参与到活动中来。#应征手功派#话题夺得新浪热门话题 Top1,话题关注度超过 6700 万人次。随后,吉野家官方微信顺势推出了"手功派大招募"游戏,游戏通过招募手功派成员,成功地将消费者变为自己忠实的顾客。

解析

纵观整个"手功派"广告策划,最大的成功之处在于对社会趋势和消费群体的深刻洞察,让消费者参与其中,一起互动体验,深得新媒体广告的精髓。吉野家这次新媒体广告策划主要体现了以下几点。

(1)网络视频的"病毒式"传播。广告策划先从一段网络视频入手,配合软文宣传,形成病毒式传播,快速扩散。

(2)利用社交媒体制造话题。广告策划运用微博、微信等社交媒体开展全民话题#应征手功派#热议,产生巨大的社会反响,并持续维持话题关注度。

(3)线上与线下结合。线上传播与线下活动结合，创造一个聚焦势能的机会，共同助推吉野家“手功派”，激发渠道热情和销售力量，同时“手功派”的概念也大大提升员工内部的自豪感，从而更主动有效地将吉野家“手功派”传递给消费者。

(4)吸引消费者参与。运用体验式营销，让消费者参与到活动中，共同体验，充分发挥了新媒体的特性。

(5)发挥意见领袖的作用。在本次策划活动中，充分发挥网络大V和名人在活动中的引领作用，调动消费者的参与积极性。

第二节　新媒体广告创意

广告创意指的是在广告活动过程中，为达成特定的广告目标所开展的创造性思维活动，既具有艺术的特质，又具有营销活动的基因。好的广告创意必然是艺术与科学的结合体，广告创意理念和创意方法也会随着外部环境的改变而不断发生变迁。一直以来，广告创意被视为广告的灵魂，是将广告赋予“精神及生命”的力量。在数字化时代，面对碎片化的媒介环境、多样化的受众需求，新媒体广告创意正面临着新一轮的挑战。如何利用现有的技术条件，充分发挥新媒体的传播优势，促进广告创意升级，是目前广告创意人员正在探索的问题。

一、新媒体广告创意的特点

作为一种创造性思维活动，新媒体广告创意相对于传统广告创意而言，在创意理念和表现手法上具有一定的传承性；同时，作为与市场环境密切相关的营销活动的组成部分，其又因媒体环境和营销环境的变化而呈现出不同的特征，新媒体环境下的广告创意主要有如下几个典型特点。

(一)创意内容的丰富性

对于传统媒体广告创意而言，大多特指对广告作品的创意，如某一则或一组平面广告作品创意、影视广告作品创意。而在新媒体中，由于新媒体的超链接的特点，一则广告可以承载的信息容量更为丰富，可以从不同层面不同深度建立与用户的关联。相应地，新媒体广告创意的内容也需要进行延展，不仅要考虑对第一级展示页面的创意形式，还应对用户点击进入后的下一级页面进行创意设计，比如如何采用更为新颖的方式链接相关信息、如何全面展现产品或服务、如何加强用户的参与度、如何与用户互动、如何与其他线下活动建立关联等，这都属于广告创意的新范畴。

(二)创意维度的多样化

新媒体广告表现形态的多样化决定了其具有丰富的创意维度。相比于传统媒体广告以“展示型广告”为主的单一维度而言，新媒体广告的表现维度更为多样化，既涉及广告的展示方式，还要考虑弹出方式、互动方式、响应方式等，在每个维度上都有发挥创意的空间。比如在展示广告中，有旗帜广告、按钮广告、对联广告、移动图标广告、摩天楼广告等，不仅可以针对任一种广告形式进行创意想象，还可以不断发展出其他类型的展示广告；对于互动方式而言，不同的媒体终端和媒体形态也可以发展出各具特色的互动方式，如将产品或品牌嵌入到游戏环境中，使用户在玩游戏的过程中潜移默化地接受品牌信息等。

【案例】

国际品牌 Dior 迪奥曾推出一款名为“甜心精灵”的淡香水，其将该款香水的消费对象定位为俏皮、活力、公然对抗世俗的一成不变与庸庸碌碌的新一代年轻女性。结合产品特征，广告代理公司传漾科技在为其做的新品网络推广活动中，将广告创意与各种广告形式完美融合，采用了全屏疯狂广告、特型视频、画中画内嵌等，在短时间内得到大量曝光，产品形象深入人心，从而迅速占领奢侈品市场。①

（三）创意手段的技术性依赖性

每一次媒体形态的深刻变革都源于技术手段的更新，对新媒体而言更是如此，附着于新媒体之上的广告创意与技术的运用密不可分。比如二维码技术催生了以二维码为桥梁的互动广告，用户可以用手机扫描二维码广告后参与活动、获得品牌或优惠推广等信息；利用手机的重力感应技术的互动广告也较为普遍，用户可以通过摇一摇等手段参与广告互动；此外，虚拟现实技术可以让受众在广告画面中产生身临其境的感觉，极大丰富了受众的实景体验，一些汽车广告利用虚拟现实技术，让用户拿着手机就可体验真实的驾驶乐趣。

【案例】

星巴克曾经推出一款专门为圣诞咖啡杯量身定制的增强现实 APP，下载 APP 后，只要将摄像头对准圣诞节特别版的马克杯以及其他近 50 种相关产品，屏幕上就会出现丰富的增强现实动画，并与代表用户角色的松鼠、小狗、狐狸、溜冰手和雪橇男孩儿等形象进行互动，用户可以保存画面，也可上传到社交网站分享或是制成电子贺卡。（如图 4-2）

图 4-2　星巴克虚拟现实技术的广告应用

这些案例无疑都需要通过技术手段才得以实现，因此可以说在新媒体领域，广告创意对技术的依赖程度前所未有之高，若没有创新的技术手段，新媒体广告创意等于是无源之水，无本之木。

（四）创意平台的融合性

新媒体广告创意的另一个重要特点即创意平台的融合性，具体表现为三个方面：一是媒体融合；二是内容融合；三是形式融合。

---

①《创意引领网络广告时代 传漾十二种创意形式》，http://www.guanggao001.com/news/8298256.html.

1. 媒体融合

在传统媒体中，不同媒体形态间的广告各自为政、泾渭分明，平面广告与影视广告之间基本没有交集；而新媒体广告可以利用各种技术手段，将不同媒体形式通过新媒体广告创意进行关联，并借助多种媒体的共同作用达成广告创意的价值提升，新媒体广告可以与平面媒体融合、与户外媒体融合，也可与广播和电视媒体融合。

2. 内容融合

由于新媒体环境下用户的自主性极大提高，用户更愿意对浩如烟海的信息进行主动搜索和选择，而非被动接受。因此新媒体广告创意的隐蔽性越来越强，往往将广告信息融入内容和其他信息之中，使用户在浏览内容时潜移默化地受到影响。比如原生广告就是内容融合的典型表现。

3. 形式融合

形式融合主要体现在广告创意与其他营销手段的融合。在传统营销中，广告、公关、促销、销售等是截然分开的不同领域，各司其职：广告用以传播品牌信息，公关用以维护关系，促销带来尝试购买和销量提升，销售达成业绩。而在新媒体环境下，各种营销方式之间的界限越来越模糊，一个营销事件往往既是广告，又是与受众沟通的渠道，同时还涵盖即时促销活动，是整体销售的重要组成部分。因此，新媒体环境下的广告创意常常不是独立的广告作品的创意，而是一个整体营销事件兼广告活动创意。

二、新媒体广告创意的相关变迁

新媒体的迅速发展，使各行各业都经历着历史性的洗礼，广告行业作为走在市场最前端的行业，对环境的变化更为敏感。自新媒体诞生以来，广告行业一直在摸索中前行，新媒体广告创意相对于传统媒体而言，在创意流程、受众接受方式、创意标准上都在悄然发生变化。

（一）广告创意流程的变化：线性走向整合

近年来，随着新媒体技术的发展，传统的广告创意流程正在发生着巨大变化。在传统广告运作中，一个从消费者的需求出发的广告创意的诞生，通常要依次通过市场调研部、策划部，然后由广告公司的客户部将策略单下达给创意部，创意部按照客户部的意图进行相关的创意构思以及概念视觉化工作。在这个线性运作模式中，创意环节一直处于广告工作流程的后段。而在新媒体环境中，原有的线性流程正在被打破，取而代之的是以创意为中心整合所有广告环节的整合型运作模式，创意人要在第一时间参与到广告创作中，在广告活动的各个环节建立与受众沟通的机会，广告创意由具体化、细节化转向框架与整合。

著名的广告公司日本电通公司面对新媒体环境，已经在广告流程上做出了一些调整：公司在接到合作项目后，广告创意人员必须在第一时间参与到广告项目中，比如在产品开发阶段，创意人员通过前期的市场调研为企业的产品研发出谋划策；在广告活动阶段，制订具有创意的广告策略；在广告发布阶段，协助开展媒介推广活动等。可以说，现阶段广告公司的创意重心已从简单的对产品信息进行包装和美化，全面升级为对广告活动进行宏观的、全局的策略性引导。如何制定大的创意框架，如何能够吸引目标消费者的目光并使其参与其中，如何能够对相关创意内容做出正确的引导和规范等，是当前所有广告创意人工作的重点。

（二）创意模式的变化："议题控制"转向"议题设置"

在传统媒体环境中，一般认为消费者从接触信息到最后达成购买，从行为模式上看遵循着 AIDMA 法则，即引起注意（Attention）、产生购买兴趣（Interest）、决定购买（Desire）、产生记忆（Memory）、最终完成购买行动（Action）。鉴于该行为模式的特点，传统的广告创作，一般由广告人确定好创意主题和创意内容，然后通过视听传播符号吸引消费者，并向其传达相关产品或品牌信息，从而促进最后购买行为的达成。在这种创意模式下，广告创意人员可以说发挥着议题控制的功能，受众是被动的接受者。

在新媒体环境下，传统的受众从单纯的广告信息被动接受者转变为广告活动参与者及信息发布者，他们会根据自己的需要主动搜索信息，对自己认可的信息会进行分享，成为主动传播者。基于这一行为特点的变化，日本电通广告公司在 AIDMA 的基础上提出了一种全新的消费者行为模式，即"AISAS"，该模式诠释出了新媒体环境下消费者的行为过程，即注意（Attention）、兴趣（Interest）、搜索（Seareh）、行动（Aetion）和分享（Share），该模式与 AIDMA 最大的不同在于"搜索（Search）"和"分享（Share）"的出现，充分显示出了新媒体时代消费者的行为特点。

面对受众行为模式的巨大变化，对广告创意人员来说，其创意模式也正发生着变化，创意人员的角色由传统的议题控制者转变为了议题设置者，创意的重点在于如何设定广告议题，吸引新媒体用户参与其中，并进行再创造和二次传播，从而达到引爆议题的目的。

（三）广告创意评价标准的发展："大创意"变身"有创意的沟通"

传统媒体时代，广告创意的评价标准一般集中在于广告作品本身，如广告大师伯恩·巴克把广告创意的评价标准归结为 ROI，即相关性（Relevance）、原创性（Originality）和冲击力（Impact），广告创意人员追求经过头脑风暴后产生的能打动人心的"大创意"，再将这种"大创意"通过大众媒体进行广泛传播，从而产生较大的社会影响。

而在新媒体环境下，一方面媒体碎片化趋势明显，受众形态从传统的"大众"消解为"分众"和"小众"，没有任何一种媒体能够通过自己强势的声音向所有的消费者传输信息；另一方面，信息的爆炸式增长使得人们的注意力更为分散，对与自己无关的信息都产生了较强免疫力；此外，新媒体搜索信息的便利性使受众不再是被动的信息接受者，他们更愿意主动寻找与自己相关或能引起共鸣的信息。在这种背景下，传统的"大创意"式广告已经越来越难以吸引用户注意，任何广告要想吸引受众，必须将创意渗透进广告活动的全过程，在每一个与用户的接触点上寻找与用户的沟通机会和沟通方法，赢取受众信任，引起情感共鸣，并吸引用户参与其中。因此，曾有人提出，新媒体时期的广告创意的评价标准已由 ROI 转变为 SPT，即可搜索性（Searchable）、可参与性（Participative）和可标签性（Tag-able）①

---

①金鑫. 从 ROI 到 SPT——数字化时代"更消费者中心"的创意评价标准[J]. 广告大观（理论版），2007(05).

三、新媒体广告的创意方法

信息爆炸是新媒体的最大特点之一，而在这种信息资源极度丰富的媒体环境下，广告要吸引受众注意并引起后续行为并非易事，新媒体广告长期以来为人诟病的极低的点击率就是很好的证明。有数据显示，目前网络媒体中的横幅广告点击率不足0.1%，移动媒体广告点击率稍高，但平均点击率也不足1%。与极低点击率形成鲜明对比的是，有一些具有创意的广告信息却受到了用户的热情追捧，并不断通过社交网络进行分享和转发，传播效果非常明显。从创意方法上看，新媒体广告与传统广告具有一脉相承的共通之处，比如在广告构图上、色彩运用上、广告创意元素的选择上等，都遵循着广告创意的一般规律。同时，广告公司和广告主正在不断摸索基于新媒体特点的新的创意方法，其中，如何发展交互性创意、精准化创意以及如何与受众有效沟通，这是目前新媒体广告创意中的核心问题。

（一）交互性创意——寻求技术与媒体的有效融合

互动性是新媒体区别于传统媒体的最大特点之一，相应地，能激发受众进行参与和互动也是新媒体广告创意中的最大亮点。尤其是随着手机媒体的广泛使用，以手机为终端或纽带的互动性广告有了更为广阔的发展空间。在新媒体环境下如何创作出具有特色的、能体现交互特点的创意，关键在于找到技术与媒体特色之间的融合点。

1.网络媒体的交互创意

对于网络媒体而言，最大的特点是可承载的信息容量大，拥有丰富的广告表现空间；此外，鼠标和键盘的使用更便于用户输入较长的信息，以及完成一些更为复杂的操作，如互动游戏等。因此，网络广告创意可充分挖掘广告画面的表现力和冲击力，通过受众感兴趣的话题或能调动其视觉和听觉注意力的表现形式，来引导受众关注进而产生点击行为，并在二级页面中通过多种互动环节的设置来让受众融入其中。

【案例】

搜狐网站上曾出现过一则某品牌手机广告，其导航界面是设置在搜狐网站首页上的一个巨幅Flash，这个广告本身不会打搅访客，但若用户晃动鼠标，会发现这个界面有游戏的功能：点击画面上形态各异的蝴蝶，音乐便会响起，蝴蝶也会朝着不同的方向飞舞。点击这个广告后，屏幕上出现一个网络电视窗口和该手机的主页，网络电视对话框提示是否播放，点击“是”，便能欣赏其电视广告片了。播放完毕后，屏幕上出现“意见反馈”“转发朋友”等按钮，提示访客可以向其网站提交评价或转发到朋友的电子邮箱里。在其主页里还可以自由点击它所设置的不同栏目，甚至可以提交自己所设计的广告语等①。

2.手机媒体的交互创意

手机媒体虽然屏幕较小，但因其移动性、便携性以及高度的用户黏性等特性，其在交互广告创意方面具有得天独厚的优势。目前，手机广告的交互形式主要有电话直拨、LBS导航、优惠券下载、重力感应、3D体验、应用下载、SNS分享、增强现实、手机游戏等，用户

---

①罗利河.浅论中国网络广告的创意——互动性是网络广告创意成功的关键[J].艺术教育，2008(10).

可以通过摇一摇、吹一吹、刮一刮等形式获得新颖的体验。尤其是近两年来，HTML5 技术在手机广告方面的使用，使手机广告的交互和体验更加多样化。

【案例】

2014 年 4 月，巴宝莉亚太地区规模最大的旗舰店在上海开幕。为了配合开幕庆典，巴宝莉公司以“从伦敦到上海”的旅程为主题、借助与腾讯视频、微信、微视、腾讯时尚频道等线上平台的合作，开展了多样化的宣传活动(如图 4-3)。

图 4-3 巴宝莉“从伦敦到上海”互动广告

为了让那些未能到场的用户感受到“平行的体验”，巴宝莉利用 HTML5 技术进行了 3D 互动性的创意设计。在巴宝莉的官方微信上，用户可通过“摇一摇”进入动态场景画面；然后通过点击屏幕可以看到油画般的伦敦的清晨；在这个界面上，用户用手摩擦屏幕可以使晨雾散去，一步步揭开伦敦神秘的面纱；点击不同的风景可进行探索，若点击“河面”，还能泛起涟漪；通过摇一摇可以继续旅程，最终抵达终点站上海。巴宝莉在这一次活动中的广告创意，充分利用了手机媒体的特点，多种互动形式相配合，给用户带来了身临其境的体验。

3. 媒体间的融合交互

媒体融合是进两年来的热门话题，广告创意中的媒体融合也变得越来越普遍。尤其是智能手机的普及，手机中的二维码技术、蓝牙技术、重力感应等技术的应用，大大推进了不同媒体间广告创意融合的步伐。

【案例 1】

淘宝曾经与全国 52 家报社合作推广“码上淘”业务，在报纸中出现整版的“码上淘”广告，读者用“手机淘宝”扫描平面广告上基于二维码技术的商品“淘宝码”，即可直接链接到手机淘宝，通过手机完成下单购物和付款等环节。近年来二维码广泛应用于各类平面和户外广告中，受众通过手机扫描二维码，可实现传统媒体与新媒体的融合传播(如图 4-4)。

【案例 2】

香港耐克曾经针对年轻人对普通产品的广告提不起兴趣的现状，在香港大街小巷张贴写着“90”的海报，每张海报上都有一个密码，观众只需要用手机下载一个软件，把手机对着海报，便能通过手机拍摄功能把海报上的密码解除，这样一双极具诱惑力的耐克鞋就会呈现在手机上，并不断地变换各种新型时尚的款式，而受众通过手机浏览后都会心动不已。

图 4-4　码上淘平面广告

【案例 3】

香港可口可乐公司曾发布了一则电视与手机媒体相结合的双屏互动广告，使很多用户为之疯狂。这则广告的主要形式是用户通过手机下载可口可乐“Chok 奖”APP 后，当电视中出现可口可乐这支广告时，用户打开 APP，电视广告中的特定音效会触发 APP 并让手机震动，这时候消费者用力摇晃手机捕捉屏幕里的瓶盖，每次最多可捕捉到 3 个可口可乐瓶盖，每个瓶盖下面都有不同的奖品，当广告结束时，便可在 APP 中查看摇到的奖品①。

可以说，随着媒体间融合进程的加速，结合不同媒体的特点进行融合性的广告互动传播，将是未来广告创意的重要发展方向。

（二）精准化创意——以大数据手段为依托

对于传统广告而言，广告创意策略会以一定的市场调查和产品分析为基础，但创意概念的产生大多源于感性认识和灵感突现，因此广告的艺术性常被提到较大的高度。而在新媒体环境中，功能强大的客户管理系统以及用户的购买反馈、网页浏览 cookie 等留下了大量精准化的用户数据，经过科学计算方法的提炼和分析，可以为新媒体广告创意提供更多的科学依据，使精准化创意成为可能。

精准化的广告创意体现在两个方面。一是创意诉求精准化。基于新媒体平台往往可以较轻易地获得诸如产品销售情况、消费者评价、竞争对手情况等数据，广告创意人员可以充分利用数据分析的结果，为下一步广告策略的制订、广告诉求的提炼提供可靠的科学依据。二是广告创意与受众的匹配精准化。由于新媒体技术可以根据浏览行为对用户进行多维度的分类，而新媒体广告发布技术的灵活性又使得对不同用户发布不同形态的广

①营销智库：《智能手机＋广告互动 看可口可乐 Chock Chock Chock 如何赚爆眼球》，2013－03－13，http://www.domarketing.org/html/2013/fmcg_0313/8509.html.

告成为可能，因此广告创意中应对相应的人群分类数据给予高度重视，根据用户类别分别创作符合其喜好和特征的精准广告。

【案例】

微博上曾一度盛行“人生五大幻觉”的投票调查，其中“今晚能早睡”名列投票之首，这反映出在微博用户中睡眠不足的人占据很大比例，而微博的主要用户又以都市白领居多。冠益乳就针对这些睡眠不足的都市白领，在 3 月 21 日“世界睡眠日”当天，以轻松诙谐的语言推出了一支“早睡视频”，视频表现了都市白领日夜拼搏的形象，使许多网友都产生了共鸣，许多网友都转发或评论了这条微博，央视财经新闻频道《第一时间》栏目还开设了“今天你睡得好吗”的互动讨论话题①。

（三）能有效沟通的创意——洞察受众心理

美国领先的多渠道营销服务公司艾司隆主席安迪·弗罗利于 2014 年 10 月出版了一本名为《点燃顾客关系》的专著，该书基于艾司隆公司过去 30 多年来的品牌服务和研究，其中提出一个重要理念：过去用户衡量品牌和营销成功与否的指标 ROI（投资回报率）在现阶段已经过时，取而代之的将是 ROE^2（return on experience x engagement），即“体验和参与（互动）回报率”。这一论断将品牌与顾客（或用户）的关系提升到了前所未有的高度。广告作为发展顾客关系的桥梁，如何以用户洞察为基础，用受众听得懂的语言、喜闻乐见的形式、乐于分享的内容来发展创意，是取得良好的广告效果，进而建立顾客关系的关键。具体来说，以下几方面可帮助创意人员发展能与受众有效沟通的创意。

1. 以受众研究为基础

新媒体广告受众既有明显的个性化差异，又有相对一致的群体性特征，对目标受众的个性特点、消费行为和心理需求进行深入研究，有助于发掘与之相匹配的创意（详见第六章受众策略部分）。

2. 借势社会热点

在新媒体的信息传播环境中，虽然媒介碎片化和信息爆炸使人们的注意力更为分散，但同时却存在另一个现象，即每一个阶段、甚至每一天都可能有几个热点事件，通过朋友圈、社区论坛、媒体推送等方式发酵和传播，产生远超过传统媒体时期的关注度和影响力，可能几亿新媒体用户在关注同一事件。因此，新媒体广告创意可以借助人们广泛关注的热点事件进行即时传播，达到与关注者产生共鸣的效果。

3. 寻找创意的话题性

由于新媒体进行转发和分享的便利性，因此广告中可发掘可能激发用户分享热情的话题性创意，通过用户的二次传播发挥更大的影响力。

4. 创意娱乐化

新媒体具有泛娱乐性特点，新媒体环境下的用户对具有个性化、趣味性、娱乐性的信息具有较强的敏感性，在广告创意中应尽量避免枯燥乏味的技术性语言，而采用简易平实，符合目标受众语法体系习惯的用语来传达信息，并注重创意的趣味性、故事性。

---

①史晓冰，赵旭东. 浅析大数据背景下广告创意变化趋势[J]. 新闻世界，2013(08).

第三节 新媒体广告预算

新媒体广告预算是指广告主对于某一计划期内，在新媒体领域开展广告活动的整体费用规划，包括广告费用额度、使用范围、使用方法等项目，是企业总体营销战略的重要组成部分，广告预算的最终目标是利用最少的费用取得最大的广告效果。

一、新媒体广告预算的意义

新媒体在人们生活中扮演着越来越重要的角色，对于广告主来说，媒体环境更加复杂、广告形式前所未有的丰富、广告活动策略有更多的选择性，在这种背景下，前期进行较严谨的广告预算更显得意义重大，主要表现在如下几个方面。

（一）有助于广告主营销费用的控制

广告主的营销费用是有限的，广告费用作为营销费用的一部分，若没有提前规划和安排，在实际的广告活动中，如果支出太少，可能无法达到预期的广告目标；而支出过多，则可能影响其他营销活动的开展。

（二）有助于资源的优化配置

广告预算的宗旨是合理安排广告费用，有计划、有目标地把有限的广告费用分配到不同的广告活动或某广告活动不同环节。例如对于媒体投放而言，综合权衡广告目标、产品特征、媒体特征、媒体与产品的吻合度等因素后，有的放矢地为不同媒体分配广告费用，有助于广告活动的顺利进行。

（三）有助于提高广告的投放效率

广告有助于企业营销目标的实现，但是广告投入与广告效果并不是完全成正比，也就是说，并不是广告费用越多，企业经营状况就越好。如果没有目的没有规划地进行广告投放，最终可能导致利润下降乃至企业亏损。若企业能提前进行整体规划，“把钱花在刀刃上”，无疑有助于提高广告的投放效率。

（四）为后期的广告效果评估提供便利

企业评估广告活动的效果，一个重要指标即投入产出比，即将销售的提升幅度与广告投入进行比较，从而分析出广告活动的效果。在新媒体环境下，媒体类型繁多，广告方式多样化，如果没有前期预算方案做支撑，则难以在宏观层面上进行广告效果评估。

二、新媒体广告预算的特点

新媒体广告预算与传统广告预算既有相通之处，又有其明显的区别，企业在进行新媒体广告预算时应兼顾如下几方面特点。

（一）整体性

对于传统媒体来说，硬广刊播费往往占据了广告预算的大部分份额，而新媒体环境下，广告与营销、公关之间的边界越来越模糊，硬广的比重降低，一个完整的营销活动往往既涉及广告费用，又涉及公关费用。因此，新媒体广告预算相对于传统媒体而言应更兼顾整体性，把广告费用纳入营销推广的整体预算中加以考虑。

（二）前瞻性

新媒体发展日新月异，消费者的兴趣点和注意力也在随时发生变化。因此对于企业来说，应关注并研究新媒体的发展趋势，了解新用户心理的变化，在此基础上制订具有前瞻性的预算方案。例如 Apple Watch 的发售引起了人们对可穿戴设备的广泛关注，对于时尚用品和运动用品类企业，在广告预算时若能提前预估这一新载体带来的影响力，并将其纳入广告总体规划中，借势进行传播，势必能起到较好的效果。

（三）灵活性

在过去，企业往往提前很长时间制订广告预算，尤其是外企或品牌客户，常常在年初就已经明确了全年的广告计划，一般情况下不做轻易变动。但是在新媒体环境下，广告效果常常需要借助一个事件或一个话题来引爆，而这些引爆点是不可预估的，若广告预算过于死板，则可能会错失一些市场机会。因此，在制订新媒体广告预算时应兼顾统筹安排和灵活机动性。

三、新媒体广告的预算方法

一般而言，企业确定广告预算的方法多种多样，常用的主要有以下几种。

（一）目标/任务法

目标/任务法是指根据企业的营销目标或销售任务等为标准，有针对性地确定广告目标和广告策略，在此基础上计算出要达到这些目标所需要的总费用及具体分配方案。目标/任务法分为三步：界定目标、明确战略、估算成本。例如某企业的年度目标是销售额增长 15%，下一步则应确定哪种广告手段最有效，广告应如何投放等，最终估算出的成本就是广告预算的重要依据。

（二）销售百分比法

销售百分比法是指根据企业前一年的销售额及当年的预计销售额，在此基础上抽取一定的比例来作为广告总费用的方法。例如某企业根据去年的销售情况以及对本年度市场的判断，预计今年的销售额将达到 5000 万，于是计划用 10%作为广告推广费，那么本年度的广告预算总额即是 500 万。销售额百分比法简单易行，是目前企业较为常用的广告预算方法。但是不同行业的广告费占销售额的比例有较大差异，据有关统计，一般化妆品行业的广告费比例常常可达到 20%～40%，而食品类 5%～15%较常见。

（三）利润百分比法

利润百分比法与销售百分比法非常类似，即在企业利润的基础上抽取一定比例来作为广告费用的方法。

（四）竞争对手参照法

竞争对手参照法是指根据竞争对手的广告情况来确定本企业的广告预算方案。即当竞争对手广告费用增多时，本企业相应增加广告预算，反之则减少广告预算。竞争对手参照法有两种具体的参照指标，一是根据竞争对手市场占有率及其广告费用情况确定本企业的广告预算，例如某企业主要竞争对手市场占有率为20%，其广告费用为200万，而本企业预期市场占有率为30%，则本企业广告预算至少应达到300万才能与之抗衡；二是根据竞争对手在上一年度的基础上广告费用的增长比例作为参照，如竞争对手本年度广告费用增长率为5%，则本企业至少也应增长5%。

（五）量入为出法

量入为出法指的是根据企业的实际财务状况，在扣除了其他营销费用后，将多余的费用按一定的比例投入到广告宣传上来。量入为出法主要是站在企业自身的角度来考虑问题，忽视了市场竞争状况及广告自身的规律，容易偏离广告目标。一般小企业采用这种方法较多。

（六）经验法

经验法指的是企业经营者主要凭自己的市场经验，在综合考虑市场竞争状况、企业财务能力、上一年度的广告预算及广告效果等方面因素后，从而确定广告预算方案的方法。经验法缺乏科学调研和数据的支撑，要求管理人员具有丰富的经验，同时对市场具有准确的判断力和前瞻性。

四、新媒体广告的计费方式

对于传统媒体而言，广告计费方式较为单一，如报刊媒体一般按版面大小和位置计费，广播电视媒体按播出时长和播出时间计费居多。而对于新媒体，由于广告效果反馈渠道更为畅通，反馈数据更容易获得，相应地，计费方式变得更加多样化。目前，新媒体领域的广告计费方式主要有按展示计费、按时间计费、按行动计费、按效果计费四种形式，其中每一种根据广告形式、广告目的不同，以及广告主与媒介之间的协议情况，又有不同的计费模式和标准。

（一）按展示计费

CPM（Cost Per Thousand Impression）是新媒体中按展示计费的主要模式，CPM指的是每千人印象成本，即每1000人访问广告，广告主需要支付的费用。例如优酷土豆视频网站，其面向全国的15秒“多屏投放贴片广告”的CPM为40元，这就意味着若有10万人观看了该视频，则广告主需要支付4000元的广告费用。目前，CPM是新媒体中较为常见的广告收费模式，但CPM常常与其他计费方式配合使用，如前面提到的优酷土豆贴片广告，

CPM 的多少同时与广告时长密切相关，5 秒、15 秒、30 秒广告的 CPM 费用是不一样的。

（二）按时间计费

按时间计费，也称 CPT(Cost Per Time)模式，即每广告位的时间成本，指的是按照广告的展示时间长短来计算广告费用。按时间计费有多种形式。

1. 按照小时计费

这种计费方式在门户类网站的黄金版位较为常见，如搜狐网各频道首页的全屏广告均是采用的按小时计费的模式，搜狐首页的全屏广告，每日只出现 4 小时，每小时报价为 70 万元。

2. 按天计费

按天计费在新媒体中常常直接被称为 CPD(Cost Per Day)模式，即按照广告展示的天数收费，门户网站、视频网站页面上的富媒体广告、通栏广告、按钮广告、摩天轮广告、对联广告等，一般都是采取每天几轮换的方式，广告主按天付费。

3. 按周或月计费

这种计费方式实质上是一种广告版面承包方式，广告主购买某版面一段时间的使用权，比如阿里妈妈的按周计费广告即属于这种方式。这种计费方式能保证媒体平台的收益，但是对于广告主而言容易造成广告浪费。

（三）按行动计费

如果说前面“按展示计费”和“按时间计费”多少打上了传统媒体计费方式的烙印，那么“按行动计费”则是新媒体广告的发展和创新。

按行动计费也称 CPA(Cost Per Action)模式，CPA 即每行动成本，也就是说根据用户看到广告后是否采取行动来计费，这里所说的“行动”因广告内容的不同可能有多种类别，比如点击量、注册量、下载量、生成的订单数、回收的有效调查问卷的份数等。CPA 模式下又衍生出了多种具体的计费方法，包括 CPC、CPR、CPE 等。

1. CPC(Cost Per Click)

CPC 即每点击成本，也就是说根据用户点击广告的次数来收费。这种模式目前已成为了网络广告较为主流的计费模式，如百度、谷歌等搜索引擎的关键字广告一般都采用的 CPC 模式。严格意义上说，CPC 实际上是 CPA 模式的一个细化和延伸。

2. CPR(Cost Per Response)

CPR 即每回应成本，也就是按照用户看到广告后的每一个回应来计费。

3. CPE(Cost Per Engagement)

CPE 是一个比较新的评估指标，指的是每参与成本。目前 CPE 主要应用于对原生广告效果的衡量，原生广告服务提供商 Youtube 和 Twitter 都已经开始利用这一指标进行原生广告定价。

（四）按效果计费

按效果计费比按行为付费更进一步，指的是按照广告产生的实际销售效果或广告主期望的其他效果付费，具体包括以下几种计费方式。

1. CPS 模式

CPS(Cost Per Sale)即每销售成本，指的是按照广告带来的实际销售量或销售金额来换算广告费用，广告每带来一笔销售，媒体平台(网站主、APP 开发者等)即可相应地获得一笔收益。

2. CPP 模式

CPP(Cost Per Purchase)即每购买成本，指的按照销售笔数来计费。一般来说，一些以零售为目的的小型广告主喜欢采用 CPP 模式来付费。

3. CPL 模式

CPL(Cost Per Leads)指的是按注册成功支付广告费用。一般采用这种方式的广告主，其广告目标一般在于搜集潜在客户信息。

总的来说，新媒体广告的计费方式多种多样，除了以上列出的以外，还有诸多其他计费方式。但是目前最主流的计费模式是 CPM、CPT、CPA、CPC 这四种。

第四节　新媒体广告效果评估

新媒体广告效果评估指的是利用一定的方法、指标和技术，对新媒体广告效果进行综合评价的活动。有效的广告效果评估，可以帮助广告主检验广告策划是否合理、广告创意是否有效、是否实现了预期的广告目标，并为下一阶段的广告活动积累经验。

一、新媒体广告效果评估的特点

由于新媒体的数字化、互动性等特点，对新媒体广告效果的评估与传统媒体相比具有不同的特点，主要表现为以下几个方面。

(一)评估方式的便捷性

新媒体广告与传统广告相比最大的特点在于互动与反馈，而这些互动与反馈数据正好为广告效果评估提供了重要依据。过去需要通过调查问卷、访问、访谈等才能获得的数据，现在根据受众的在线反馈就能迅速获得。

(二)评估指标的多样性

新媒体平台的多样化和受众与新媒体接触方式的多样化，决定了对新媒体评估的指标也具有多样性的特点。例如，传统媒体传播效果的评估指标常用的一般是发行量、收视率、收听率、到达率等指标，而新媒体的评估指标则有更多维更细致的标准，如展示率、点击数、转发率等。

(三)评估结果的准确性

对于传统媒体广告效果的评估往往是粗放型的宏观评估，正如广告界有一句名言“我知道我的广告费有一半浪费掉了，但是不知道浪费在哪里了”。而通过对新媒体广告的评估，利用反馈信息和数据分析，则可以较为准确地得知哪些广告有效果，哪些广告是无效传播。

（四）评估费用的低廉性

传统媒体广告效果评估往往需要专门组织调查员进行专项调查，成本较高。在新媒体环境下，有时只需要安装一个软件或者在广告页面中加上特殊代码，即可搜集到大量可靠的数据；即便需要进行用户访问，只需要在网页上上传一个调查问卷即可，因此评估费用相对低廉。

二、新媒体广告效果评估的内容

要了解新媒体广告效果评估的内容，首先应对广告效果进行界定。从广义上说，广告效果包括经济效果和社会效果两方面内容。经济效果指广告活动对于广告目标的实现方面起到的实际推动作用，包括广告认知效果、受众心理效果、销售效果等方面；社会效果则指的广告在传播过程中，无形中对社会道德、文化、伦理等外在环境产生的影响。狭义上的广告效果则仅指经济效果。

对于广告主来说，新媒体广告效果评估一般指的是对于狭义上广告效果的监测与评价，可分为传播效果评估和销售效果评估两方面内容。传播效果评估主要指新媒体广告活动在受众认知和受众心理上产生的影响的评价，包括对广告信息、广告媒体、广告活动效果等多方面的考量；而销售效果评估主要指广告活动的开展对广告主的销售业绩方面带来的影响。

从严格意义上说，新媒体广告效果评估是一个系统工程，可以分为事前评估、事中评估、事后评估三个阶段。事前评估一般在广告活动开始之前进行，主要分析测试广告表现与广告目标的吻合度、广告媒体与目标受众的吻合度等内容；事中评估是在广告活动开始之后到结束之前进行的，主要包括对广告传播方式、受众认知情况、广告的影响力等方面进行监测和评价；事后评估在广告活动之后进行，主要指对广告最终达到的效果进行测定和评价。

三、新媒体广告效果评估指标

对于新媒体广告效果评估指标的确定，一直以来是广告主、广告公司、技术服务公司以及第三方广告监测机构不断摸索的关键问题。在新媒体广告环境下，各种维度的数据信息唾手可得，数据资源极度丰富，这一方面给广告效果评估带来了便利性，另一方面也直接导致了评估标准的多样化。一直以来，新媒体广告评估没有完全统一的标准，2009 年，我国由 99click 发起，联合奥美世纪、易观国际、天极传媒、金山软件共同起草了一份《中国网络营销（广告）效果评估准则》；2011 年 6 月，美国互动广告局（IAB，Interactive Advertising Bureau）在其官网上发布了数字广告评估的五大指导原则，并号召全球广告行业构建一个透明、标准化和持续的评价指标和测量体系。在行业和企业的共同努力下，一定程度上推进了广告评估标准的规范化。以下介绍目前常用的、与广告活动效果相关的评估指标。

（一）展示类指标

展示类指标主要用以衡量广告传播范围的广度，类似于传统媒体中的发行量、收视率等指标。新媒体广告中，由于媒体形态的不同，广告效果评估指标也存在一定差异，以下介绍几种基本的展示类指标。

1. 页面访问量(PV,Page View)

页面访问量,也称页面浏览量,指的是某页面被用户看到的次数。用户每打开一个网站页面就被记录1次,用户多次打开同一页面,访问量累计。由于页面访问量没有次数的限制,所以常常在这个指标上产生一些虚假访问数据。

2. 独立访客数量(UV,Unique Visitors)

独立访客数量,也称为独立用户数量或独立IP数量,该指标主要用以统计进入网站的独立用户数。与页面访问量不同的是,独立访客数量以独立IP地址或Cookie为识别标准,也就是说,一个访客在一定的统计周期内(1天/1周等)访问网站,无论访问多少次,只记录一次。对独立访客数量的监测,可以帮助广告主评估媒体的影响力和价值。

3. 广告曝光数(Impression)/可见曝光数(Viewable Impression)

广告曝光数也称印象数、展示数,指的是广告投放页面的浏览量,主要反映广告投放媒体的访问热度。目前网络视频广告的评估主要采用广告曝光数这一指标,该指标也是CPM计费模式的主要依据。

值得指出的是,近年来对于"广告曝光数"这一指标的质疑之声越来越强烈,因为各种拦截工具或特殊浏览器的使用,导致很多网站页面上的广告并没有如约出现在用户的视野中,谷歌曾公布了一项有关网络广告可见度的报告,报告指出在少数网站上有高达56.1%的广告曝光未被用户看到。基于此,2013年8月,我国第三方数据监测机构精硕科技在"曝光数"的基础上提出了"可见曝光数"这一新的评估指标,该指标规定"至少要有一半的广告内容在使用者荧幕上出现超过1秒钟才算是可见的广告曝光"。

(二)效果类指标

效果类指标主要用以衡量广告发布后所产生的实际效果,包括用户看到广告信息后所产生的各种行为和反应。新媒体广告中的效果类指标主要有:

1. 广告点击数(CT,Click-Through)

广告点击数指的是一则新媒体广告被用户点击的次数,该指标反映了用户对广告的主动浏览行为,若排除用户误点击及虚假点击等情况,点击数相对于曝光数来说更能反映广告对用户实际产生的影响,广告点击数是CPC付费模式的基础。

2. 广告点击率(CTR,Click-Through Rate/Ratio)

点击率指在一定的统计期间内,"广告点击数"占"广告曝光数"的比率。该指标主要可以反映广告对网民的吸引程度。

3. 广告到达率(Reach Rate)

广告到达率指用户通过点击广告实际进入广告主推广页面的比例,即广告到达量与广告点击数之间的比值。该指标一定程度上可以反映出广告的虚假点击情况。

4. 广告跳出率(Bounce Rate)

广告跳出率是指当用户点击广告进入广告主推广页面后,没有产生继续点击行为,而选择直接离开的比率。例如100人进入了页面,80人直接离开,则跳出率为80%。

5. 广告二跳率(2nd-Click Rate)

广告二跳率指用户通过第一次点击广告进入推广页面后,继续进行第二次点击行为的比率。例如100人进入了推广页面，其中30人在页面上继续点击浏览，则二跳率为30%。跳出率和二跳率可以直接反映出推广页面对用户的吸引力程度。

6. 广告转化率(CR，Conversion Rate)

广告转化率是广告转化次数与点击次数的比率，即用户在广告信息的影响下，通过点击广告进入推广页面，并产生了注册或购买行为，从普通的广告浏览者转化为注册用户或购买用户的比率。例如有100人点击进入了广告主推广页面，其中50人成功注册或直接下单购买，那么广告转化率为50%。广告转化次数是CPA、CPS付费模式的基础。

除了以上主要的评估指标外，针对不同的媒介平台和不同的广告传播方式还有诸多特定的评价指标，如对社交媒体而言，广告的关注数、评论数、转发数、转发率、收藏数等都是广告主所关心的广告效果评估数据；而对于移动广告而言，交互率、用户停留时长等也是有效的评估指标。此外，还有针对用户访问行为的初访率、回访率、平均访问次数、访问频次等。

【知识回顾】

本章主要介绍新媒体广告运作过程中的几个关键环节，包括广告策划、广告创意、广告预算及广告效果评估。新媒体广告策划是整体广告运作的核心环节，既要遵循一般的广告策划规律，同时又要结合新媒体的特性来展开。新媒体广告策划应遵循整体性、互动性、目的性、创新性、灵活性及可操作性等基本原则；新媒体广告创意具有不同于传统媒体广告创意的特点，具体表现为创意内容的丰富性、创意维度的多样化、创意手段的技术依赖性、创意平台的融合性等方面；此外，新媒体广告在创意流程、创意模式、创意评价标准都产生了巨大的变化；从新媒体广告的创意方法上看，既遵循广告创意的一般规律，有与传统广告创意方法的一脉相承之处，同时又有诸多适应新媒体环境的新的创意方法，广告人员应在结合媒体特点的基础上发展交互性创意，以大数据为手段进行精准化创意，以洞察受众心理为基本点发展能与受众有效沟通的创意。新媒体广告预算相对于传统媒体广告预算而言，具有整体性、前瞻性、灵活性等特点，广告预算方法与传统媒体具有相对一致性，新媒体广告计费方式相对于传统媒体而言更加灵活多样，主要有按展示计费、按时间计费、按行动计费、按效果计费四种形式；新媒体广告效果评估具有评估方式的便捷性、评估指标的多样性、评估结果的准确性、评估费用的低廉性等特点，其评估指标相对于传统媒体而言更加丰富而具有实效性，能够帮助广告主较为准确地了解广告的实际效果。

【思考题】

1. 新媒体广告策划对于传统广告策划有哪些沿袭和发展？
2. 有人说新媒体的程序化投放，使得广告创意不再重要，对这句话你怎么看？
3. 目前新媒体中常见的广告计费方式，分别有哪些优点和局限性？
4. 新媒体广告效果评估目前存在哪些问题？

第五章
新媒体广告的市场主体

【知识目标】

☆新媒体广告市场主体的构成要素

☆新媒体广告主的特点及观念、行为的变化

☆广告代理公司的发展历程及传统代理公司的困境

☆新媒体广告代理公司的类型

☆新型媒介组织的内涵变化及其特点

【能力目标】

1. 能结合广告主的观念转变思考新媒体广告策略
2. 能结合传统广告代理公司的发展历程思考新媒体广告代理公司的发展路径
3. 能结合自己的理解总结新媒体广告代理公司的发展趋势
4. 能说出新型媒介组织的典型形态及其特点

【案例导入】

品友互动是一家专注于数字广告业务的公司，在该公司的官方网站上，可以看到很多标签化的描述："中国最大的程序化购买 DSP 平台""最有价值的互联网广告技术公司""驱动广告变革的互联网科技公司"等。而在"品友荣誉"栏目中，可以看到不同机构为其授予的奖励，如中国广告协会授予其"中国广告长城奖金伙伴奖"；易观国际授予其"最佳移动营销服务商奖"；中国广告主协会将其评为"最受广告主欢迎的供应商"等。

从品友互动的发展历程来看，该公司创立于 2008 年，2009—2010 年间专注于技术产品的研发，率先在广告技术领域采用大数据研究方法，成为大数据在广告技术领域应用的实践者；2011 年，发布中国第一个自主研发的基于海量数据的广告智能优化平台的 OPTIMUS 优驰 TM 系统；2012 年，推出国内第一家真正的最大 DSP，并先后成功对接淘宝、谷歌、腾讯、新浪、百度等国内所有主流广告交易平台；2013 年，品友互动视频 DSP 成功对接包括腾讯在内的 PPTV、迅雷、乐视等 14 家主要视频网站，为视频网站突破盈利瓶颈提供重要解决方案；同时，品友互动还联合多家行业伙伴共同推动中国 RTB 行业人群标准建立，成为中国 RTB 市场行业的领导者；2014 年 7 月，率先推出中国首个具备 PDB(私有程序化购买)功能的 DSP，并开始国内首例 PDB 广告投放。

从品友互动的业务目标来看，其主要致力于将技术创新、数据分析、营销洞察进行完美结合，旨在帮助广告主以最低的成本实现海量目标人群的精准投放，迅速提升品牌知名度和美誉度，加强品牌(产品)与目标人群的深度互动，一言以概之，即"为客户创造最大的价值"。

目前，在新媒体广告领域出现了诸多与品友互动同类型的公司，那么，它们究竟是广告代理公司，还是技术公司、营销公司？如何看待其定位呢？

所谓市场主体，是指在市场上从事经济活动，享有权利和承担义务的个人和组织体。根据《中华人民共和国广告法》，广告市场中的广告主体包括广告主、广告经营者、广告发布者。广告主指的是发布广告的企业、团体或个人，是广告需要的产生者，而广告经营者和广告发布者是满足这种需要的服务提供者。在传统媒体时代，一般广告主是企业主或社会机构，广告经营者指的是广告代理公司，广告发布者则指广告媒体。在新媒体环境下，广告市场主体各要素的内涵和外延都发生了深刻变化，但是，为了便于理解，本书仍沿袭传统划分方式，分别从广告主、广告代理公司、广告媒介组织这三个角度出发来探讨新媒体环境下的广告市场主体，以明确广告活动中各主体要素的构成和特点，尤其是在新媒体环境下发生的诸多变化。

第一节　新媒体广告的广告主

在广告的市场体系中，广告主作为广告活动的出资方，无疑处于市场的中心位置，是广告市场的原动力。广告主广告费用的多少，决定着广告业的整体规模；广告主广告观念的转变、广告行为的变化，牵动着广告代理公司和媒介经营者的神经。因此，了解新媒体环境下的广告主，对于把握新媒体广告市场的走向具有重要意义。

一、新媒体广告主的界定

新媒体广告主，顾名思义，是指以新媒体为媒介开展广告传播活动的企业、团体或个人。从广义上说，新媒体广告主既包括所有曾经或正在以新媒体为手段进行广告传播活动的企业、团体或个人，也包括有新媒体广告传播意愿但还没有开展广告活动的主体。狭义上的新媒体广告主指的就是前者。本书中如果没有特别说明，指的都是狭义上的新媒体广告主概念。

从新媒体广告主的来源来看，主要包括三个部分：

一是传统品牌广告主。随着人们的注意力从传统媒体不断向网络、移动等新媒体形式转移，一部分传统品牌广告主开始舍弃或减少原有的传统媒体广告业务，而在新媒体领域投入更多的预算。比如传统媒体上曾经的广告大户海尔甚至在 2014 年初宣称今后不再向杂志投放硬广告，而是全面转向可以与消费者进行互动和深度沟通的新媒体广告。

二是新兴的 IT 企业。它们随着互联网的兴起而起步，是网络新媒体的最初尝试者，也是其坚定拥护者，目前仍然占据很大的比重。

三是小型企业或个人。在传统媒体时期，高昂的广告费用将小型企业和个人无形中拒之门外，在新媒体环境下，他们成了一股新兴的力量，占据了新媒体广告市场中的长尾流量。

二、新媒体广告主的特点

新媒体以其广告投入的低成本、目标受众的精确性、广告效果的可测量性获得了越来越多广告主的青睐。从新媒体的现有广告主情况来看，主要表现出如下特点：

（一）数量迅速增长，中小广告主成主力队伍

新媒体广告主的数量经历了从无到有，从少到多的巨大变化。数量的增长主要体现在两个方面：

1. 品牌广告主持续增多

艾瑞咨询机构曾经对我国100多家大、中型网络媒体发布展示类广告的品牌广告主情况进行监测。监测数据显示，2000年，全国投放网络广告的广告主仅有669家，到2001年增长为721家。此后除了2002年网络市场进入低谷时广告主数量一度减少外，从2003年开始一直呈逐年上涨态势，到2009年，广告主数量已达到10163家。

2. 中小型广告主呈爆发式增长

网络媒体的价格优势，让过去由于资金不足无法在传统大众媒体投放广告的中小型广告主有了无限的推广空间，尤其是随着搜索引擎广告形式的推出，中小型广告主更是形成了主要力量。2007年，谷歌曾宣布已有100万广告主使用其平台进行广告推广；2015年2月，Facebook宣布，利用其平台进行推广的活跃广告主数量已达到200万，较2014年7月的150万增长了约33%。这些活跃广告主是指过去30天内在其社交平台上投放广告的广告主，以中小企业为主。

（二）广告主行业结构日渐多元化

从新媒体广告主的构成变化来看，主要有如下几个特点：

1. IT行业广告主逐渐退出主流

在网络广告兴起的头几年，IT行业内广告主占据绝对主体，是网络广告的支柱行业，其他行业广告主少有投放。而后，传统媒体中的广告大户——汽车与房产类广告主逐渐把触角伸向网络领域。2003年，我国在网络广告领域投放费用排名前三位的分别是手机、汽车、房产；到2006年，汽车类网络广告的投放额已经超过了IT行业，跃居第一；到2014年，根据易观智库发布的调查数据，2014年网络广告投放前四名的广告主行业分别为汽车、日化、服饰、通信，其中休闲娱乐行业有明显增长。从这个数据可以看出，当前的网络广告主中，过去投放量排名第一的IT行业广告主已经被其他行业所取代。从全球范围来看，根据美国互动广告局（IAB）发布的数据显示，从1996年到现在，全球IT产品类投放也持续下滑，消费类投放不断增长。

2. 各行业广告主百花齐放

随着新媒体的发展，尤其是移动互联网给人们生活带来的巨大变化，各行业的广告主已经无法忽视新媒体的影响力，纷纷尝试或加大了在新媒体领域的广告预算。根据艾瑞咨询公司的数据，2006—2007年间，在广告主榜单上的企业波及面已经非常广泛，包括娱乐休闲、医疗服务、家具装饰、教育出国、工农业、金融服务、零售、快消等20多个类别。而在移动应用广告平台上，2013年广告主几乎涉及了各个行业和领域，其中费用占比排名前

几位的广告主行业分别是游戏、汽车、快消、日化、电商(如图 5-1 所示)。

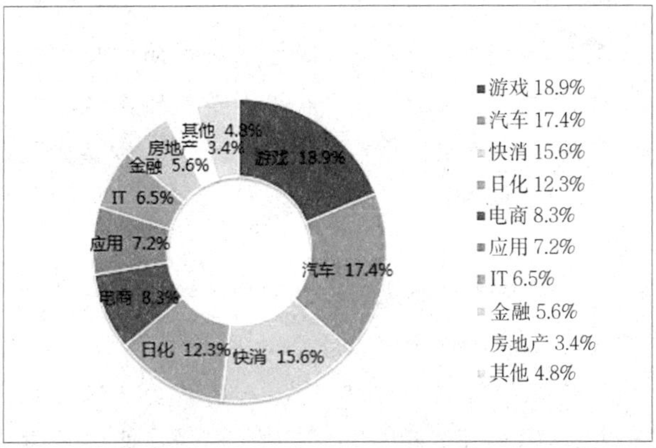

图 5-1 2013 年中国移动应用广告平台不同行业广告主投放预算占比①

3. 不同行业广告主的媒体偏好存在差异

对于不同行业的广告主来说,其选择媒体的策略也表现出明显差异。如汽车类广告主,其媒体偏好的排序为门户网站、垂直网站、网络视频。这是由于汽车类产品为大宗消费品,消费者在购买前非常谨慎,需要整合大量信息然后进行抉择,因此,汽车类广告主倾向于选择具有公信力和承载信息空间大的门户网站和垂直网站进行广告传播,同时利用网络视频做品牌塑造和人群覆盖。而日化和服饰类广告主的媒体偏好排序为网络视频、门户网站、垂直网站。

(三)广告投放方式多样化

从广告主的广告投放方式来看,目前主要有三种投放方式:

第一种是通过广告代理公司进行投放。一般而言,传统的品牌广告主在开展新媒体广告业务时,倾向于委托专业广告代理公司为其制订广告战略和投放策略。

第二种是通过广告联盟投放。即由广告主或广告代理公司通过广告联盟,将广告投向联盟网站。

第三种是广告主直接投放。广告主直接投放一般有两种情况:一是广告主通过直接与媒体或媒体渠道代理商接洽,由广告主提出需求,通过双方沟通后达成广告合作意向;另一种情况是广告主直接通过媒体提供的广告平台,按照平台要求填写上相关资料,由广告平台进行自动化投放,目前,中小型广告主或个人广告主大多采用这种投放方式。

三、广告主的观念变化

自网络广告起步以来,大部分广告主都经历了对新媒体广告的陌生到观望、尝试,最后到理性认识的过程,尤其是随着手机媒体的兴起和移动互联网的爆发式发展,广告主们更是经历着广告观念上的深刻洗礼。广告主观念的变化对广告经营活动的走向具有决定性意义。总的来说,广告主的广告观念主要有如下几方面体现:

---

①数据来源:易观智库于 2014 年 9 月 3 日发布的《中国移动应用广告平台市场专题研究报告 2014》。

（一）混媒投放观念

在传统媒体时期，媒体资源的稀缺性，尤其是主流优质媒体的稀缺，使得单一媒体覆盖面较广，受众群相对集中，加上传统媒体广告费用普遍较高，品牌广告主的广告策略一般是集中优势兵力，固定在某一个或几个媒体中进行投放，以达到强化受众认知的目的。在这种媒体环境下才可能出现所谓的“标王”现象，通过重金买断中央电视台某黄金时段，就能赢得一夜爆红。

而随着互联网、手机等新媒体的兴起，受众注意力被无限碎片化，广告主已经意识到仅靠某一个或几个媒体已经很难达到过去的传播效果，因此，广告主更倾向于多元化的媒介策略，尤其对于品牌广告主来说，更是积极打破对传统媒体的依赖，致力于不同媒体间的整合，并积极开发新的媒体渠道，企图利用有效的媒体组合来重聚消费者碎片化的注意。

（二）精准投放观念

“覆盖面”一度是评价媒体价值的重要指标，在传统媒体时期，媒体和广告代理公司也是用收视率、发行量等与覆盖率相关的指标来说服广告主。在这种环境下产生了广告界的一句名言，著名广告大师约翰·沃纳梅克提出：“我知道我的广告费有一半是浪费了，但遗憾的是，我不知道是哪一半被浪费了。”这句话道出了传统媒体时期广告投放者的无奈。

但是，在新媒体环境下，首先，媒体资源从有限变为无限，任何媒体都只可能覆盖一个相对较小的群体；其次，由于手机等移动媒体的产生，用户的媒体接触行为更加个性化，媒体接触的时间和空间轨迹更为复杂，诸如上班时间、睡觉前、家中、户外、工作场所、交通工具上，广告主若想把握这些离散状态的注意力，必须做到精准投放；再次，新媒体技术、大数据的应用使精准地找到用户变成可能，这意味着过去“浪费一半广告费”的情况完全可以避免。在这种背景下，广告主变得更加理性，追求广告的精准性理所当然成为其所追求的目标。

（三）互动观念

传统媒体时期的广告的概念常被认为是“广而告之”，停留于单向的“广播式”传播，重视受众是否接触到广告，忽视受众的接受度和反馈。新媒体环境下，用户在媒体面前不再是被动接受者，而是主动搜寻者和选择者。广告主已经意识到过去的“独角戏”式传播行为可能完全被受众忽略，起不到任何效果。近年来，越来越多的广告主开始利用社交媒体或自由媒体与消费者进行互动，就连过去高高在上的奢侈品品牌也低下了高昂的头，热衷于与消费者建立情感联系。世界上著名的洋酒品牌“保乐力加”近期已经将“市场部”改为了“消费者互动部”，以加强与目标群体的沟通和互动，引导消费者参与价值创造。

（四）性价比最大化观念

在新媒体环境下，广告主观念变化的另一个重要现象是追求性价比的最大化。传统媒体由于媒体计费方式一般是按版面或时段计费，广告投放大多是粗放型投放，广告主对于广告效果的反馈只可能有模糊的判断。随着新媒体的出现，广告计费方式多样化，按点击付费、销售效果付费等逐渐成为主流计费方式，无形中影响了广告主的预算观念。

四、广告主的行为变化

正是基于以上广告观念的变化，以及新媒体环境给了广告主更大的自主空间，使得其在广告活动具体行为上发生了诸多变化：

（一）费用控制更严格，广告计划灵活性提高

对于品牌广告主而言，尤其是外资广告主，过去一般是年初即制订完了全年的媒介计划，确定在哪些类型的媒体投放广告，以及投放比例分配，除此之外，只有少部分机动预算留给特殊的节日或活动。而在日新月异的新媒体环境下，从广告主广告预算行为上看，一方面是对于费用的控制更加严格，过去在一个主流媒体上动辄上百万投入已经较为少见，多数广告主更倾向于找到一个性价比最高而又最为均衡的分配方案；另一方面，广告预算的灵活性大大提高，只要有好的媒介平台，或者好的活动方案，可以随时提取机动费用进行运作。

（二）自主性加强，对媒体依赖度降低

新媒体的出现让广告主与消费者沟通的渠道变得无限畅通，新媒体时代的“泛媒体化”趋势更是使专业媒体丧失了优势。广告主既可以通过免费的社交平台找到目标受众并与之沟通，还可以建立自媒体，将目标受众笼络到自己周围。过去产业链条中“强媒体、弱企业”的时代已经一去不复返，广告主成为广告链条中真正的主导者。

（三）对广告公司专业化要求更高

专业广告公司的日子越来越艰难，这已经成了广告圈的共识，其中原因之一即是广告主对广告公司的专业化提出了更高要求。广告公司对媒体依赖度降低的同时，对传统型广告公司的依赖度也同步在降低。原因有很多方面：一是技术的进步和工具的应用使得过去需要依赖广告公司完成的业务自己即可轻易完成，比如拍照、摄影、摄像、后期制作等已经不是那么遥不可及；二是随着程序化投放平台的出现，广告主完全可以自主进行广告投放；三是广告主与消费者、媒体的沟通渠道都变得更加畅通，过去需要广告公司协助完成的工作，很多可以自己解决。此外，加之广告主比广告公司更了解自己的企业。因此，近年来越来越多的品牌广告主宣布解除与广告公司的合作，自建广告团队，如 2014 年苹果公司已经宣布自建广告团队，结束了与之合作多年的 4A 公司的关系。过去以综合代理为特征的 4A 广告公司的经营状况每况愈下，广告主对广告公司的“技术性”提出了更高的要求。

五、广告主的困境

实际上，在新媒体浪潮的冲击下，广告主的境遇是极为复杂的，一方面自主性无限加大，对媒体、广告公司的依赖度降低，似乎已经成为广告市场的主宰者；另一方面，面对着瞬息万变的媒介环境和用户行为，广告主也处于困惑和茫然期。

（一）对媒介选择的茫然

在新旧媒体更替的转型期，广告主最大的困境是对媒介选择的茫然。这主要基于以下多方面原因：

(1)新媒体时期的媒介资源浩如烟海，选择难度加大；

(2)用户行为变化莫测，注意力完全碎片化，用户个性化程度极高，没有一个成熟的模式能保证网罗和聚合住用户注意力；

(3)从广告代理公司和技术提供商来看，目前传统代理公司与新型技术公司并没有很好地进行融合；

(4)以"精准化"为目标的广告投放平台数量众多，各自为政，平台尚没有打通，媒介资源有限；

(5)从广告标准上看，整个新媒体行业尚没有统一的广告标准，主流媒体各自制定自己的标准，并且不断变化。

在这种环境下，广告主应该何去何从，成为他们急于解决的问题。

（二）对舆论控制的焦灼

新媒体与用户的关系密切程度胜过以往的任何媒体，尤其是智能手机的普遍，使每个用户都可能成为"现场记者"，能够随时发布消息；同时，随着论坛、微博、微信等社交媒体的兴起，网络传播更为及时和多元，这对于广告主，尤其是品牌广告主而言是一个重大考验。因为舆论控制已不可能像过去传统媒体时期那样易于把握，品牌一旦出了问题，舆论通过口碑传播，可能一夜间使品牌大厦坍塌。因此，在新媒体环境下，对舆论的影响和控制也成为广告主面临的重要问题。

第二节　新媒体广告代理公司

新媒体广告代理公司，从广义上说，包含了所有在新媒体领域为广告主提供与广告相关服务的公司，网络广告代理公司、互动广告代理公司、数字整合营销公司等都属于新媒体广告代理公司范畴。

新媒体广告代理公司并不是一个孤立的概念，其既有对传统广告代理公司部分功能的继承和延续，又有自身的特点。同时，随着新媒体广告市场的迅速发展，一些传统广告公司也开始涉及新媒体广告业务，新兴的新媒体广告代理公司与传统广告公司之间不断地相互借鉴与融合，二者之间的界限越来越模糊。因此，只有站在历史的视角，才能更深入地理解新媒体广告代理公司的产生及变化。

一、广告代理公司的发展历程

新媒体广告代理公司是媒介环境发展到特定阶段的产物，其发展历程与大众化媒体出现时广告代理公司的发展有异曲同工之处，因此，在认识新媒体代理公司的产生及特点之前，有必要先对传统广告代理公司的产生与发展进行简单回顾。

在报纸广告诞生初期，并没有专门的广告代理商为广告主服务。1729 年，本杰明·富兰克林创办了《宾夕法尼亚日报》，在创刊号的第一版上刊登了一则推销肥皂的广告，该广告由富兰克林亲自制作，富兰克林也被后人称为“美国广告业之父”。由此可见，早期的报纸广告业务主要由报纸创办者兼营。

随着报纸广告的发展，出于业务扩张的需要，出现了一批专门受雇于某一报纸的独立推销员（或称代理人），他们周游各地推销报纸广告，并以“佣金”作为每一笔广告订单的酬劳，随着业务范围的扩大，代理业务的主体逐渐由单独的受雇的个人变为了广告公司，并且不断完善服务内容，最终促使了广告公司的诞生。

世界上第一家真正意义上的广告公司诞生在美国。一般认为广告代理公司的发展经历了媒体掮客业务阶段、专业服务阶段和全面服务阶段。

（一）媒体掮客业务阶段（1841 年～1880 年）

媒体掮客，也被称为版面经纪人，是指站在媒体的立场，帮助媒体向客户销售版面的个人或组织。如果要给媒体掮客业务阶段划个时间点的话，可以认为这一阶段始于 1841 年伏尔尼·帕尔默（Volney Palmer）兄弟在费城开办第一家广告公司，止于 1880 年后艾尔父子广告公司开始向客户提供附加广告服务。

广告公司在这一阶段作为媒体掮客的角色出现，有其历史背景：

1. 经济背景

1837 年美国第一次经济危机爆发，大批工厂企业倒闭，商品滞销，企业迫切需要求助一种廉价而有效的方式来刺激人们的购买力。

2. 媒体背景

19 世纪 30 年代初期，美国出现了历史上第一批大众化报刊，这些报刊打破了以往报刊精英化的定位，把目标受众直接定位为普通民众，内容浅显易懂，迎合大众的心理需求和审美趣味；最为重要的是其价格低廉，盈利模式由原来在零售和订阅价格上收回成本，转变为以低廉的价格尽可能大地扩大发行量，然后以广告费来收回成本的模式。1833 年，大众化报刊《太阳报》创刊，由刚创刊时 1000 份的发行量迅速发展为 6 个月时的 8000 份，3 年后达到 3 万份。《太阳报》的巨大成功引发了其他报纸的纷纷效仿，大众化报刊数量迅速增长，并且成为广告商认可的主流广告传播媒介。

在以上背景下，1841 年，伏尔尼·帕尔默（Volney Palmer）兄弟在费城开办了第一家广告公司，专为各家报纸兜售广告版面，并自称“报纸广告代理人”，从而宣告了广告代理业的诞生。帕尔默公司的经营模式是从媒体廉价批发购买一定数量的广告版面，然后零售给广告客户，从中获取一定的利益。后来，广告公司慢慢由销售某一家媒体的广告版面发展为版面批发商，即从多家媒体批发购买大量版面，然后将广告版面分售给不同的广告主，从中赚取利润。例如 1865 年，乔治·路威尔（George Rowell）创办的广告公司就是进行“广告批发代理”的先驱。

无论是版面买卖人，还是版面批发商，他们的业务重心无不是围绕媒体版面展开的，服务内容也就是简单的版面买卖，它们主要作为媒体的掮客存在，这就是广告公司最初的职能定位。

（二）专业服务阶段（1880 年～1923 年）

1880 年以后，艾尔父子广告公司从单纯为报纸推销广告版面，开始同时向客户提供劳务服务，包括为客户设计、撰写文案，建议和安排适当的媒介，并代为制作广告，标志着广告公司走向了专业服务阶段。

1. 经济背景

1865 年美国南北战争结束，终结了南方的奴隶制，由北部的工商业阶层掌握着政权。一方面奴隶制的废除为全国工业化进程扫清了障碍；另一方面，受战争的影响，全国经济百废待兴，执政者颁布了一系列法令来激励工商业的发展。南北战争后美国经济获得了快速发展，人们的物质和精神生活发生了急剧变化。同时，人口迅速由农村向城市转移，导致城市化进程加快，美国城市从内战前以商业为主的模式转变为内战后以制造业为主的模式①。城市里的企业主们大量生产制成品，销往全国各地，他们对广告的依赖比以前更强，同时竞争意识的萌发使他们开始注重广告形式对传播效果的影响。据称，1886 年可口可乐刚试产时，一年只有 50 美元的销售额，却拿出 46 美元做广告。这可以看出广告在当时企业营销体系中的地位。

2. 媒体背景

美国内战后，政府鼓励科技创新与开发，电灯、电话、电报、电影等相继诞生。同时，报业也获得了飞速的发展。1870 年到 1900 年间，报纸的数量增加了 3 倍，日销售量增长了近 6 倍。英文日报从 1870 年的 489 家增加到 1900 年的 1967 家。所有日报的总发行量从 1870 年的 260 万份上升到 1900 年的 1500 万份。而周报的数量也翻了两番，从约 4000 家猛增到 12000 多家。在这种背景下，对于广告主来说，选择在哪些媒体上投放广告、以什么形式展示广告成了一个策略性问题，他们需要有专业机构来为他们解决这些问题。

因此，以艾耶父子广告公司为代表的专业性广告公司应运而生，他们告诉客户真实的版面价格，收取佣金，同时为客户设计、撰写文案，建议和安排合适的媒介并制作广告。艾耶父子广告公司由此被认为是“现代广告公司的先驱”，也标志着广告代理制的真正形成，广告公司的核心服务对象由媒体真正转向了广告主。

（三）全面服务阶段（1923 年～1994 年）

1923 年，美国最大的广告公司——杨·罗必凯广告公司创办，该公司利用一切可能得到的媒介，为消费品制造业和消费服务业提供全面服务，标志着广告公司开始进入全面服务阶段。简单来说，广告公司开展全面服务业务，有如下背景：

1. 经济背景

1918 年，第一次世界大战结束，世界大战削弱了英、法、意三国的实力，美国一跃成为头号经济强国，GDP 迅猛上升，人民生活水平明显提高，鼓励消费、鼓励享受的社会潮流涌动。与此同时，美国的企业走向成熟，开始出现以可口可乐、麦当劳、IBM 等为代表的商业巨头，他们渐渐发展成为全美乃至全世界提供商品或服务的大型企业。但是，经济的快速发展、周期性出现的经济危机以及进军海外市场时的陌生与风险等因素共同刺激着商业

①周毅. 美国历史与文化[M]. 北京首都经济贸易大学出版社，2010：78.

巨头们的神经，他们迫切需要职能健全的、具有专业精神的机构来为他们提供全方位的营销推广服务。

2.媒体背景

1922年美国商业广播电台创建，从1922年开始播放广告，打破了印刷媒体一统天下的局面。1941年美国出现电视台，随后电视成为影响面最大的广告手段。在此背景下，正式奠定了以报纸、杂志、广播、电视为核心的，现在所说的“传统大众媒体”格局，媒体环境较之前更为复杂，传播效果随之大打折扣。广告主在广告投放上面临的不只是选择哪家报刊做广告，还涉及选择哪类媒体、以哪种形式来做广告。

在以上背景下，美国开始陆续出现大型广告集团，他们作为广告主的合作伙伴存在，服务内容渐渐由专业性服务向为企业提供市场营销战略的综合性服务演变，广告公司不仅仅做广告，而且开始广泛涉及市场调查、产品开发、制订销售策略、开展公关活动等业务范畴。并且在后来伴随着广告主进入海外市场，其帮助广告主拓展海外业务，广告公司与广告主的关系更为密切。

20世纪90年代以后，以网络为代表的新媒体开始出现并迅速发展，在全世界范围内掀起了一场前所未有的信息技术革命，传统的信息传播方式被彻底颠覆，受众的媒体接触行为被颠覆，媒介形态更加复杂多样，媒介资源具有无穷性，精准的定向传播成为迫切需求等。在这种背景下，一方面专门针对新媒体广告的新型广告代理公司不断涌现，同时，传统广告代理公司也在不断调整自己的业务范畴和作业模式，以适应新形势的变化。

二、新媒体广告代理公司的产生与发展

1994年，世界上第一则网络广告出现，1997年，中国也出现了第一个真正的商业性网络广告，这意味着网络广告作为一种新媒体广告形态之滥觞。随着网络广告的发展，必然需要谙熟相关业务的公司为广告主提供服务，新媒体广告代理公司在这种背景下开始萌芽和产生。概括来说，新媒体广告代理业务经历了如下几个阶段：

（一）第一阶段：媒介自行代理阶段

由于人们对新媒体的认识有一个过程，专门服务于新媒体领域的专业广告代理公司并没有第一时间与网络广告同步出现。在网络媒体诞生之初，最早的网络广告服务由各网站自行承担。以门户网站为代表的媒介组织为了推广自己的媒介资源，模仿传统媒体的形式，成立广告部发展广告业务。他们直接联络广告客户，说服广告客户投放广告，并为其提供广告设计与制作等服务。在这一时期，媒体广告部弥补了广告代理公司在新媒体领域的缺失，与大众化报刊诞生的早期，由报社直接开展广告业务有异曲同工之处。

（二）第二阶段：技术型网络广告代理公司诞生阶段

技术型网络广告代理公司，通常也被称为网络广告服务商。

随着网络广告市场的发展，附属于某单一媒介旗下的广告部已经越来越难以适应广告市场的需求，他们无法为广告主提供系统而全面的服务，更无法推动行业的进一步发展。在这种背景下，一方面出现了一批专门代理门户网站某一栏目或板块广告的代理公司，他们按传统的方式帮助网站拓展广告业务；另一方面，一些计算机技术人员敏锐地洞

察到网络广告领域存在的新商机，即网络版位数量巨大，广告投放、版面管理、效果评估等都是亟待解决的问题。在这种背景下，专门服务于网络广告的技术型公司应运而生。

1994 年在美国成立的 Adforce 公司是很早致力于解决互联网广告技术问题的公司之一，他们主要以计算机技术为依托，为广告发布者提供包括策划、编期、播送、分析、核数、寄发账单等网络广告管理服务，大大简化了互联网广告管理及发布工作。DoubleClick 则是影响力最大的互联网广告代理公司，成立于 1996 年，其拥有强大的 DART（动态广告报告及目标定位）广告服务平台，可以对广告主的网络广告活动进行集中策划、执行、监控和追踪。借助强大的技术优势，DoubleClick 迅速发展成全球第一大网络广告代理商。紧随其后，与其类似的网络广告代理公司相继出现，如 Right Media、aQuantive 等。

在中国，与 DoubleClick 类似的公司是好耶公司，创办于我国网络广告出现的第二年，即 1998 年。其同样以网络广告技术起家，自主研发了 AdForward 广告管理系统、iDigger 广告监测及后续行为分析等软件。最初他们设计的盈利模式是依靠出售或提供广告管理软件服务来盈利，但随着 2000 年网络市场的萧条，为了获得生存空间，好耶公司只好用广告管理系统免费换取网络媒体一定比例的广告版位，然后组建广告销售团队来销售这些版位，最终发展成了大规模的网络媒介采购公司。其业务模式是：好耶公司从广告主那里拿到网络广告合同，利用自己开发的网络广告管理系统，将广告转发到联盟成员的网站上；在广告主向好耶公司支付的广告费中，分出一部分支付给联盟成员网站，好耶公司则赚取其中的差价[①]。到 2004 年，好耶的经营额已经突破 2 亿元，几乎占当时中国互联网广告一半的市场份额。好耶的发展，经历了广告软件产品开发、媒介代理、广告网络、网络研究到数字整合营销解决方案等不同的历史阶段，现在已经成为可以提供跨平台整合营销服务的“数字互动营销综合解决方案提供商”，也就是在新媒体领域的综合型广告代理商。好耶的发展历程，在一定程度上反映了我国网络广告代理商的不同发展阶段。

（三）第三阶段：新媒体广告代理全面发展阶段

随着网络广告市场的迅速发展和手机媒体、网络电视媒体业务的兴起，各种形式的新媒体广告代理公司如雨后春笋般出现。表现在如下方面：

1. 广告联盟崭露头角

广告联盟主要集合中小网络媒体的资源，通过联盟平台帮助广告主实现广告投放，并进行广告投放数据监测统计。网络广告联盟 1996 年起源于亚马逊，但当时亚马逊建立的广告联盟只是服务于自身的广告投放，将自己的广告利用广告联盟投放到数以万计的中小网站上。2003 年谷歌推出 Google Adsense 广告联盟，成为全球最大的网络广告联盟。我国的广告联盟起步较晚，到 2010 年才初具规模，目前广告联盟体系已经开始形成良好格局，以谷歌联盟、百度联盟、淘宝联盟、搜狗联盟、91GG 等几大巨头为主导核心，其他中小广告联盟、专业性较强的行业网站联盟等各种联盟模式发展迅速，形成了一种全方位的联盟体系[②]。

2. 以创意策略见长的新媒体广告代理公司不断涌现

---

①王成文. 中国网络广告第一个十年发展[J]. 郑州：河南大学硕士论文，2008.

②《广告联盟市场日趋成熟 推动中小企业转型升级》，http://mobile.pconline.com.cn/328/3282044.html.

如美国著名的网络广告代理商 24/7 Real Media，我国互联网广告综合代理商世纪华美、安瑞索思，服务于网络游戏广告的创世奇迹，致力于汽车广告代理的科思世通、新意互动等。

3. 一些具有创新意识的传统广告公司开始向新媒体领域转型

转型方式主要有三种。第一种是公司整体转型。即公司彻底放弃原有的传统广告业务，转型为专门面向新媒体，为客户提供新媒体广告代理的广告公司。华扬联众是由传统广告代理向新媒体广告代理转型的典型代表，成立于 1994 年的华扬联众，主要从事传统广告代理业务，2002 年后开始向互联网广告代理转型，为客户提供互联网综合营销服务，目前已发展成为国内互联网营销领域内颇具竞争力的领先企业之一。

第二种是公司内部向新媒体领域渗透。即在原有架构的基础上发展新媒体广告业务，或直接分出一部分人员组建专门负责新媒体广告和互动营销的部门。1999 年 1 月，灵智大洋广告公司在北京成立"互动传播部"；1999 年 4 月，奥美国际集团与智威汤逊中乔广告公司通过其合作联盟传立在中国联合推出互动媒体咨询服务；同年 10 月，北京电通广告公司网络互动中心（现已更名为电众数码）成立。这些广告行业领军者都较早实现了面向互联网广告代理的渗透。

第三种是媒介代理型的广告公司，在代理传统媒体业务的同时，附带着帮助网络媒体售卖广告，比如成为百度、新浪、搜狐等大型网站的栏目代理商或区域代理商。例如 1999 年 2 月 3 日，中国国际电子商务中心下属的国富通公司与雅虎在北京宣布，国富通公司将成为雅虎在中国内地的独家广告代理公司。

（四）第四阶段：并购与阵营分化阶段

各类新媒体广告代理公司在发展过程中，经历了探索期的无序发展，业务模式趋于清晰。2006 年以后，网络广告市场掀起了一股并购潮，最终使得新媒体广告代理公司逐渐从散点式分布状态分化为附属于广告集团和附属于网络媒体的两大阵营，这两大阵营占据了网络广告代理市场的绝大部分市场份额。

1. 附属于广告集团的广告代理阵营

一类以策略服务为导向的广告代理公司，在发展过程中，其领先者逐渐走进传统广告集团的视野，往往被他们所并购或扶持，作为发展新媒体业务的重要棋子。2006 年 WPP 集团在中国收购华扬联众，第二年在美国收购 24/7 Real Media；WPP 旗下的奥美集团也于 2007 年完成了对世纪华美的收购；此外，阳狮集团收购了龙拓互动；安吉斯集团收购了昌荣传播、创世奇迹、科思世通等；分众集团更是从 2007 年开始在互联网广告代理市场进行了扫荡式收购，一举收购了好耶、创世奇迹等近十家网络代理公司，占领互联网广告代理市场近 50％的市场份额，同时收购行业龙头公司凯威点告，继续整合获得手机广告市场 50％的市场份额。

2. 附属于网络媒体的广告代理阵营

另一类广告代理公司侧重于技术服务和媒介资源，其领先者最终往往被互联网媒体巨头所并购，成为其旗下的广告服务部门。这一点在美国网络广告市场上的表现更为明显，互联网巨头为了提升自己在网络广告市场上的竞争力，纷纷对互联网广告公司进行并购。2007 年 4 月，谷歌以 31 亿美元现金收购 DoubleClick；同年 5 月，微软以 60 亿美元的价格收购了 aQuantive；7 月，雅虎以 6.5 亿美元收购了 24/7Right Media 剩余 80%的股份；11 月，美国在线(AOL)也以 3.4 亿美元收购了精准投放互联网广告公司 Quigo。在中国，BAT 三巨头虽然都自行开发了广告投放平台，但类似的并购活动也在酝酿中。

(五)第五阶段：向移动广告代理拓展阶段

随着智能手机的出现和 4G 业务的开通，网民注意力迅速向手机终端转移，移动互联网成为新媒体广告的新战场，一方面各类网络广告代理商纷纷将自己的服务延伸至移动互联网领域，另一方面，一些新兴的手机广告联盟开始出现。

三、新媒体广告代理公司的类型

由于新媒体广告代理公司一直处于不断的融合和变化中，且业务模式创新的广告代理公司层出不穷，很难进行绝对的划分。大体来说，可以从如下两个角度进行分类。

(一)根据服务内容分类

从广告公司的服务内容和业务侧重点上看，新媒体广告代理公司可分为综合服务型广告公司、媒介代理型广告公司、技术服务型广告公司三类。

1. 综合服务型广告公司

综合服务型广告公司是指那些可以为广告主提供面向数字互动领域的综合营销传播服务的广告公司，服务内容涵盖市场调研、广告策划、广告创意、广告制作、媒介计划与购买、广告监测、广告效果评估等各个领域。我国在新媒体广告代理领域较有影响力的广告代理公司有华扬联众、奥美互动、新意互动、安瑞索思等。这类广告代理公司在运作模式上与以策略为导向的传统广告代理公司较为相似，所不同的是他们的传播指向是网络和移动互联网等新媒体，传播的手段一般是数字营销或互动整合营销，更加注重实效性。以安瑞索思为例，其服务内容主要包括互动品牌策略、互动创意、互动媒体、内容营销、互动活动、客户关系管理、移动互联网传播等领域。

2. 媒介代理型广告公司

媒介代理型广告公司，顾名思义，其主要服务重心在于媒介计划和购买，一方面帮助广告主选择最适合的新媒体和版位进行精准的广告投放，达到既能锁定目标受众又能节约成本的目的；另一方面帮助各类网络或移动新媒体挖掘广告价值，进行流量变现。在新媒体广告领域中最典型的媒介代理型广告公司是各种网络广告联盟和无线广告联盟(或称手机广告联盟)，网络广告联盟如百度联盟、阿里妈妈等，无线广告联盟如多盟、有米、点入等，广告联盟更多的服务于中小广告主或中小型广告媒介。

此外，一些大型的网站或移动媒体平台都有自己的频道广告代理商或区域广告代理商，这些代理商也属于媒介代理型广告公司，他们沿袭传统的“媒体掮客型”广告销售模式，为一家或几家媒体招揽广告。比如经过谷歌正式授权，专门给谷歌做代理的区域性广告代理公司目前就有 26 家；移动互联网行业的 APP“今日头条”也有若干分行业的广告代理公司为其招揽广告。

3.技术服务型广告公司

技术服务型广告代理公司是新媒体环境下特有的一种广告公司形态，由于新媒体的快速发展，媒介资源极大丰富，目标受众完全碎片化和分众化，媒介投放的技术含量越来越高，仅依靠传统的表格排期和经验判断进行广告投放只会造成大量的无效投放和资金浪费。在这种背景下，依托广告管理软件进行媒介分析和广告投放的技术服务型广告代理公司应运而生。这类广告公司一般由网站或技术服务商发展而来，他们谙熟互联网信息技术，主要依靠大数据和相关管理软件，为广告主扩大广告效果，节省费用。如国外的DoubleClick、24/7Right Media，我国的好耶、易传媒、传漾科技等都属于这种类型。技术服务型广告公司的一个突出特点是其既直接服务于广告客户，同时还服务于综合型广告代理商，为他们提供技术支持。

值得注意的是，随着新媒体广告业的成熟和网络营销需求的多样化，不同类型的广告公司之间越来越多地寻求业务融合和合作，如综合服务型广告公司需要技术服务型广告公司为其提供技术支持，技术服务型广告公司同时兼营媒体整合和售卖业务，而媒介代理型广告公司也在不断开发更先进的技术平台。

（二）根据广告代理公司的从属关系分类

从新媒体广告代理公司的从属关系来看，可分为传统广告集团的新媒体业务拓展公司、新媒体下属的广告代理公司、独立的新媒体广告代理公司三类。

1.传统广告集团的新媒体业务拓展公司

传统广告集团的新媒体业务拓展公司的来源有三种：广告集团自建、合资、并购。比如奥美集团旗下的奥美互动、昌荣传播集团下属的昌荣互动和昌荣精准等都属于广告集团自建的公司；电众数码是电通广告和分众传媒两大集团互相整合优质资源合资建立的新媒体广告代理公司；而华扬联众、好耶、龙拓互动、科思世通等分别被WPP、分众、阳狮、安吉斯集团收购，成为附属于这些广告集团的新媒体业务拓展公司。1996年，好几家广告代理商没有建立互动分支机构而是直接购买，对现有的互动代理商进行投资。如True North公司将Modem Media公司并购，Omnicom公司将5个互动代理商Agency. com，Interactive Solutions，Razorfish，Red Sky Interative以及Think New Ideas收于其门下[①]。

2.新媒体下属的广告代理公司

新媒体下属的广告代理公司一般以技术服务型公司为主，他们一方面帮助自己的媒体售卖站内版位和广告资源，同时还作为广告售卖平台，帮助其他媒体售卖流量。新媒体下属的广告代理公司来源也有自建、合资、并购三种形式。我国发展最好的网络广告联盟大部分为新媒体企业自建，如百度联盟、阿里妈妈等；美国微软旗下的aQuantive、谷歌旗下DoubleClick、雅虎旗下的24/7Right Media均为收购而得。

3.新兴的独立新媒体广告代理公司

新兴的独立新媒体广告代理公司是指不附属于任何一个集团而独立运营的广告代理公司，他们中有的由传统广告公司从业者创办，有的由网站或技术服务商发展而来。但是，由于融合并购是新媒体市场的典型特征，只有“合众连横”形成规模优势，才能对抗外

①冯章.网络广告[M].北京：中国经济出版社，2008:26.

部竞争。因此，一些现在独立的新媒体代理公司，可能不久后就被广告集团或媒体集团并购，成为他们业务的组成部分。目前如安瑞索思、新意互动、品友互动、易传媒等属于独立的新媒体广告代理公司。

四、新媒体广告代理公司的发展趋势

从1841年伏尔尼·帕尔默创办第一家广告代理公司至今已有170余年历史，而新媒体广告代理公司的诞生至今最多也就20年时间，其发展仍属于起步阶段，需要在摸索中前进。根据广告市场的发展规律，可以预期，未来新媒体广告代理公司的发展有如下几个趋势：

（一）市场分工更加明确，专业化趋势凸显

当前的新媒体广告代理公司，业务领域的交叉现象较为普遍，比如综合服务型广告公司致力于开发各类技术工具，媒体型和技术型广告公司却想在品牌策略和创意上插上一脚，随着市场的进一步成熟，不同类型的广告公司之间分工将更为明确，各司其职，相互合作，最终形成多方共赢的局面。此外，随着市场的成熟，必然会出现一批专门服务于某一类广告主，或专注于某一媒介细分市场的广告代理公司，他们以更为专业化的服务，更精准的营销来为细分市场的广告主提供服务。

（二）网络广告代理市场竞争将由比拼“媒介价格”，转向比拼“广告效果”

在传统大众媒体时期，一些广告代理公司可以凭借大规模的媒体采购或独家媒介代理来获得媒介价格优势，并以此作为吸引客户的核心竞争力。网络广告代理市场中，媒体价格更为透明，广告主的广告投放行为越来越理智，加上广告效果测量变得越来越具有可操作性，过去比拼“媒介价格”的竞争势必转向比拼“广告效果”，这对网络广告代理公司的整合营销策划能力将提出更高的要求。

（三）广告的跨屏融合投放是大势所趋，擅长跨平台综合代理的广告公司将逐渐增多

在现阶段，传统媒体广告、网络广告、手机广告的代理几乎是泾渭分明的，广告代理公司一般只擅长于某个领域，即使是综合服务型广告集团，其新媒体与传统媒体、网络媒体与移动媒体的广告代理也分属不同的部门负责。随着传统媒体、互联网、移动互联网之间的不断融合，广告主对跨屏融合投放广告的需求增多，广告策略和广告投放必然会以目标为导向，突破不同媒体之间的界限，进行跨平台运作。在这种趋势下，广告公司必将提高其跨平台综合代理能力。

（四）多重代理成为常态

从代理制来看，传统广告代理制度下，广告公司直接连接广告主与媒介，几乎可以独立完成广告主的所有广告代理业务。但是在新媒体环境下，尤其是随着RTB（实时竞价）广告模式逐渐成为主流，各类广告代理商越来越需要互相合作和借力，实现跨平台、跨渠道、跨终端的优势互补，最终实现广告的精准投放。比如综合性广告代理商需要借助拥有DSP（需求方平台）的技术型广告代理商为其提供的技术支持，而这个技术型广告代理商可

能同时又需要媒介型广告代理商为其提供的平台支持。

(五)优胜劣汰和资本并购,市场集中度进一步提高

在市场经济中,规模优势可以让企业的抗风险能力加强,在新媒体市场中更是如此。目前,在新媒体广告代理公司中,小型的创业型公司占了很大一部分,随着市场竞争的加剧,一批竞争力较弱的广告公司必然要被淘汰出局,而表现较为突出的广告公司则将越来越多地被大的广告集团或媒介集团并购,成为其增加自身实力的新鲜血液。

五、传统广告代理公司的困境

随着以互联网、移动互联网为依托的新媒体的汹涌来袭,传统运作模式的广告公司正在成为传媒产业链上最脆弱的一个环节,尤其那些以传统媒体为依托,以创意服务为导向的广告公司,生存空间正在被挤压得越来越小。为了便于理解,以下从传播链条的角度,通过两个简图来示意在新旧媒体环境下广告市场运行概况(如图 5-2,5-3)。

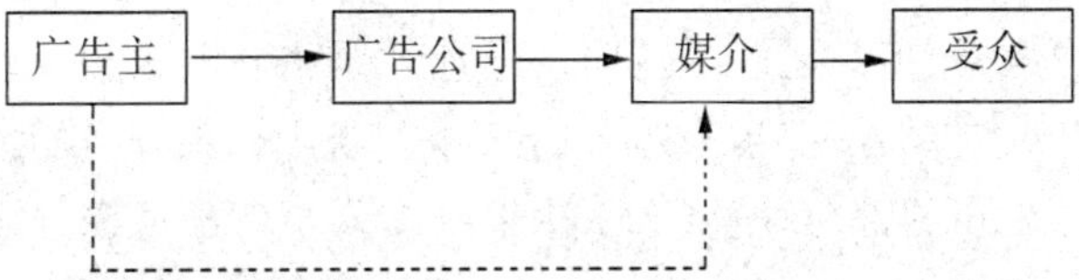

图 5-2 传统媒体时期广告市场运行示意图

从图 5-2 可以看出,在传统媒体时期,广告市场运行路径较为单一。这一时期,由于信息不对称及媒体资源相对稀缺,广告公司作为广告主与媒体之间的桥梁,地位较为稳定。我国的广告公司在改革开放后经历了近 30 年的快速发展,一方面,刚进入中国的国外企业需要依赖国际 4A 公司帮助其开拓市场;另一方面,第一次经历经济腾飞的中国企业对市场了解不深,也需要专业广告公司协助其完成部分市场业务。从受众方面看,几乎可以忽略的受众反馈,使广告公司没有后顾之忧。

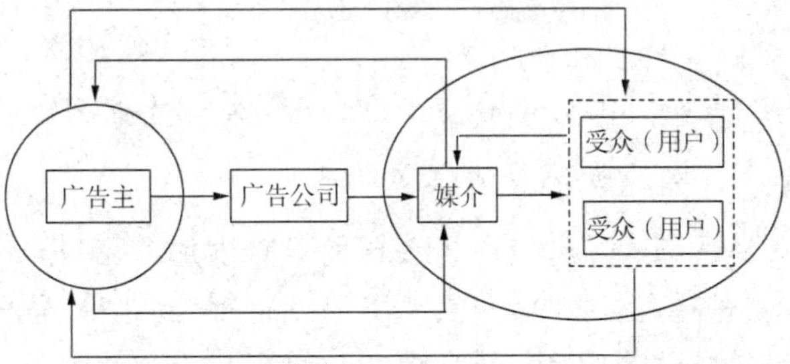

图 5-3 新媒体时期下广告市场运行示意图

而新媒体时期的广告市场如图 5-3 所示,呈现如下特征:市场关系更加复杂,但信息的传播与反馈路径更加畅通;广告主外延扩大,投放广告不再是大型企业的专利,长尾效应使中小型广告主成了广告的主流;媒介的外延扩大,垂直网站、社交媒体、搜索引擎网站等都可以成为广告投放平台;媒介与受众的关系越来越紧密,甚至融为一体,共同构建成一个大传播环境;受众的内涵发生变化,其由受众向用户转变,不仅是信息接受者,更是信息传播者。同时,从图中也可以看出,随着广告市场中其他要素之间关系越来越紧密,传统广告公司作为维系传统广告主与媒介的桥梁的链条变得越来越脆弱。

从广告市场运行图可以看出，广告市场大环境、广告主、广告媒介、广告受众这几个因素是广告公司赖以生存的外部环境，我们可以从这几个方面来剖析传统广告公司面临的困境。

（一）从广告市场大环境来看，广告投放格局的变化以及市场环境复杂化，使广告公司经营面临前所未有的挑战

传统广告份额持续下滑，新媒体广告增长迅速，传统广告公司必然遭遇业务萎缩。此外，在信息传播渠道极为畅通的新媒体背景下，带有强迫性的硬性广告的传播效果日渐减弱，“跨界”成为一个无法回避的概念，广告与公关、活动、话题或事件紧密关联，常需要在不着痕迹中传达产品信息和企业理念，传统广告公司如果不具备新媒体时代的跨界思维和跨界运作能力，原有的业务份额势必越变越小。

（二）从广告主层面来看，广告主自身加强对广告业务的渗透，广告公司遭遇被“架空”的危机

一是随着企业与媒介、用户之间的双向沟通愈加紧密和顺畅化，一些大型企业开始亲自操刀部分广告业务，其市场部门越来越多的直接参与广告策划、设计、投放等环节，在一定意义上取代了广告公司的部分职能。2009 年宝洁公司就已经撇开了其媒介代理公司，由内部采购部直接与媒体进行价格谈判。2014 年 6 月，又有报道称苹果公司正在逐步脱离为其代理广告业务 30 余年的 TBWA 广告公司，而尝试组建自己的广告团队，以便更好地执行其在市场推广方面所划拨的 11 亿美元预算[①]。

二是网络广告的程序化购买，使广告主可以自行投放广告，广告代理制受到挑战。

三是企业实体向网络转移，广告预算直接与网络运营商关联。在新媒体时代，传统的商圈被互联网商圈迅速取代，大部分企业都将实体销售业务转向网络，纷纷开始在淘宝天猫、京东等电子商务平台中开店或售卖商品，相应的，其广告预算必然也将向平台运营商转移。与此同时，几大互联网巨头均将广告业务视为收入的重要来源，并直接与广告主产生关联，开展广告业务。

（三）从媒介层面看，媒介环境复杂化、媒体的“扁平化”趋势及新型媒介对广告业务的自发展，使广告公司的优势缺失

一是媒介数量众多，资源无限，使广告公司业务难度加大，工作成效降低。传统的广告公司采用 excel 表格进行广告排期，只需要参照发行率、到达率、覆盖率、收视率等客观指标；但在信息碎片化的新媒体时代，要考虑的是媒介与受众的黏度，以及广告的投入产出比，这对于仍采用传统思维的广告公司来说无疑是一大挑战。

二是媒体的“扁平化”使资源价值越来越低，广告公司丧失资源优势。所谓媒体的“扁平化”，是相对于传统媒体时期常提及的“强势媒体”和“弱势媒体”而言的，在媒体资源有限及传播条件受限制的传统媒体时代，媒体资源的好坏优劣较为明显，容易根据广告效果被分为三六九等。一些广告公司由于直接掌握了“强势媒体”资源而获得较快发展，比如

---

①BI 中文站：《苹果欲自筹千人广告团队》，2014－06－11，http://ybhzglr.adquan.com/post－1－27644.html.

获得央视部分频道的代理权，或拥有城区核心户外资源等。而在新媒体时代，媒体资源的无限性及表现形式的多样化，使得不同媒体资源间的差异对广告效果已经难以构成绝对影响，资源价值越来越低，常常陷入价格战，因此，媒介资源掌控已很难成为广告公司的优势。

三是新型媒介往往自身完成广告经营业务，广告公司生存空间被挤压。2014 年第一季度，我国互联网广告市场规模达到 286.6 亿[①]，其中百度的广告营业额达到 92.2 亿元，占总规模的 32.2%，阿里巴巴占 17.3%，居第二位[②]。而这些广告经营业务一般通过广告主竞价排名平台完成，几乎不需要广告公司作为桥梁。因此可以看出，虽然全国广告营业额大幅上涨，但能与广告公司发生关联的广告活动正在萎缩。

四是从受众层面看，受众群体特征及行为方式的变化，对广告公司专业能力提出挑战。受众群体特征和行为方式的变化主要表现在如下几方面：(1)数量众多形式多样的新媒体将受众分割成了无数碎片化小群体，导致广告到达率分散；(2)新媒体环境下的受众从信息的被动接受者变成主动搜集者和信息传播者，“受众”的概念弱化，“用户”“授众”特征凸显；(3)受众对传统以“大创意”为特征的广告形式敏感性降低，他们常常更重视产品评价、产品口碑，在实际购买行为中由对广告的信任渐渐转变为了对人的信任；(4)由于网络传播的便捷性，受众可以在第一时间对广告信息做出反馈，因而导致广告效果评估更加明晰。基于以上变化，传统广告公司所擅长的“策略＋大创意”的广告作业方式，以及粗放型广告投放模式，必然受到挑战。

在这种背景下，传统广告公司的转型、新型广告公司的出现便成了历史的必然。

第三节　新媒体广告的媒介组织

除了广告主和广告代理公司外，新媒体广告市场的另一个市场主体即是新媒体广告发布者。与传统媒体时期不同的是，新媒体时期的广告发布者阵营远远大于传统媒体时期的阵营。在新媒体环境下，人们进入“泛媒体”时代，人人都可能是媒介经营者和发布者。因此，从广告发布者的构成来看，主要包括两大类别：一种是自媒体所有者，一般以个人或小团队为主体；另一种则是媒介组织。本节中主要介绍新媒体广告媒介组织的相关问题。

一、媒介组织的概念

“媒介组织”这一概念来源于社会学中的“社会组织”(social organization)，“社会组织”指为了实现特定的目标而有意识地组合起来的社会群体。从传播学的角度看，媒介组织指专门从事大众传播活动以满足社会信息和娱乐需要的社会机构[③]。那么，从“广告媒介”

---

①易观智库：《易观分析：2014 年第 1 季度中国互联网广告运营商市场规模达 286.6 亿》，2014－04－23，http://www.enfodesk.com/SMinisite/newinfo/articledetail－id－405865.html.

②易观智库：《易观分析：2014 年第 1 季度中国互联网广告运营商市场竞争激烈，群雄角逐格局将变》，2014－04－23，http://www.enfodesk.com/SMinisite/newinfo/articledetail－id－405866.html.

③李红艳.媒介组织学[M].北京：中国传媒大学出版社，2007(1)：59.

的角度看，作为广告发布者的媒介组织，又可称为媒介经营机构，专指为广告主提供广告发布平台，为其发布广告信息，并以广告费作为重要收入来源的社会机构。

传统媒体中的广告发布者主要指报社、杂志社、电视台、广播电台等专业媒介组织，也包括少数拥有媒介资源的私营企业或个人，如户外广告牌、公交车身、POP 等媒介资源的媒介经营机构等。在新媒体环境下，媒介组织形式发生了巨大的变化，对新媒体广告的媒介组织研究，有助于我们把握新媒体广告市场的整体运作规律和发展态势。

（一）媒体、媒介、广告媒介、媒介组织的概念区分

在日常应用中，媒体、媒介、广告媒介、媒介组织这几个概念常出现交叉和混用，为了本书理解的统一，有必要首先对这几个概念进行界定和区分。

"媒体"是传媒经济学中的概念，在传统媒体时期，"媒体"一般约定俗成地等同于大众媒体，如"某某在媒体工作"即指的在报社、杂志社、广播电台、电视台等媒体单位工作。有人认为，未来，无论是以单一载体，或是一种复合形态的品牌面貌出现，能代表一种独特的立场，通过某种或多种形式，服务于特定的人群的媒介形式，我们皆可以称为媒体。[①]

"媒介"是传播学的一个核心概念，其具有多层含义。从广义上说，媒介指一切可以承载信息的物质载体，麦克卢汉认为媒介是人类器官延伸的一切工具和技术，住宅、汽车、滑稽漫画、货币等都属于媒介范畴。虽然一切可以承载信息的物质载体均可称为媒介，但并不是所有的媒介都具有广告价值，那些具有广告价值，并负载了广告信息的物质载体被称为"广告媒介"。从狭义上说，"媒介"常特指报纸、杂志、广播、电视、网络等大众传播媒介，从这个层面说，"媒介"与"媒体""广告媒介"三者常常可以通用。本书中的媒介指的狭义上的媒介概念，为了概念统一，本书后文一致采用"广告媒介"这一概念。"广告媒介"概念也包含两层意义：一是指传播广告信息的物质载体，如报纸、广播、电视节目、网络等；另一层意义指广告信息发布的行为主体，即"媒介组织"。本章所讨论的作为广告市场主体之一的广告媒介，指向的是后一层意思，即从事广告经营和发布活动的媒介组织。

（二）媒介组织的概念发展

在传统媒体时期，大众媒体的广告经营收入占整体广告市场的绝大部分市场份额，因此，作为广告信息发布行为主体的"媒介组织"一般指的是报社、杂志社、广播电台、电视台等大众媒介机构，通常也称为"媒体"，其以专业的新闻和信息生产为核心，以一对多的大众传播为主要传播模式，以广告发布为主要盈利手段。然而，在新媒体环境下，媒介形态显著分化，从事广告发布的社会组织形态各异，媒介组织的内涵和外延也相应发生了巨大变化。

首先，从媒介组织的内涵上看，新媒体环境下的媒介组织的核心竞争力不在于内容生产和信息发布，而是打造一个开放的、互动的、黏合性高的综合服务平台；其信息传播模式不是传统一对多"广播式"的线性模式，而是多主体的双向传播，UGC（用户生成内容）模式成为常态。因此，新媒体中的广告媒介已不是传统意义上的"媒体"，而是一种"媒介平台"，正如美国最受欢迎的社交网络 Twitter 的新闻负责人也说，Twitter 永远不做新闻，新媒体只是一个为新闻及其他内容服务的媒介平台而已。"媒介平台"的经营者也不是传统

---

①传媒梦工场：《2014 中国媒体融合发展趋势报告》，2014－12－31，http://chuansongme.com/n/1036040.

意义上的“媒介组织”，而是融集成资源、响应需求和创造价值于一体的综合服务提供商，它是一种新的媒介组织[①]。在新媒体广告市场中，还常常将这种媒介组织直接称为广告运营商。

其次，从媒介组织的外延上看，作为广告信息发布者的媒介组织既包含传统的以新闻和信息生产为核心的媒介组织形态，还包含无数并不从事新闻生产或提供新闻信息的媒介组织形态，他们的核心竞争力在于为用户提供各类互联网应用服务，以此来吸引用户并不断提高用户黏性，以受众的注意力为提升媒介平台广告价值的资本，以吸引广告主在相应的平台上进行广告投放。因此，新媒体广告的媒介组织是多样化和不拘一格的。

二、新媒体环境下媒介组织的特点

为了更深入地理解新媒体环境下媒介组织在内涵和外延上发生的变化，以下具体从四个方面分析其不同于传统媒介组织的突出特点。

（一）从规模上看，数量众多，但市场集中度高

新媒体出现的时间虽然不长，但媒介组织的数量呈几何倍数增长。以网络媒体的主要组织形态网站来看，我国的网站数量要以“百万”为计量单位，从 2010 年到 2014 年间，网站数量在 2013 年 12 月达到最高峰 320 万个。截至目前，一些网站由于经营等问题停止服务，但各类网站数量仍有 273 万个（如图 5-4 所示）。社会上几乎所有的实体机构都建立了专有网站来开展信息传播活动，其中有较大一部分网站只是单纯的信息窗口，不参与广告经营活动，不属于广告发布主体，但仍有数以几十万计的各类网站以广告发布作为盈利模式，例如百度网盟声称其“以 60 万家优质联盟网站为推广平台”，这足以说明新型媒介组织的数量要远远多于传统大众媒体。再看传统媒体的数量，虽然报纸、杂志等传统媒体形式经历了上百年的发展历程，电视媒体从出现至今也有 60 余年历史，数量上已经大幅增长，据粗略统计，截至 2013 年，我国全国共出版期刊 9877 种，出版报纸 1915 种，共有电视频道 3000 余个。对比之下，可见一斑。

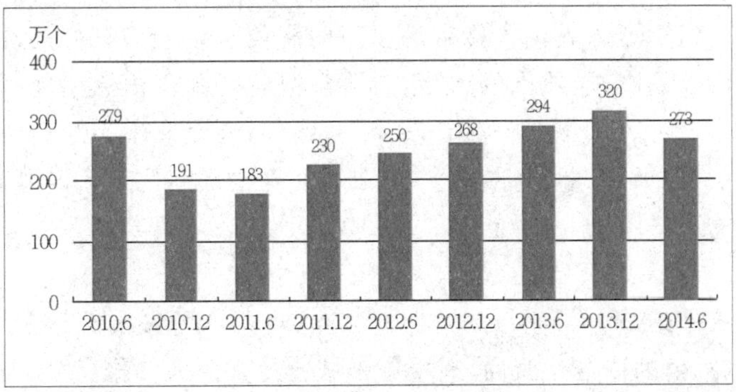

图 5-4　中国网站数量变化图[②]

正是由于广告媒介数量众多，直接导致了不同媒介机构之间的竞争异常激烈，谁拥有

①谭天. 基于关系视角的媒介平台[J]. 国际新闻界，2011(09).

②注：数据中不包含. EDU. CN 下网站.

了用户谁就能获得生存空间，而新媒体用户由于媒介选择范围广，忠诚度非常低，那些规模大、口碑好、服务全面的媒介平台更能获得用户青睐。经过多年的发展和优胜劣汰，一些规模较小且同质化程度高的企业渐渐走向破产或倒闭。以视频网站为例，我国视频网站诞生于2005年，经过2006年的爆发式增长期，最高峰时达到300多家，但是到目前为止只剩下20余家，淘汰率接近90%；还有一部分在某方面具有特色或优势的机构被实力更为雄厚的媒介组织并购。

发展到现在，几乎每个细分领域都形成了鲜明的梯队性格局，处于第一梯队的少数几家互联网企业则是广告市场份额的主要占有者。如门户网站领域的腾讯、新浪、搜狐、网易；电子商务领域的阿里巴巴、亚马逊；搜索引擎领域的百度、谷歌等。以网站来看，排名前五的网站就占据了整个广告市场50%以上的市场份额。近几年，百度、阿里巴巴、腾讯更是以横扫千军之势，跨领域扩张，逐渐形成囊括娱乐、购物、搜索、社交等多种应用服务为一体的互联网媒介集团，被并称BAT三大互联网巨头。2014年第一季度，三家企业的广告市场收入份额分别为32.2%、17.3%、5%（见图5-5），份额之和占据了整体互联网广告市场的半壁江山。在美国，根据eMarketer公司的资料，谷歌一家公司占2015年美国广告总支出的份额就超过10%，到2016年，谷歌和Facebook在规模2000亿美元的美国媒体广告市场的份额将达到15%。

（二）从形态上看，开放、多元、角色复合

有学者说“传统媒体的媒介组织形态，是一个以‘把关人’和专业主义的新闻生产为中心的辐射式结构”①，也就是说传统媒介组织的核心资源和核心内容是专业的新闻生产。但对于新媒体环境下的媒介组织，是否生产或提供新闻信息已不是其唯一或核心标签。

1. 新的媒介组织是一个开放的系统

综观现在具有较大影响力的媒体新贵，其出身来源各不相同，有的是从终端厂商一脚迈入传媒行业（如苹果），有的是从网络应用服务不断拓展（如谷歌），有的是从系统服务转型而来（如微软），还有的是诞生在新媒体下的全新媒体（如Facebook）②。

2. 新的媒介组织有多元化特征

新媒体的媒介组织形态既包含传统的以新闻和信息生产为核心的媒介组织，如从传统媒体衍生而来的人民网、凤凰网等，还包含诸多只进行部分信息生产，同时提供多种互联网应用服务的媒介组织形态，如腾讯、网易等；此外，还有几乎不从事自主的信息生产，只提供信息服务的媒介组织形态，如百度、谷歌等。甚至还有完全不从事任何与信息生产或服务相关活动的互联网企业，但他们却是新媒体广告市场份额的主力军，这也是新型的媒介组织形态的一种，如阿里巴巴、京东商城等电子商务平台。

以易观智库统计的2014年我国互联网广告运营商市场收入份额为例（见图5-5），可以看出，广告收入靠前的广告运营商，在服务领域上差异巨大。排名第一的百度是一家主要提供中文搜索引擎服务的公司；而排名第二的阿里巴巴则是以提供电子商务服务为主的公司；此外，还有以信息服务为主的搜狐、新浪等门户网站；有提供免费视频为主的优酷

---

①谭天.新媒体不是“媒体”——基于媒介组织形态的分析[J].新闻爱好者，2014(07).

②黄升民，周艳.互联网的媒体化战略[M].北京：中国市场出版社，2012(06)：148.

土豆视频网站；有专注于某一行业的垂直网站如搜房、汽车之家；甚至以提供互联网安全服务和浏览器软件的奇虎360也跻身其中。根据奇虎360财报，其2013年第四季度营收为2.216亿美元，其中在线广告营收为1.424亿美元，占总营收的64.3%。这些形态迥异的网络企业以为用户提供不同领域的免费基础服务为核心竞争力，以吸引最大范围的用户为目标，最终将自己打造成有价值的广告发布平台。

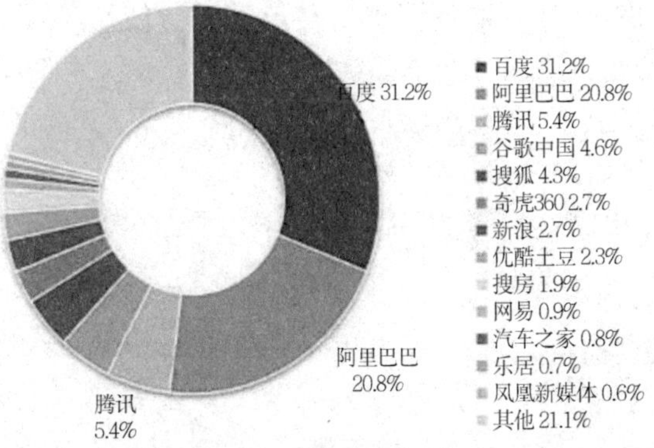

图5-5　2014年中国互联网广告运营商市场收入份额①

3.新的媒介组织承载复合的社会角色

正是由于新媒体媒介组织形态多样化，使其相对于传统媒体而言在角色上具有复合性，如BAT（百度、阿里巴巴、腾讯）三大巨头企业，他们身上既存在媒介组织角色的一面，还同时扮演着诸多其他角色，诸如技术服务公司、电子商务运营公司、网络金融公司等。相应地这些媒介组织的盈利模式也更加多元化，广告并不是其赖以生存的唯一收入。例如腾讯公司2014年第二季度财报显示，虽然这一季度广告收入强劲增长，网络广告收入20.64亿元，环比增长75%，但在腾讯公司197亿元的总收入中，仍只占据大约10%的比例。

（三）从经营上看，资本运营、并购融合成常态

在传统媒体时期，媒介组织进行资本积累的方式主要是依靠内部力量，通过年复一年的自我盈利进行原始积累，这种方式导致资金来源少而慢，难以推动企业进行多元化拓展。而新媒体是伴随着外部资本市场成长起来的，投资、并购、重组、上市等资本运营手段是新媒体企业十分擅长的领域之一，因此，在新媒体领域，各类媒介组织的资本运营和并购融合成为一种常态。

一方面一些小型的互联网公司依靠各类社会资本的力量，不断在某一细分领域巩固自身地位；另一方面，一些已经成长起来的互联网企业，尤其是BAT巨头，为了应对未来的竞争，纷纷斥以巨资，通过投资、并购等方式来占领互联网和移动互联网各领域的入口和出口，将原本相对单一产品的公司，壮大成为一个集消费、娱乐、服务、社交等为一身的巨型公司。

①易观智库：《2014年度中国互联网产业核心数据盘点》。

2013 年一年，阿里巴巴就动用逾 20 亿美元，入股或直接并购了 10 家公司，其中包括以 5.68 亿美元大手笔入股的新浪微博，占据其 18%股权，以及全资收购的高德地图公司等，此外，阿里巴巴还投资了包括陌生人交友工具陌陌、音乐网站虾米网、团购网站美团、快的打车、移动数据分析工具友盟、丁丁网优惠券、旅游 APP“在路上”等各类媒介产品。而百度在 2013 年以 19 亿美元价格收购了 91 手机助手，成为中国互联网史上最大的并购案；同时百度、爱奇艺又以 3.7 亿美元收购 PPS；此外，百度还在地图、团购、垂直搜索等多个细分领域进行了资本投资。三大巨头之一的腾讯，更是通过大规模的并购来跑马圈地。据统计，腾讯自上市以来，对外并购投资支出已超过 530 亿元，年报中有披露的投资标的累计超过 80 个，几乎遍布互联网各个细分领域（见图 5-6），包括而未曾披露的早期项目更是数倍于此。仅 2014 年上半年，腾讯就入股了京东商城、乐居、58 同城、四维图新、猎豹移动、大众点评网等多个互联网公司。

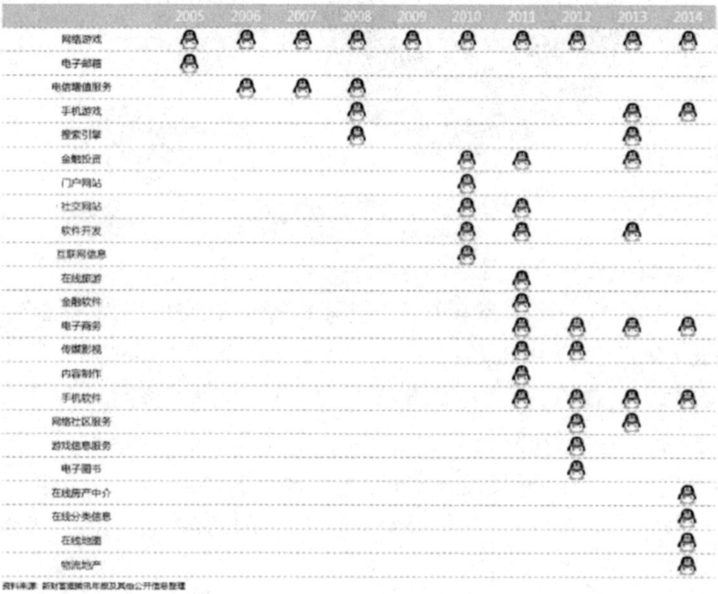

图 5-6　腾讯历年的并购领域分布①

在国外，同样的并购和融合也在进行，如 2006 年 11 月，Google 公司收购了美国最大的视频网站 YouTube；2008 年 12 月，美国网络电视新军 Joost 和全球最大的社交网站 Facebook 实现融合，Facebook 用户可以直接登录 Joost，并和好友一同观看视频；2014 年 2 月，Facebook 宣布以 190 亿美元价格收购 Whats App 等。这种大规模的资金投入，对于传统媒体而言是不可想象的。

（四）从传播特性上看，跨媒体、跨地域经营

跨界是新媒体的一个重要特征。新媒体的媒介组织一方面可以顺畅实现跨媒体运营，另一方面还可以跨地域发展。所谓跨媒体，是指跨越网络媒体、手机媒体和互动性电视媒体三种媒体形态界限。在传统媒体环境下，报纸、电视、杂志、广播等媒体形态各自为

①佚名：《腾讯 537 亿并购的 80 家公司》，2014－09－09，http://www.360doc.com/content/14/0909/17/15477063_408205037.shtml.

政，很难有某一种媒介产品能同时适应多种媒介形态。而在新媒体环境下，媒介间互相渗透与融合变得更为轻而易举，一款产品可以以不同的形式同时生根于网络、手机和互动性电视媒体中。以中国网络视频行业的领导品牌爱奇艺为例，爱奇艺在创办之初是以网页版为网络用户提供在线视频服务，在启用“一云多屏、多屏合一”的无线战略后，以APP形式全面覆盖了电视端、手机端、PAD端，实现了同一个产品的多屏观看。2012年4月，爱奇艺APP终端覆盖9037款机型和所有操作系统，手机客户端装机量近4000万，iPad客户端装机量超过600万。可以预见，随着数字化技术的进一步发展，在未来物联网极度发达，可穿戴设备成为寻常之物的世界里，诸如爱奇艺之类的媒介产品还可以跨越更多的媒体介质，生根发芽。

跨地域发展是指新媒体的媒介组织可以跨越地区、国家的界限进行运营。在传统媒体时期，大众媒体长期以来实行“事业单位，企业化管理”的管理机制，有较严格的地域限制，媒体间如同诸侯割据，各占一方，实行垄断性和区域性运营，尤其是报纸和广播媒体，除了少数全国性报刊外，大部分只在特定的地域发行或播放，比如《南方都市报》只在珠三角地区发行，《京华时报》只在北京地区销售。而新媒体环境下的广告媒介完全突破了地域限制，其受众和用户可以是全世界任何地方的任何人，不存在区域性媒体的概念，任何媒介组织都是全国的，乃至全世界的。2014年6月，微信宣布其海外用户已突破2亿，这意味着腾讯公司以微信产品为纽带，已走向了世界。

三、新媒体媒介组织的典型形态

互联网发展历程经过了WEB1.0、WEB2.0时代，现在正式进入WEB3.0时代；互联网的典型应用从最初以门户网站为主、发展到搜索引擎、社区、博客、电子商务等应用形式，到现在互联网与移动互联网相结合，微博、微信等移动应用成为新宠；互联网的内容生产模式从信息的采集整理、有效筛选，到搭建平台、用户参与内容创造。在这过程中，作为这些新媒体应用和媒体内容经营者的媒介组织也在不断地融合和发展，有些在历史的洪流中沉寂、消失，有些不断地发展、壮大。大体来说，目前新媒体的媒介组织有如下几种典型形态：

（一）综合型媒介组织

综合型媒介组织也可以称为综合性媒介组织集团，其主要特点在于旗下媒介产品的多元性，综合型媒介组织通常在发展过程中，以雄厚的资金实力，通过投资、入股、并购等方式将其他各种类型的小型媒介组织纳入囊中，从而构建成跨越多个细分领域、跨越不同媒体形式的综合性媒介组织集团。

在国内，综合型媒介组织以百度、阿里巴巴、腾讯三巨头为主要代表。以百度为例，通过不断发展与并购，目前百度所代表的已不再是单纯的搜索引擎网站，其旗下囊括了视频网站爱奇艺、音乐网站千千静听、婚恋网站百合网、导航网站hao123，团购网站百度糯米、软件网站天空软件、无线互联网公司91无线等若干家针对不同细分领域的小型媒介组织。与之相类似，阿里巴巴所做的也不再是纯粹的电子商务，腾讯更不是最初的即时通信工具。在美国，比较典型的综合型媒介组织有微软、雅虎、谷歌、AOL时代华纳公司等互联网媒体巨头。

（二）专业型媒介组织

专业型的媒介组织指主要针对某一特定领域提供信息或互联网应用服务的媒介组织，他们依托于所提供的信息或服务来培养或吸引用户，同时通过售卖用户注意力资源来获得广告收入。专业型的媒介组织因其关注的领域不同，而分为不同的类型：

1. 新闻类媒介组织

新闻类媒介组织指以提供各类新闻资讯为主体的媒介机构。新闻类媒介组织有很多种，如以新浪、搜狐为代表的新兴门户网站平台以人民网、凤凰网为代表的基于传统媒体发展而来的新闻网站平台以及传统媒体在互联网上开设的各类独立的宣传平台，如中央电视台下属的中国网络电视台等，都属于专业新闻类媒介组织。

2. 娱乐、社交类媒介组织

娱乐、社交类媒介组织指以娱乐或社交为目的的媒介机构，内容囊括网络视频、音乐、游戏、文学、论坛、博客、婚恋交友、口碑推介等。如以优酷土豆、暴风影音等为代表的视频平台；以酷狗、虾米音乐、多米音乐等为代表的音乐平台；以天涯、豆瓣等为代表的社交平台；以赶集生活、58 同城等为代表的信息平台等。

3. 网络服务类媒介组织

网络服务类媒介组织是指以提供专项网络服务为内容的媒介机构，如搜索服务、导航服务、邮箱服务、软件下载服务、杀毒服务、地图导航、网络黄页等。

4. 电子商务类媒介组织

电子商务类媒介组织是指专门搭建 B2B 或 B2C 等电子商务活动平台或从事电子商务业务的媒介组织。如京东商城、一号店、携程网等都属于这一类。

（三）特殊形态的媒介组织

在新媒体领域，还有一类特殊的媒介组织，他们的主要业务不在于开发媒介资源，却偶尔承载着媒介组织的部分功能。比如与手机媒体相关的三大运营商，中国移动曾开发移动梦网，作为手机上网用户的 WAP 入口，凭借其庞大的手机用户资源来开展媒介经营活动，并获得了可观的广告收入。

之前，我国的移动运营商一直将自己标榜为“移动通信专家”之类的角色。然而，在媒介融合及内容产业兴起的趋势下，这些企业的定位都有所改变。比如，中国联通目前正努力由“基础电信网络运营商”向“现代化的综合通信与信息服务提供商”转变，提供的业务也将由原来的以通信为主、以信息为辅，逐步向通信和信息并重的方向调整。语音通讯业务不再是唯一的主营业务，手机电视、手机报、数据服务、移动互联网等成为新的业务增长点①。

【知识回顾】

本章主要介绍新媒体广告市场中的三大主体：广告主、广告代理公司、广告媒介组织。与传统媒体时期的广告主体相比，其存在形态和生存形态都发生了巨大变化。

---

①黄河. 手机媒体商业模式研究[M]. 北京：中国传媒大学出版社，2011：30.

新媒体广告的广告主从来源上看包括传统品牌广告主、新兴的IT企业、小型企业或个人。目前，新媒体广告主数量增长迅速，其中中小型广告主成为主力队伍；行业结构日渐多元化；广告投放方式多样化。从广告观念上看，新媒体广告主重视混媒投放、精准投放、与消费者互动以及性价比最大化。从具体广告行为上看，新媒体广告主的费用控制更为严格，广告计划灵活性提高，对媒体的依赖度降低，对广告公司的专业化要求更高。但是，新媒体环境下的广告主目前也处于面对新媒体的茫然和探索期。

新媒体广告代理公司与广告主类似，并不是孤立的概念，与传统广告代理公司存在千丝万缕的联系。了解传统广告代理公司从媒体掮客业务阶段到专业服务阶段、全面服务阶段的发展历程，有助于帮助我们认识新媒体广告代理公司的发展阶段和未来的发展方向。新媒体广告代理公司的出现滞后于互联网广告的诞生，可划分为新媒体广告代理公司技术型网络广告代理公司诞生阶段、新媒体广告代理全面发展阶段、并购与阵营分化阶段以及向移动代理拓展阶段。目前的新媒体广告代理公司，根据服务内容来看可分为综合服务型广告代理公司、媒介型广告代理公司及技术服务型广告代理公司三种；根据广告代理公司的从属关系来分类，可分为传统广告集团的新媒体业务拓展公司、新媒体下属的广告代理公司以及新兴的独立新媒体广告代理公司三种。从广告代理业的发展趋势上看，市场分工更加明确；市场竞争将由比拼"媒介价格"向比拼"广告效果"转变；跨屏代理将成为未来广告代理公司的发展方向；多重代理将成为常态；优胜劣汰和资本并购将使广告代理公司的市场集中度进一步提高。

新媒体环境下的媒介组织与传统媒体相比具有明显的特点：从规模上看，数量众多，但市场集中度更高；从形态上看，开放、多元、复合是其典型特征；从经营上看，资本运营、并购融合是新常态；从传播特性上看，跨媒体、跨地域经营是发展方向。新媒体媒介组织可分为综合型媒介组织、专业型媒介组织和特殊形态的媒介组织三种典型类别。

【思考题】

1. 新媒体环境下广告主应该如何与消费者沟通？
2. 新媒体环境下广告主应该如何处理与广告代理公司、广告媒体之间的关系？
3. 传统广告代理公司应该如何积极转型？
4. 新媒体广告代理公司如何在技术与创意之间找到平衡？
5. 媒介组织如何处理好信息传播与广告经营之间的关系？

第六章
新媒体广告的市场客体（广告受众）

【知识目标】

☆新媒体广告受众的界定和内涵
☆新媒体广告受众（用户）的特点
☆新媒体广告传播中的受众策略

【能力目标】

1. 理解受众、广告受众、网众、用户、消费者等概念
2. 能从多角度分析新媒体用户的特点
3. 能够解释新媒体用户的消费行为
4. 能够结合案例阐述新媒体广告的受众策略

【案例导入】

2013年夏天，为了迎合年轻消费者，可口可乐悄然推出针对中国市场的新包装，原来一贯的红色包装上的“可口可乐”四个大字消失不见，而是变成了诸如“文艺青年、高富帅、白富美、天然呆、喵星人、闺蜜、吃货”等网络流行语。与此同时，可口可乐整合线上线下营销，进行全面的传播布局，拉开了一场“昵称瓶”夏日卖萌营销大战，并获得极大反响。

可口可乐这一营销活动灵感来源于澳大利亚地区可口可乐“姓名瓶身”创意。当时可口可乐于澳大利亚推出了这一极具个性化产品，用户在社交网站上可以制作定制化的瓶子，同时还能在超市购买到150种印有常见名字的可乐，如果你的名字碰巧不在这150个之列，还可以在当地的购物中心进行免费定制。与澳大利亚市场单纯印有常见名字的做法不同，这次可口可乐在中国市场使用流行的网络用语来替换常见的名字，更加受到人们的欢迎。

在中国可口可乐官方正式宣布换包装的消息之前，可口可乐公司就开始进行营销布局。2013年5月，可口可乐公司首先向各路明星和意见领袖陆续寄出为他们量身定制的“昵称瓶”，所有首批收到定制“昵称瓶”的人同时会收到一张小卡片，邀请他们在社交网络上分享自己收到的礼物。因此，在5月底6月初，网上一共有两千多位明星和意见领袖在社交网站上分享了自己收到的“昵称瓶”。“晒瓶子”这一行为首先在网络上掀起了讨论高潮：“为什么他们会有这样的可乐瓶？”“哪里可以买到？”网友们对瓶子的来源产生了强烈的好奇心，然而可口可乐官方一直保持沉默。5月28日可口可乐开启全面预热营销，在各大社交网站以官方名义每隔两小时陆续放出22款“昵称瓶”悬念帖海报。5月29日，可口

可乐在官方微博正式宣布推出“昵称瓶”包装，发布全新包装的海报。一时间，可口可乐换装的消息遍布微博、豆瓣、天涯、人人等平台；随后，大量传统媒体也跟进报道。紧接着，以五月天为代言的“昵称瓶”广告推出，并建立了“昵称瓶”分享活动网站，网友们可以通过SNS、微博平台分享昵称，同时在1号店和新浪微博上发起定制“昵称瓶”的活动。

从6月初到7月底，“昵称瓶”可口可乐在中国的销量较去年同期增长20%。可口可乐这一营销活动的成功之处在于充分挖掘了新媒体时代目标受众的想法和感受，触及人们的内心，从而让大家愿意参与互动，并与朋友分享，从而在新媒体上形成具有关注度的话题。

在广告传播活动中，广告主、广告经营者、广告发布者是广告市场的传播主体，分别扮演着广告活动的发起人、策划组织者和媒介传播者的角色；而广告传播活动的指向对象则是广告市场的客体。

在传统媒体时期，由于广告市场客体具有被动接受的特性，因此一般称其为“广告受众”。虽然新媒体环境下的广告客体不再是广告信息的被动接受者，而是主动参与者和积极传播者，但为了表明广告市场的客体作为广告信息接受者这一角色特征，本书仍沿用“广告受众”这一概念。在本章中将对受众的概念、变化、新媒体广告受众的特点等内容进行介绍，并以此为基础阐述相应的广告策略。

第一节　新媒体广告受众概述

“受众(audience)”作为一个群体，早在古希腊、古罗马时代就出现了。那些聚集在一起现场观看表演或竞技比赛的城邦观众，就是受众的原始雏形。然而，“受众”作为传播学的一个重要概念，在20世纪以后才出现。在传播学领域，对受众的认识经历了一个漫长而曲折的过程。受众的概念随着媒体技术的发展而不断扩展，尤其是随着新媒体环境下信息传播方式变革，受众的内涵和外延更是发生了深刻变化，因此我们需要对这一概念进行重新界定和阐释。

一、受众概念的演变

对于“受众”这个概念，国内传播学者有不同的理解。郭庆光教授认为，受众既包括接受大众传播媒体所传递的信息的大众群体，也包括通过其他传播方式和手段在小范围信息交流的个体[①]。邵培仁教授认为，受众是指大众传播媒体的信息接受者或传播对象，是读者、听众和观众的集合[②]。一般认为，广义的受众指的是一切传播过程中的信息接受者。狭义的受众指的是大众传播媒体中的信息接受者，包括传统媒体中的读者、听众、观众以及新媒体用户。

---

①郭庆光. 传播学教程[M]. 北京：中国人民大学出版社，1999：167.

②邵培仁. 传播学[M]. 北京：中国人民大学出版社，1999：196.

（一）受众与受众观发展从“被动”走向“主动”

受众以印刷媒体的出现为标志分为古代受众和现代受众。

古代受众最早可溯源到古希腊、古罗马时期，当时的受众指戏剧、竞技、音乐表演等世俗性公共事件的观看者，通常是在一定的时间和空间下，一边听一边看现场表演，同时能够做出即时而且直接的反馈。古代受众规模一般较小，行为具有更多的公共性[①]，即多是在公共场合出现，接受信息的方式是公开性的，而非封闭、分散、私人性的。这样的受众形态也一直延续到了今天，即音乐会、演唱会、歌剧、话剧等现场演出的观众，也就是说古代受众的形态保留到了现在，成了现代受众的一部分。

现代受众的产生起源于印刷媒体的出现，随着媒介技术的变革而发展，形态不断变化，身份也不断变化，包括书籍报刊的读者、电影电视的观众、无线广播的听众以及新媒体的用户。15世纪之后，随着印刷媒介的出现，诞生了“阅读公众”这一群体，他们是有一定社会地位和阅读技能，选择相同文本，具有一定自主性的个体集合。有的学者认为这是最早的大众媒介受众。19世纪末，电影的发明和影院放映方式的出现标志着第一个社会科学意义上的受众概念的诞生，数以百万计的人们一起分享相同的、经媒介传播的情感和体验，批量生产的拷贝传播，取代了个性化的、活生生的现场表演和互动[②]。20世纪20年代，无线电广播的发明又将受众的身份拓展到广播听众。20世纪30年代，电视的出现又产生了电视观众，现代受众的概念进一步拓宽。20世纪末，计算机和网络技术的发展催生了新媒体的诞生，现代受众的范畴进一步扩大到互联网网民和手机用户，这些也可统称为新媒体用户。而新媒体也让“受众”一词的传统意义受到挑战。新媒体将传统的“点对面”的传播方式变成了“点对点”的传播方式，同时，新媒体技术强化了传播的双向性，实现了媒体与受众之间的互动性传播。受众不再是信息的被动接收者，他们可以积极参与到新媒体信息的生产和传播中，这就导致在传播过程中，传播者与受众之间的界限逐渐模糊。此外，受众由过去表现为“不定量”的“多数”的“群体”演变为具有自主性和个性化需求的“个体”。“受众”这个词的概念已经无法准确表达它丰富的含义了。因此，在新媒体领域，有些学者尝试在学术表达里使用“阅听人”“用户”“使用者”“网众”等概念替代“受众”这个词。

在传播学历史上，受众观的发展经过了三个阶段的变化：第一阶段是将受众作为社会群体成员，第二阶段将受众作为市场，第三阶段是将受众作为权利主体。这些受众观都只强调了受众某个方面的特点，有一定的代表性，也有一定的局限性。最初的受众观将受众作为社会群体成员来研究，认为受众是一大群呈原子结构的、沙粒般的、分散的、无防护的个人，这些人在大众传媒面前毫无抵抗力，只能被动地接受大众传媒有计划、有组织的信息传播活动，此时的受众是完全被动的；后来研究者们认识到，作为社会群体成员的受众，具有不同的社会背景和群体背景，因此对大众传媒的信息需求、接触和反应方式也各不相同，受众开始具有一定的主动性；还有些研究者认为受众是信息产品的消费者和大众传媒的市场，传媒与受众的关系变成“卖方”和“买方”的关系，媒介机构为了赢得受众市场，进

---

①［英］丹尼斯·麦奎尔.受众分析［M］.北京：中国人民大学出版社，2006.

②［英］丹尼斯·麦奎尔.受众分析［M］.北京：中国人民大学出版社，2006.

行激烈的竞争，受众的主动性得到进一步认识。然而，这种受众观是从传媒的立场出发，没有认识到受众的权利主体地位。有的研究者们把受众看作是社会成员和公众，认为受众是在大众传播过程中享有传播权、知晓权和传媒接近权等基本权利的主体。此时，受众的权利主体地位才真正被人们认识到。受众不再是被动接受媒介信息的大众，而是具有主动性，甚至具有内容生产和传播能力的社会公众。

（二）受众内涵变化从“受众”转向“用户”

如前文所述，在新媒体领域，传者与受者的界限逐渐模糊，“受众”一词似乎已难以充分诠释其所代表的全部内涵。因此有学者提出了“阅听人”“用户”“使用者”和“网众”等概念来代替“受众”一词。其中，“用户”和“网众”两个概念是目前学者们使用和讨论较多的概念。

1. 受众与用户

在新媒体时代，受众不仅仅是信息的接受者，而且是利用信息完成自身活动的社会个体。作为媒介信息接受者的“受众”概念在这样的语境下已经不合时宜，因而有的学者认为，“用户”作为技术使用者这一术语更适合用于描述这一概念。

从定义上看，“受众”指的是大众媒体的信息接受者。“用户”广义上指的是某一种技术、产品、服务的使用者，狭义上指的是新媒体的使用者。从字面意义上来看，二者的本质区别在于主动和被动的区分。“受众”主要强调“被动接受”，而“用户”主要强调“主动使用”。

从传播学角度分析，“受众”和“用户”主要有以下四个方面的区别。

第一，从信息控制角度看，受众是模糊的，用户是具体的。受众通常是呈原子结构的、沙粒般的、分散的、由个人组成的社会群体，在传播链条中处于被主导地位，媒体传播什么，受众就接受什么。由于其模糊性，媒体只能做大众传播，针对一类人或一群人传播信息。而用户是具体的、清晰的、细分的，每一台连接互联网的电脑都有独立的 IP 地址，每一个入网的手机用户都有具体的个人资料存在运营商的用户档案里。因此“用户”对应的是“精准传播”。

第二，从行为态度角度看，受众是被动的，用户是主动的。在传播过程中，受众通常是客体，被动地接受大众传播的信息。而用户既可以是主体也可以是客体，在传播链条中处于主导地位，用户与产品或服务的提供者是有协议的，产品或服务的提供者要为用户着想，为用户服务，为用户解决问题。用户需要什么，就提供什么。

第三，从传播效果角度看，受众仅仅产生接受行为，而用户可以产生消费行为。在传统媒体的传播过程中，受众处在单向信息流的下游，往往信息只是简单地从传者经由传统媒体这一介质到达受众就完成了一次信息的传播。受众在接受信息之后停留在“认知”或“态度”阶段，不具备立即产生某些行动的条件。而“用户”因为新媒体的交互性和便捷性，能迅速参与到其中，做出反应，表明态度，采取行动。例如手机淘宝用户接收到广告信息的时候，可以迅速产生购买行为；大众点评用户在搜索到饮食等生活信息的时候也可以迅速产生消费行为。

第四，从地位角度看，受众处于劣势地位，用户处于平等地位。“受众”的模糊性，决定了其在传播链条中处于被主导地位，媒体传播什么，受众就接受什么。而“用户”在传播过程中既可以是接受者，也可以是传播者，因此与媒体处于完全平等的地位，这是对过去传统媒体格局下“传者”和“受众”关系的彻底颠覆。

新媒体时代，受众变得更主动，更富选择性、个人化、自主性和多元化，兼为媒介内容生产者和消费者，因此传统受众理论面临挑战，引入“用户”这一概念在一定程度上可以推动受众理论向前发展。

2. 受众与网众

“网众”的提出也是因为有学者认为传统的大众传播理论和受众研究理论并不适合描述新媒体，从而提出“网众”一词来替代“受众”的概念。“网众”的概念首先是由北京师范大学的学者何威提出的。他认为，“人们通过积极的媒介使用行为，以跨越各种媒介形态的信息传播技术为中介相互联结，构成了融合信息网络与社会网络的新型网络，成为‘网络化用户’，网络化用户的集合即‘网众’”①。

使用“用户”一词取代“受众”是立足于个体性，而使用“网众”一词取代“受众”是立足于群体性。“网众”与“受众”的区别表现在以下方面。(1)从个体差异性来看，网众是多元化、个性化的，而受众是同质化的，差异小。(2)从个体间的联系看，网众之间的联系松散而广泛，有大量弱联结，受众是原子化的，如沙粒般彼此缺乏联结。(3)从个体身份信息看，网众趋于真实固定的身份，有选择地公开隐私，而受众是匿名的，高度隐私的。(4)从个体间权利关系上看，网众在技术上是平等的，在结构上不平等；而受众之间没有权利互动关系，信息传受双方权利不平等，受众处于被动地位。(5)从信息关系上看，网众是信息生产者、发布者、传递者和接受者，是网络中的节点；而受众是信息接受者，是大众传播网络的终端。

网众的概念与受众有重合的部分，也描述了受众这一概念无法涵盖的部分。网众并不是经典传播理论所想象的“大众社会”或“小型社群”中的任何一种媒介受众类型，因而可能成为新理论生长的基础。

可以说，无论是“用户”还是“网众”都较准确地描述了新媒体受众的特点和形态，为了统一概念，在后文中我们一律采用“新媒体用户”概念来取代“新媒体受众”这一概念。

二、广告受众的概念界定

广告受众是按信息内容的不同由“受众”划分而来的次级概念。广告受众具有传播学范畴中受众的一般属性，同时也有它的特点。较之于大众传播意义上的受众，广告受众有两个特殊之处。第一，广告受众这一概念的覆盖面更广。广告受众不仅包括大众传媒的广告信息接受者，还包括路牌、信函、传单、楼宇视频等小众媒体的广告信息接受者。第二，相对于其他传播类型的受众，广告受众有其特定的角色特点。例如新闻信息受众往往扮演社会的关注者这一角色，而广告受众的角色主要是商品或服务的消费者，有其特定的消费需求、消费心理和消费行为。

具体来说，可以从两个层次来理解广告受众的概念：第一个层次为广告媒介受众，即通过某一种或者某几种媒介接触到广告信息的受众；第二个层次为广告目标受众，即广告传播所预设的目标群体，也就是广告的诉求对象。此外，由于广告受众的角色特点，其与

①何威.网众与网众传播——关于一种传播理论新视角的探讨[J].新闻与传播研究，2010(05).

消费者的概念也颇为密切。以下对这几个相关概念进行梳理。

(一) 广告媒介受众

广告是一种非人际的信息传播活动,需要通过一定的媒体进行传播,包括各种大众媒体和小众媒体。在广告传播发生之后,通过这些媒体实际接触到广告信息的人群就是广告媒介受众。按照媒体种类来分,广告媒介受众可以分为报纸广告受众、广播广告受众、电视广告受众、新媒体广告受众等。对媒体进行划分的意义在于,可以根据不同媒体的传播特点、受众的媒介接触行为和媒介接触习惯,来制定有效的广告策略并进行广告投放。本章讨论的内容就是按照媒体形式进行划分的广告受众类型,即新媒体广告受众。

(二) 广告目标受众

所谓广告目标受众,是广告主在广告传播活动发生之前,根据广告活动的目标要求,预设的广告诉求对象。广告目标受众一般是针对特定的广告活动而言的概念。

广告的目标受众主要包括三种类型。(1)普通消费者。他们是为了满足个人需求和欲望而购买产品或服务的人群,既可能以家庭为单位,也可能以个人为单位,是广告活动的主要传播对象。(2)组织中的决策者。他们通常由企业、社会团体、政府机关等组织用户构成一个产业或组织市场,广告主要针对其中的决策者。(3)商品经销中的采购员。他们是流通行业负责采购的决策人员。

对广告目标受众进行准确定位,有助于有的放矢地制定广告策略。

(三) 广告媒介受众和广告目标受众的关系

广告媒介受众和广告目标受众是属于两个不同层面上的概念。并不是所有的广告媒介受众都会受到广告信息的影响而产生消费行为,也并不是所有的广告目标受众都能通过媒介接触到广告信息。有些广告媒介受众虽然接收到广告信息,但并未受到任何影响。只有部分广告媒介受众接收到广告信息之后会产生直接购买行为或影响他人购买的行为。这一部分人就是广告的有效受众,这部分人通常也属于广告传播方预设的广告目标受众。所以广告媒介受众与广告目标受众的重合部分,就是广告的有效受众。

从两个概念的定位来看,广告媒介受众更为宏观,了解广告媒介受众的特征有利于我们把握整体广告行业和广告策略的发展趋势;而广告目标受众则较微观,常针对特定的广告活动,对广告目标受众的准确细分和研究有助于广告活动效果的提升。

由于本书主要侧重对整体新媒体广告市场运作规律的认识,因此本章后面提到的广告受众主要指的是广告媒介受众。

(四) 广告受众与消费者

消费者是指购买、使用各种产品与服务的个人或组织。消费者可分为"实际消费者"和"目标消费者"。"实际消费者"指的是消费某些特定产品或服务的消费者。"目标消费者"是企业通过市场细分设定的服务对象。

如前文所述,商品或服务的消费者是广告受众角色的重要表现,虽然广告受众与消费者并不完全重合,但广告目标受众与目标消费者作为广告活动预设和企业营销预设,却是从传播和营销两个不同角度对同一对象的表述。因此，对目标消费者的研究具有重要意义，尤其是对存在共性特征的消费需求、消费心理和消费行为进行归类和分析，对广告传播活动具有重要的指导意义，能帮助决策者有针对性地制定广告策略，以尽可能少的成本获取最大的广告效果。

综上所述，广告媒介受众、广告目标受众、目标消费者这三个概念对于广告传播来说均具有重要意义。要想取得理想的广告传播效果，首先要正确地从整体消费市场中找到企业产品或服务的目标消费者，从而确定广告目标受众，同时通过媒介的组合搭配，力争广告媒介受众与广告目标受众尽可能重合。

三、新媒体广告受众

新媒体广告受众，简而言之，就是新媒体广告信息的接受者。新媒体广告受众是根据媒介类型对广告受众的分类。本书认为狭义上的新媒体主要是指网络媒体、手机媒体以及具有新媒体特征雏形的互动性电视媒体。因此，本章所讨论的新媒体广告受众是指通过网络媒体、手机媒体和互动性电视媒体接受广告信息的人群。

新媒体广告受众同样包含媒介受众和目标受众两重含义。从广义上说，所有的新媒体用户都是新媒体广告的潜在媒介受众，因此对新媒体广告受众的分析，实质上是对新媒体用户的深度认识。

第二节　新媒体广告受众的特点

新媒体广告受众作为新媒体这一新型媒介的使用者，与传统媒体受众相比具有诸多不同的特点，以下分别从总体特征、结构特点、行为特点三个方面进行介绍。

一、总体特征

新媒体广告受众的总体特征是指其相对于传统的报纸广告受众、广播广告受众、电视广告受众而言所表现出来的群体性差异和独有的特点。在这里实质上指的是新媒体用户在存在形态和行为模式上表现出的共性特点。具体表现为如下几个方面：

（一）个体性

个体性主要是指新媒体广告受众具有个性化特点和需求。在传统媒体中，广告信息的传播方式通常是“点对面”的。广告受众被视为一个群体，具有一定的群体性特征，广告受众通过同一种媒介接触同样的信息。广告传播者正是站在这一角度上来制定相应的广告策略。但由于通常广告媒介受众和广告目标受众并不完全重合，并不是所有人都会受到这些广告信息的影响，因此广告主投放在传统媒体中的大量预算被浪费在无效的人群之中。

新媒体环境中，传统的“点对面”传播方式变成了“点对点”的传播方式，每个新媒体用户都具有鲜明的个性化特征和个性化需求，并可以依托新媒体这种新型媒体形态来获取多样化的需求，如通过搜索引擎搜索自己感兴趣的信息，通过邮件订阅信息，选择微博关注对象，拒绝不感兴趣的信息等，新媒体技术让人们的个性化得到充分彰显。从广告传播的角度来看，新媒体技术使广告传播从大众化变得小众化甚至个人化，广告主可以按照受众个体特点和需求量身定制个性化信息。

（二）聚合性

新媒体技术凸显了广告受众的个体性，促进了市场的细分，让广告受众越来越分散，呈“碎片化”态势，然而这种“碎片化”并不是绝对的。随着互联网的广泛运用，新媒体广告受众在网上的互动集群性增强，分散的、碎片化的受众又按一定的特点或标准聚合起来。新媒体广告受众通过新媒体网络的联结，依据不同的特点或共性重新聚合成不同的群体，这一特性就是新媒体广告受众的聚合性。

新媒体广告受众的聚合性首先表现在个体由于某些共性聚合成群体。现代科技的迅速发展，缩小了地球上的时空距离，让“地球村”成为可能。互联网打破了空间隔阂，让不同地域的人都能够在互联网上重新聚集起来，形成各种各样的不同类型的群体。在互联网上，人们因为相似的生活方式或共同的兴趣爱好而聚合在一起，形成不同的网络虚拟社区。网络虚拟社区是由具有共同兴趣或需要的人们组成的，他们分布于各地，通过互联网聚集在一起，讨论共同的兴趣爱好，分享某种程度的知识和信息，从而形成具有文化认同感的共同体。网络虚拟社区的形式多种多样，包括社交网站、博客、微博、微信等，如天涯论坛、百度贴吧、豆瓣网、人人网、开心网。

聚合性其次还表现在个体力量聚合成社会力量，对整个新媒体环境造成一定的影响。郭庆光教授在《传播学教程》一书中指出，作为权利主体的受众拥有传媒接近权，即一般社会成员利用传播媒介阐述主张、发表言论以及开展各种社会和文化活动的权利，同时，这项权利也赋予了传媒应该向受众开放的义务和责任[①]。但是在传统媒体环境中，受众的这项权利很难实现。而新媒体技术让这种权利的实现成为可能。新媒体环境下，每个人都可以在网上自由地发言，表达自己的意见和看法。人们既是受众又是传者。特别是微博的出现，开辟了主流媒体之外的另一个舆论阵地。新媒体技术赋予了个体更多的话语权和更大的潜在能量，众多的个体能量汇聚在一起就会形成强大的社会能量，造成巨大影响。这种能量的聚合效应，对广告传播活动是一个很大的机遇。在广告传播中如果能利用受众的聚合效应，会起到事半功倍的效果。“社会化营销”正是利用了新媒体广告受众的聚合性，由于受众在各种社会化媒体上的聚合而形成了各种关系链，社会化营销在关系链中的某一个点注入信息，然后通过关系网广泛而快速地传播出去，从而取得良好的传播效果。

（三）自主性

“自主性”指的是新媒体广告受众对广告信息的接收有了更多的决定权和选择权。网络技术使得受众根据自己的需要“拉出”信息成为可能，也就是说，受众可以更加自由地选择自己喜欢的网站、信息或服务[②]。同样，新媒体广告受众可以自由地寻找自己需要的广

---

①郭庆光. 传播学教程[M]. 北京：中国人民大学出版社，1999：179.

②彭兰. 网络传播学[M]. 北京：中国人民大学出版社，2009：302.

告信息，可以借助软件屏蔽自己不需要或反感的广告信息，甚至可以通过付费成为网站的会员而免于接收广告信息。

在传统媒体环境下，广告受众对广告信息的接触往往要受到媒体的限制，广告受众何时何地得到何种信息完全由媒体决定，受众最多只能选择看或者不看。此外，受众对信息的接触还要受到时间和空间的限制，人们只能按照电视台、电台的时间表来安排自己的行动，只能在某个固定的空间里来看电视。对电视台、电台播放的广告信息，受众很多情况下都是被迫接受的，受众不能决定电视里播放的是什么，最多只能选择换台，但换台又有可能会错过自己喜欢的节目。而在新媒体环境下，这种情况被颠覆了，新媒体广告受众有了更多的自主选择权。特别是智能手机、平板电脑等移动终端的出现，让受众可以摆脱时间空间的限制，随时随地接触媒介信息。

新媒体广告受众的自主性给广告传播方带来一定的挑战，这就意味着广告传播方不能再依赖自己在传播过程中的强势地位来进行粗暴的广告传播，而是要不断地研究广告受众的心理需求、接触行为、消费行为等，注重广告创意和内容，在传播手段和方式等方面也要做出相应变革，尽量与受众心理契合。

（四）参与性

与传统媒体受众不同，新媒体受众具有强烈的参与精神，这是由新媒体的互动性的本质决定的。因而新媒体广告受众在广告信息的传播活动中具有主动的参与性。

在传统媒体的广告信息的传播过程中，受众只是被动接受广告信息，很难与广告形成互动。而在新媒体环境下，受众可以和广告自身形成双向的互动交流，甚至可以参与到广告传播活动中。新媒体广告受众的参与性主要表现在三个方面。

1. 扩散性参与

新媒体广告受众通常会通过微信、微博、论坛、社交网站等转发或分享自己认为有意思或者有用的广告信息。“病毒营销”就是通过利用新媒体广告受众的积极性和人际网络，让广告信息像病毒一样传播和扩散，快速传向数以万计甚至百万计的受众。

2. 互动性参与

新媒体广告受众可以直接点击进入他们感兴趣的产品或服务的企业品牌网站，进行信息了解、在线交流、意见反馈或产品体验等互动活动。他们可以点击网页广告链接，可以利用搜索引擎寻找自己需要的广告信息，可以主动订阅电子邮件广告、手机短信广告等。

3. 提升性参与

有的时候，即使新媒体广告受众不直接传播、扩散广告信息，他们对某一广告的关注、讨论、模仿甚至是恶搞等行为，也会在很大程度上提升该广告的关注度和影响力。例如2010年8月“凡客体”在网上的风靡，就是网友模仿凡客诚品的广告形式在网上掀起一股恶搞狂潮。在此过程中，凡客诚品的品牌知名度和影响力也得到极大提升。

二、结构特点

正如前面所言，从广义上说，所有的新媒体用户都是新媒体广告的潜在受众，因此，了解新媒体用户的结构特点，可以从宏观上认识新媒体广告潜在受众的情况。

目前，从全球范围来看，新媒体使用的普及率已经比较高，在美国、日本等发达国家，新媒体的普及率已经赶上了四大传统媒体，也就是说几乎全民都是新媒体用户。而在我国，虽然近几年新媒体普及率迅速提高，但是，由于年龄差异、城乡差异、文化层次差异等因素的影响，新媒体用户的结构仍有自身的特点，不同人群的媒体使用习惯也存在群体化差异。

以下主要从总体网民规模、城乡结构、性别结构、年龄结构、学历结构、收入结构等几方面介绍我国新媒体用户的基本情况。

（一）总体网民规模

截至 2014 年 12 月，我国网民规模达 6.49 亿，互联网普及率为 47.9%。我国手机网民规模达 5.57 亿，使用手机上网的人群占总体网民比例为 85.8%①。这些数据显示了两个趋势，一是我国互联网网民规模持续不断扩大，二是互联网的使用逐渐移动化。由此可见新媒体广告受众的规模还会持续扩大，其中使用移动互联网的受众也会越来越多，新媒体广告市场还会有长足发展，而移动互联网广告市场将会成为新的增长点。

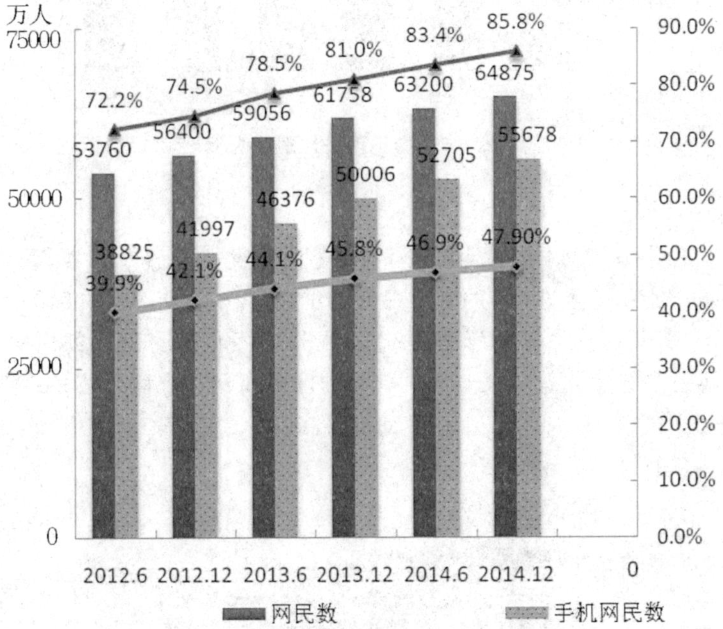

图 6-1　中国网民规模和手机网民规模②

（二）城乡结构

从 2012 年 6 月至 2014 年 12 月，整体上看，我国网民中城镇网民与农村网民比例变化不大，城镇网民占了网民总数的七成以上，是网民的主体构成人群。

①数据来源：CNNIC《第 35 次中国互联网络发展状况统计报告》。

②数据来源：根据 CNNIC 第 30 次、31 次、32 次、33 次、34 次、35 次《中国互联网络发展状况统计报告》整理。

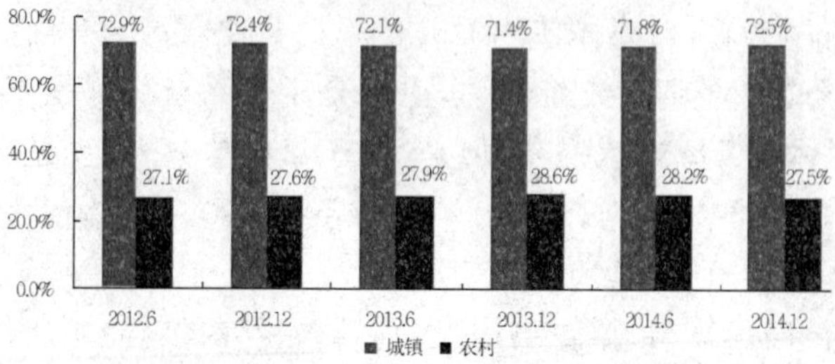

图 6-2 中国网民城乡结构①

（三）性别结构

从 2012 年 6 月到 2014 年 12 月，我国网民男女比例基本稳定，与总人口中的男女比例也基本相符。男性网民略多于女性网民，总体上看，我国网民在性别结构方面比较均衡。

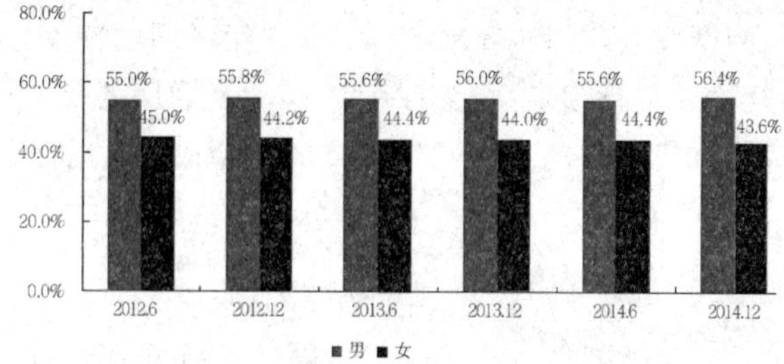

图 6-3 中国网民性别结构②

（四）年龄结构

从 2012 年 12 月至 2014 年 12 月我国各年龄阶段网民的分布来看，我国 10～49 岁的网民占了大部分比例，根据图 6-4 的数据显示，2012 到 2014 年，这一年龄段的网民比例分别为 92.1%、91.3%、90.4%。而年龄两端，10 岁以下和 60 岁以下的网民比例最少。此外，有一个值得关注的变化趋势是，50 岁以上的网民比例呈逐年上涨的态势，这说明老年网民的数量在逐年增多。

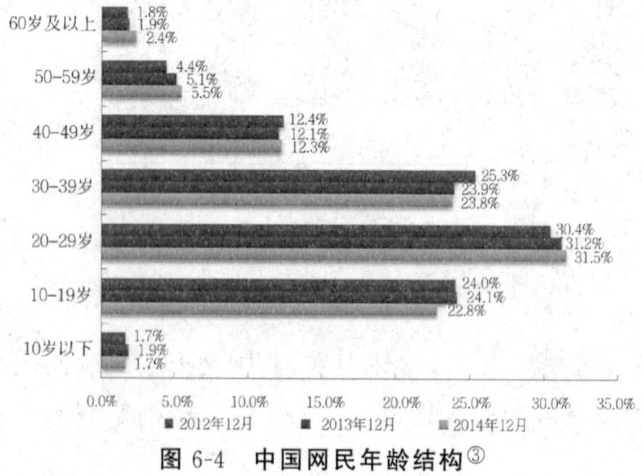

图 6-4 中国网民年龄结构③

①数据来源：根据 CNNIC 第 30 次、31 次、32 次、33 次、34 次、35 次《中国互联网络发展状况统计报告》整理。
②数据来源：根据 CNNIC 第 30 次、31 次、32 次、33 次、34 次、35 次《中国互联网络发展状况统计报告》整理。
③数据来源：根据 CNNIC 第 30 次、31 次、32 次、33 次、34 次、35 次《中国互联网络发展状况统计报告》整理。

（五）学历结构

根据图 6-5 中数据，从 2012 年 12 月到 2014 年 12 月，中国网民初中及以下学历人群占比分别为 46.5%、48.4%和 47.9%，呈上升趋势；高中及以上学历人群占比分别为 53.5%、52.1%和 52.1%，呈下降趋势。互联网网民逐渐向低学历人群扩散，由此可见，新媒体广告受众越来越大众化。

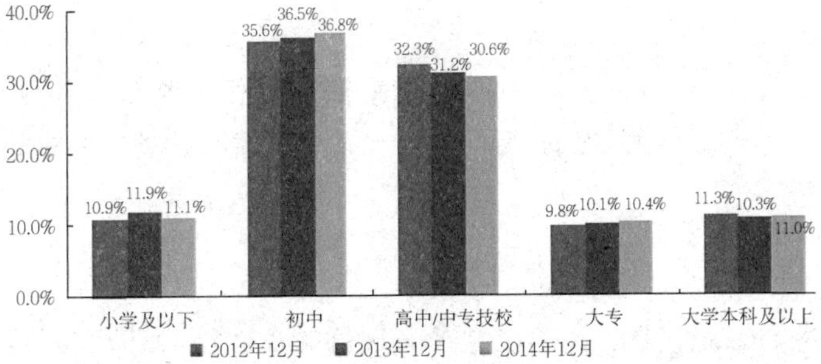

图 6-5 中国网民学历结构①

（六）收入结构

从 2012 年 12 月到 2014 年 12 月的数据显示，整体网民中月收入在 1500 元以上的人群占比呈上升趋势，月收入 1500 元以下的人群占比呈下降趋势，这与我国居民收入的增长趋势相符。此外，2001～5000 元收入区间的网民占比较多，即我国网民中等收入的占主体。

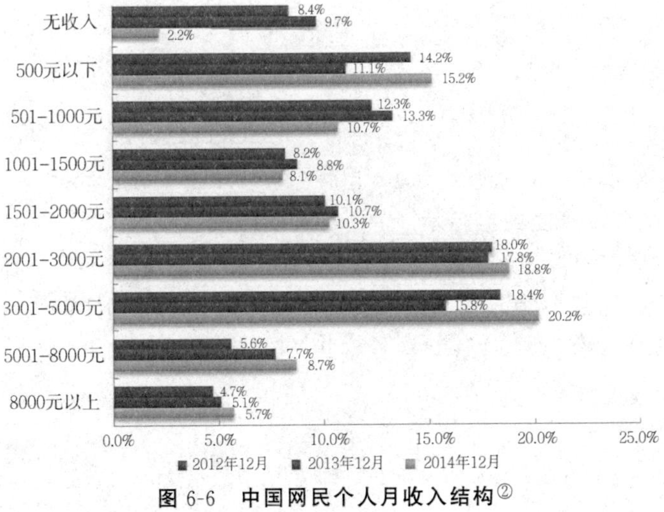

图 6-6 中国网民个人月收入结构②

根据以上数据，我们可以得出以下结论：

新媒体广告受众结构更加均衡。从城乡、性别、年龄、学历、收入结构来看，我国互联网用户已呈现全民化的发展态势，网民群体已经没有互联网刚兴起时的精英化特点，而是趋于多元化、大众化，分布更加广泛。

①数据来源：根据 CNNIC 第 30 次、31 次、32 次、33 次、34 次、35 次《中国互联网络发展状况统计报告》整理。

②数据来源：根据 CNNIC 第 30 次、31 次、32 次、33 次、34 次、35 次《中国互联网络发展状况统计报告》整理。

新媒体广告受众规模将继续扩大。我国的互联网普及率与发达国家超过70%的普及率相比,还是有一定差距的,这也说明我国互联网还有较大的市场上升空间。

新媒体广告受众逐渐向移动互联网转移。近几年来,我国手机网民在总体网民中占比一直呈上升趋势,并于2014年6月首次超越传统PC端网民规模①。由于通信技术和移动设备的不断发展,移动互联网将会越来越受到新媒体广告受众的青睐。

三、行为特点

了解新媒体广告受众的行为特点,对广告传播方具有重要意义。只有熟悉新媒体广告受众的媒介习惯和态度偏好,才能在广告投放活动中有的放矢,迎合受众,优化广告传播效果。

(一)新媒体广告受众的媒介习惯

如图6-7显示,2013年中国网民接触时间最长的媒体仍然是互联网,比例为83.5%,远超过接触其他媒体的时间②。与2009年数据相比,中国网民接触传统媒体的时间均有所下降。对新媒体广告受众来说,互联网在生活中占据了重要的一部分。

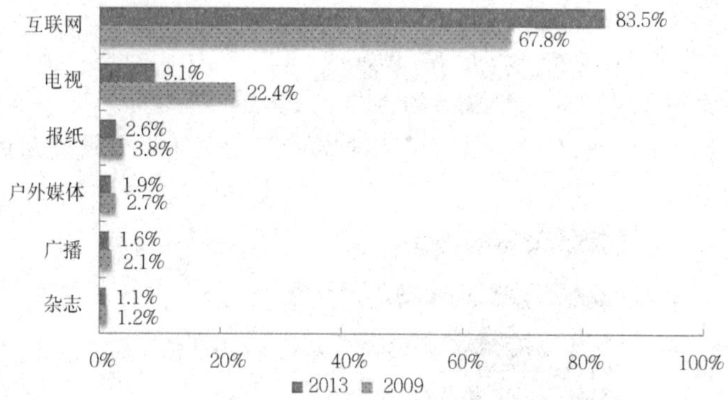

图6-7 2009年与2013年中国网民接触时间最长的媒体分布③

如图6-8,艾瑞咨询集团数据显示,2013超六成网民关注最多的网站是"购物类网站""搜索引擎"与"综合门户网站",占比分别为76.4%、68.8%与68.8%。而"视频网站""社区、博客"及"微博"的关注度也接近或超过六成。2013年中国网民点击广告最多的网站为"购物类网站""综合门户网站""搜索引擎"和"视频网站",占比分别为57.3%、42.1%、41.7%与41.3%。④

①数据来源:CNNIC《第34次中国互联网络发展状况统计报告》。
②艾瑞咨询:《中国网络广告用户行为研究报告》,2014。
③艾瑞咨询:《中国网络广告用户行为研究报告》,2014。
④艾瑞咨询:《中国网络广告用户行为研究报告》,2014。

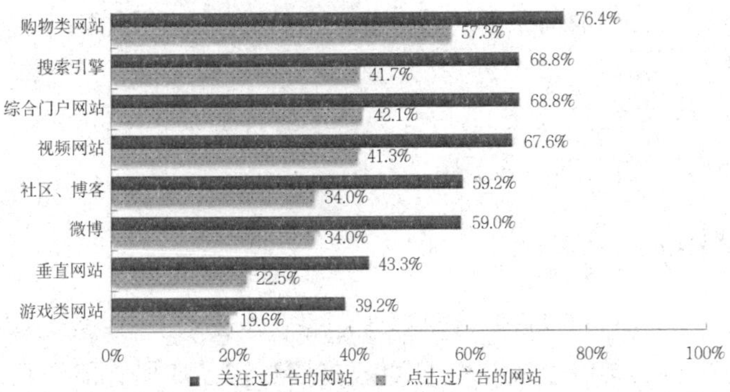

图 6-8 2013 年中国网民关注与点击广告的网站情况①

（二）新媒体广告受众的态度偏好

新媒体广告受众对广告的态度偏好，对广告传播活动有重要影响。广告传播者只有了解了受众的喜好，才能够投其所好，从而让广告信息得到更广泛更深入的传播。根据艾瑞咨询对中国网络用户行为的调研结果，中国网民最喜欢有创意的广告内容，最反感强迫性广告，对广告传达的优惠信息最感兴趣。

中国网民对网络广告的总体态度是“一般”，持这一态度的网民占比为 60.4%。对广告的态度为“可以接受”的网民占比 19.9%，而对广告“比较反感”的网民占比为 19.7%，从这些数据看，中国网民对广告的总体态度比较理性。

对于最吸引中国网民的广告展现因素中，“广告内容及创意”因素排在首位，占比 64.1%，是最重要的因素。排在第二位的是“广告展现形式”因素，占比 32.6%，其他影响因素还有广告投放时机、广告位置、广告出现频次和广告尺寸，但这些因素对网民的影响比较小。网民最关注的还是“广告内容及创意”，因而广告传播方在生产制作广告的时候，首先应该重视广告创意，在好的内容和创意的前提下再做其他方面的优化。

在吸引网民关注和点击方面，“广告传达的优惠信息”是最能引起网民关注的，这一因素占比为 35.1%。其他因素例如“广告文案好”占比 34.9%，“和用户的相关性强”占比 33.7%，“广告视听效果好”占比 33.6%，这些也都是较为重要的关注因素。

在中国网民对网络广告反感的原因方面，“广告自动弹出影响用户体验”这一因素排在第一位，占比 44.9%，“有些广告强制关不掉”排在第二位，占比 41.8%，排在第三位的是“广告阻碍浏览内容的连续性”，占比 41.1%。总之，网民对强迫性广告最反感。因此广告传播方在传播广告的过程中一定要充分考虑受众的感受，尊重受众的自主性。

第三节 新媒体广告受众的消费行为

任何商业性广告活动，其最终目的是为了促使受众产生消费行为，因此，消费者的行为洞察是广告人员制定广告战略和创意策略的根本落脚点。随着新媒体的普及，尤其是

①艾瑞咨询：《中国网络广告用户行为研究报告》，2014。

电子商务的广泛运用，人们的消费模式和消费行为受到了巨大影响，伴随着数字技术成长起来的“数字原住民”，其消费理念更是发生了翻天覆地的变化。只有深入了解新媒体环境下消费者的群体特征、决策过程、消费模式以及影响他们消费行为的因素等，才能有的放矢地制定符合消费者需求的广告策略。

一、消费者的类型划分

消费者是一个庞大的异质群体，这个群体中的个体在年龄、性格、学历、职业、收入、购买习惯、媒介接触等方面都有显著差异，因此没有哪种产品或服务能满足所有消费者的需求。企业的产品或服务通常都有特别针对的市场，明确应为哪些消费者服务，满足哪些消费者的需求，这些消费者就是企业产品或服务的目标消费者。界定目标消费者则要对消费者进行类型划分。

传统意义上一般可根据四类变量进行消费者类型划分：地理变量、人口统计变量、心理变量以及行为变量①。为了更加全面准确地描述消费者特征，这些变量通常是组合使用来对消费者进行类型划分，而不是单一采用某一变量。新媒体环境下的消费者同样可以此作为基本的划分依据。

（一）根据地理变量进行消费者划分

地理变量指的是消费者所处的地理位置和自然环境，包括国家、地区、城市规模、气候、人口密度、地形地貌等因素。处在相同地理环境下的消费者对于同一类产品往往有相同的需求和偏好，而处在不同地理环境下的消费者往往有不同的需求和偏好。例如不同地域的人们在饮食上有不同的偏好，不同气候下的人们在衣着上也有不同的需求。目前，虽然网络技术拉近了身处不同地域的消费者之间的距离，人们通过网络购物可以随时买到来自世界各地的物品，但是消费者实际所生活的环境仍然会对消费行为产生重要影响。

（二）根据人口统计变量进行消费者划分

人口统计变量包括年龄、婚姻、职业、性别、收入、文化程度、家庭生命周期、国籍、民族、宗教、社会阶层等因素。人口统计变量是消费者类型划分中的一个重要因素。例如不同年龄的人们有不同的消费需求，不同收入的人们有不同的消费能力，不同社会阶层的人们也有不同的消费偏好等。

（三）根据心理变量进行消费者划分

心理变量主要包括消费者的社会阶层、生活方式、个性特点、消费观念等因素。例如处于同一社会阶层的人们具有类似的价值观、兴趣爱好和行为方式，不同阶层的人们在这些方面则有较大差异。心理变量是企业进行消费者划分时更加深入的标准。

（四）根据行为变量进行消费者划分

行为变量指的是消费者对产品或服务的了解程度、态度、使用情况等因素。主要包

---

①张金海.新编广告学概论[M].武汉：武汉大学出版社，2009：162.

括：(1)使用场合，例如消费者使用产品是在一般场合还是在特殊场合；(2)追求利益，即消费者购买某种产品是为了追求质量、服务或经济实惠；(3)使用者状况，即某种产品的消费者可分为未使用者、以前使用者、潜在使用者、初次使用者、经常使用者；(4)使用率，指消费者对某种产品的使用频率是轻度使用、中度使用或重度使用；(5)忠诚程度，包括无忠诚度、中等忠诚度、强烈忠诚度和绝对忠诚度；(6)准备阶段，指消费者在购买行为达成之前对产品的了解情况，包括不注意、注意、知道、感兴趣、想买、打算购买；(7)对产品的态度，指消费者对产品是热心、肯定、漠不关心或者是否定敌视的态度。行为变量是与消费者行为本质更为相关的划分标准，对企业制定广告策略和营销策略具有重要影响。

在新媒体时代，信息的海量性和易得性使人们可以不受限制、不加过滤地接触到各种各样的信息，获得更多的市场资讯。消费者市场也不再是稳定的、单一的，而是动态的、复杂的。对消费者进行类型划分除了依据上述变量之外，还要充分考虑到新媒体时代消费者的异质性。

二、新媒体环境下广告受众的消费行为特点

互联网和移动互联网的广泛应用，给人们的生活带来了诸多便利，人们的消费行为逐渐趋向于网络化和移动化，线上和线下消费行为都发生了深刻变化。根据中国互联网络信息中心 CNNIC 发布的《第 37 次中国互联网络发展状况统计报告》，截至 2015 年 12 月，我国网络购物用户规模达到 4.13 亿，占全部网民数量的 60%，而且这一比例呈逐年上升态势。网络购物已不是年轻人的专利，而是渗透到了各个年龄层，成为大众化的消费方式；从购买的物品种类看，从过去最基础的衣包鞋帽，发展到了几乎与传统消费渠道完全重合的方方面面，小到一粒纽扣，大到车和房。此外，从线下消费行为来看，新媒体平台中的商品信息、顾客评价、优惠折扣等均对受众线下消费产生巨大影响。具体来说，新媒体环境下广告受众的消费行为呈现如下几个特点：

（一）消费行为网络化

互联网技术推动着网络与线下社会的不断融合，从社会信息化、网络社会化再到社会网络化，这种变革是全方位的。从信息获取、社交活动到购物交易等，所有的社会活动以信息活动的方式呈现在网络中，并最终改变已有的社会活动范式。因而，新媒体时代的消费行为也越来越网络化，几乎所有的事情都可以通过互联网络完成，包括网上购物、团购餐厅、订机票、订酒店、打车、缴水电费、缴话费、办理银行业务等。消费行为产生之前的信息搜集也是通过网络完成的，消费者通过搜索引擎网站进行信息检索，能够得到更多、更全面、更个性化的信息。由于互联网络的发展，消费行为产生之后的反馈、评价、分享行为也更加方便和流行。新媒体时代，消费者的重要特征就是喜欢分享各种各样的信息，既喜欢跟他人分享自己的喜好，也愿意分享他人的心得。这些都是消费行为网络化的表现。

（二）消费产品个性化

现代社会，供需瓶颈逐渐消失，人们生活的基本需求能快速并且轻易得到满足，在基本需求得到满足之后，人们开始追求更高层次的需求。于是消费者开始关注一些新颖、具有独创性和特色的产品及服务。消费者的需求越来越个性化，他们不满足于使用千篇一

律的产品和服务，而是想要属于自己的、独一无二的产品和服务。相对于大规模标准化生产的产品，私人定制的产品将会更加受消费者欢迎。

（三）决策模式两极化

与传统消费者相比，新媒体环境下的消费者决策模式呈现两极化趋势，一方面是感性的冲动消费，另一方面是极为理性的多方权衡。从感性消费来看，由于新媒体环境下商品表现形式极为丰富和生动，加上网上支付，尤其是近年来手机支付的便利性，使得消费者往往在对商品产生良好的第一印象后，随手点击一个按钮就迅速完成消费行为；反之，对于某些较为理性的消费者而言，或对于大宗物品的消费，其购买决策则变得极端理性，消费者可能在产品性能、价格、用户评价、售后服务等方面进行反复比较和权衡，最后做出他们所认为的最优选择。

（四）消费角色的双重化

20 世纪 70 年代，美国未来学家阿尔文·托夫勒在《未来的冲击》一书中就提出“产销者”(prosumption)这一概念，预见到消费者很快会面对前所未有的大量非标准化商品和服务。新媒体广告受众的参与性表现在消费行为上即参与到产品的制作、传播与销售过程中。消费者正由被动的接受者转变为主动参与的生产者，生产者和消费者之间的传统界限已逐渐模糊。这一点目前在新媒体领域表现为 UGC（用户生产内容），如用户上传视频到 YouTube 网站上，以及网民协同缔造了维基百科网站。在这些行为中，消费者具有双重角色——信息的消费者和生产者。而在未来，消费者会更加注重“体验”，因而会更多地参与到产品的体验、制作、传播过程中，消费者双重化的角色将会更加突出。

新媒体广告受众作为消费者，他们消费需求复杂，消费行为多样化；他们掌握着信息技术，懂营销；他们有自己的观点并乐于表达，追求个性化；他们的消费不仅追求结果而且享受过程。对于这样的消费者，传统的营销策略及广告策略很难取悦他们，而需要探索新的策略和方法。

三、新媒体环境下消费者的行为模式

消费者从产生需求到达成一个购买行为，其中必然经历一系列的过程，寻找到这一过程的共性特征并进行模式化表达就形成了消费者行为模式。消费者的行为模式并非一成不变，而是随着环境的变化不断进行调整。1898 年，美国心理学家 E. S. 刘易斯曾提出了一个影响深远的消费者行为模型——AIDMA 理论，该理论认为消费者从接触到信息到最后达成购买会经历五个阶段，即注意、兴趣、欲望、记忆、行动。AIDMA 理论准确地描述了传统媒体环境下消费者产生购买行为的心理历程，这一理论模型在很长时间内一直影响着企业营销策略及广告策略的制定。

然而，在新媒体环境下，由于消费者的自主性和选择权极大强化，其行为模式也发生了颠覆性的变化，AIDMA 模型已经无法解释新时期消费者的行为历程。在这种背景下，一些新的消费者行为模型理论应运而生，其中较有影响力的是 AISAS 行为模型和 SICAS 行为模型。

（一）AISAS行为模型

AISAS行为模型是日本电通广告集团于2005年针对新媒体时代消费者生活形态变化而提出的一种全新的消费者行为分析模型，用以解释消费者从商品认知到达成购买行为的几个关键阶段，即Attention（注意）—Interest（兴趣）—Search（搜索）—Action（行动）—Share（分享）五个阶段。AISAS行为模型是对传统AIDMA模型的修正，突出了其对于新媒体环境的适应性。该模型凸显出了新媒体环境下消费者行为的两个重大变化：

一是主动搜寻信息。新媒体环境下的消费者不再是被动地接受大众媒体的信息，而是依靠新媒体技术的便捷性，结合自己的需要主动搜索信息，从而帮助自己更快地做出购买决策，实施购买行为。

二是积极分享信息。在新媒体环境下，消费者购买行为的达成并不意味着消费行为的终结。新媒体技术的应用使得信息分享更为便捷，人们具有更强的参与精神和分享意识，在购买行为结束之后，往往还乐于将自己的消费感受拿出来分享。因此，第五阶段Share（分享）才是整个消费行为的结束。

（二）SICAS行为模型

SICAS是我国互联网数据中心（DCCI）基于长期以来对用户行为追踪、消费测量、触点分析和数字洞察，于2011年在《社会化营销蓝皮书》中正式提出的一个消费行为模型。SICAS模型描述了数字时代的用户行为和消费轨迹，即（品牌—用户）互相感知（Sense），产生兴趣—形成互动（Interest & Interactive），（用户与品牌—商家）建立连接—交互沟通（Connect & Communication），行动—产生购买（Action），体验—分享（Share），共五个阶段。

该模型直指AISAS模型的局限性，认为目前消费信息的获得已经不再是一个主动搜索的过程，而是关系匹配—兴趣耦合—应需而来的全景式过程，用户行为、消费轨迹在这样一个生态里是多维互动过程，而非单向递进过程。基于用户关系网络，用户与好友、用户与企业相互连通、自由对话成了数字时代新的传播营销生态。

四、影响消费者行为的因素

消费者购买决策和行为受到诸多因素的相互影响，其中传统因素主要包括文化因素、社会因素、个人因素和心理因素四个方面；而新媒体时代新的影响因素主要有商品信息、顾客评价、优惠折扣等。

（一）传统因素

传统因素是指在传统的营销环境下为人们所公认的影响消费者行为的几个因素。

1. 文化因素

文化因素对消费者行为的影响是广泛而深远的，这一因素包含了文化和亚文化等层次。

广义的文化指的是人类所创造的物质财富和精神财富的总和。狭义的文化指的是整个社会的观念、价值和行为构成。文化中共同的价值观、态度、道德规范和风俗习惯对消费者行为的影响是潜移默化的。

亚文化是母文化中某个群体或地区形成的特有的文化观念和生活方式。同一种文化内部通常包含了很多种亚文化，例如民族亚文化、宗教亚文化、种族亚文化、地理亚文化等。处于不同亚文化群体中的消费者，有不同的生活习惯、价值取向、文化偏好和禁忌，从而产生不同的消费行为。

2. 社会因素

社会因素对消费者行为也有重要影响。社会因素包括相关群体、家庭和社会阶层等方面。

相关群体指的是对个人态度和行为有直接或间接影响的一切群体。相关群体分为两类：一类是所属群体，即个人属于其中成员而且受到直接影响的群体，如家庭、朋友和同事等；一类是非所属群体，即个人并非其中成员但渴望成为其中成员的群体。相关群体对消费者的影响表现在四个方面：第一是提供新的观念、行为和生活方式，第二是影响个人的态度和自我观念，第三是影响个人的消费行为与群体趋于一致，第四是引起个人产生效仿的欲望并促成消费行为。

家庭是最重要的相关群体之一，对消费者的态度和行为影响最大。家庭又分为两类：一类是消费者自身成长的家庭，成员包括父母和兄弟姐妹，这类家庭对消费者的行为具有重要影响；一类是消费者自身组建的家庭，成员包括配偶和子女，这类家庭是最重要的购买单位。

社会阶层是具有相似社会地位的人所构成的较同质且持久不变的开放性群体。个人所属的社会阶层通常是由职业、收入、财富、教育和价值观等多种因素决定的。同一社会阶层中的成员往往具有相似的价值观、兴趣和行为，因而在消费行为上也更加相似。

3. 个人因素

影响消费者行为的个人因素包括人口统计特征、个性、自我观念和生活方式等方面。人口统计特征指的是人的年龄、性别、受教育程度、职业、收入水平等。个性是人由于先天的遗传和后天的成长经历不同而造成的不同性格特征。自我观念是个体对自身的知觉、了解和感受。生活方式指的是个人根据自身价值观、道德观、审美观在衣食住行、劳动工作、休息娱乐、社会交往、待人接物等方面表现出来的行为方式。

4. 心理因素

心理因素也是影响消费者行为的重要因素，包括需要、动机、感觉与知觉、学习、信念与态度等方面。需要是人们在生理或心理上感到某种缺乏而想要获得满足的心理状态。消费者的需要经过外部诱因刺激，就会促成消费行为。动机是推动人从事某种活动或为达到某种目的而采取行动的内部动力。引起动机的内部条件是需要，外部条件是诱因。广告营销活动就是一种外部诱因。感觉是人们对直接作用于感觉器官的客观事物个别属性的反应和察觉。知觉是人们在头脑中产生的对作用于感官的客观事物的整体认识。即使是有同样需要和动机的消费者，也会因为感觉和知觉不同而产生不同的消费行为。学习指的是人们由于经验而引起的行为的改变。人们的大多数行为都是从后天经验中学习得来的。消费者的消费行为的结果对学习有重要影响。如果购买结果是令人满意的，就会加强消费者的学习反应，下次再有需要时，还会重复购买行为。如果购买结果令人不满意，消费者可能就不会再重复这一行为了。后天经验的积累让人们形成了对产品、服务或者企业的信念和态度，这些信念和态度又影响着消费者的消费行为。

（二）新媒体环境下的影响因素

在新媒体环境下，由于信息传播渠道的畅通性和反馈机制的灵活性，以及电子商务购物模式的发展，消费者的消费模式除了受到以上四个传统因素的影响外，还会受到诸如商品信息、顾客评价、优惠折扣等网络信息的影响。

1. 商品信息

新媒体平台上提供的商品信息对消费者行为有重要影响。由于现在获取信息非常便利，消费者往往在消费之前会搜索相关产品的信息，想要获得尽可能多的信息来支持自己的购买决策。如果新媒体上提供了足够多的信息，就会让消费者对自己想要购买的产品更加了解，从而更容易促成购买行为。

2. 顾客评价

新媒体的互动性让消费者更容易对购买过的产品做出评价或反馈，并将这些信息分享在互联网上，这些信息成为其他消费者参考的信息，因此新媒体时代的消费者在购买之前往往会在网上查一下所要购买产品的其他顾客的评价怎么样。特别是在网络购物中，顾客评价是消费者的重要参考信息。如果顾客评价较好，更容易促成消费行为；如果顾客评价不高，则容易阻碍消费行为。

3. 优惠折扣

优惠折扣对所有消费者来说都是难以抗拒的诱惑，特别是女性消费者。很多女性消费者往往会因为优惠折扣而产生盲目消费行为。由互联网公司阿里巴巴率先打造的“双十一”购物节便是典型的利用优惠折扣来刺激消费行为，并且产生了惊人效果，阿里巴巴旗下的天猫商城和淘宝网在“双十一”这一天的销售额连续三年飞速上涨。可见优惠折扣这一因素对消费行为具有的重要影响。

第四节　新媒体广告受众策略

广告传播的最终目的在于影响广告受众的态度和行为，因此，结合广告受众的特点制定广告策略是广告活动取得成功的关键。以下分别从广告内容生产和广告传播两个层面出发，介绍几类有针对性的广告策略。

一、广告内容生产过程中的受众策略

根据新媒体广告受众的特点，在广告内容生产过程中可采取以下策略：

（一）以新颖的创意获取受众注意

如前文所述，艾瑞咨询调查显示，在 2013 年最吸引中国网民的广告展现因素中，“广告内容及创意”是最首要的因素。因而要想获取新媒体广告受众的注意，广告主应该对广告创意给予充分重视。首先要注重广告内容上的创新，这一点不管是对传统广告来说，还是对新媒体广告来说，都是至关重要的。在新媒体时代，快速的生活节奏和海量的信息接触，让人们的注意力越来越分散，只有新颖、犀利、有洞察的创意才容易被受众记住，具有创意的广告内容才能赢得受众的欣赏。其次要注重广告形式上的创新。新媒体时代广告的呈现终端更加多样化，广告的表现形式也更加丰富。单调呆板、千篇一律的传统广告表现形式已经无法抓住受众的眼球，新媒体广告受众更加青睐新鲜、独特、具有社交性和分享性的广告表现形式。

由于新媒体广告受众具有主动性和选择性，他们对创意的追求与传统媒体广告受众不一样。新媒体广告受众更加注重创意是否能打动人心。能够触动受众的心灵，引起他们情感共鸣的广告创意更容易吸引受众的关注。

（二）以符合个性化特点的语言与受众沟通

新媒体广告受众是由无数个体组成的，这些个体拥有不同的文化背景、社会环境、心理认知等，当他们面对不同的广告信息时会有不同的选择。广告传播者在传播广告信息之前要分析受众的个性，为他们提供与个性相符的广告信息。新媒体时代的广告受众普遍追求个性，标榜自由，喜欢与众不同，这种趋向也导致定制式的服务越来越受欢迎。广告创意人员在创作广告时应充分考虑受众的个体性，挖掘广告目标受众的偏好，选择适合的表现方式与内容，推出定制式的广告服务。

由于受众的个体性，广告传播方应注重与受众的沟通。如近年来兴起的大字报广告风潮，就是用简短的话语说出特定群体的心声，以引发受众共鸣的典型广告。2014 年，支付宝推出“亲密付”这一应用以及一系列的广告。广告文案使用了大量网络词汇，引起了 80 后和 90 后的强烈共鸣（如图 6-9 所示）。

图 6-9　支付宝“亲密付”系列广告

（三）以交互性的形式激励用户参与

互动性是新媒体最大的特点，新媒体广告受众都具有强烈的参与意愿，广告生产方在制作广告内容的过程中应充分注重广告的互动性和参与性。具有互动性的广告首先以新颖的形式吸引了受众的注意力，然后可以让受众在互动的过程中潜移默化地接受广告信息，并且留下深刻印象。全球著名内衣品牌“维多利亚的秘密”有一则新媒体广告在微信朋友圈获得大量转发。这则广告首页展示的是经过雾化处理的照片，照片上用英文写着“TOUCH ME”（如图 6-10 所示）。受众可以用手指通过触摸屏幕来擦去这层雾，从而了解接下来的内容。这则广告形式新颖，充分利用了人们的好奇心理，抓住了新媒体广告受众的眼球，通过互动的形式让受众参与到广告中，自然而然地接受了广告信息。这种具有创意和互动性的新形式还让这则广告得到了广泛传播。因此广告生产方应充分考虑自身产品特点以及目标受众的核心需求，设计出具有良好互动体验的广告内容。

图 6-10　维多利亚的秘密微信广告

（四）以丰富的内涵感染受众

传统媒体时代，由于受众接受信息的渠道比较单一，因而“叫卖式”的硬性广告能产生良好的宣传效果。但是新媒体时代，受众接受信息的渠道越来越多样化，每天都处于被各种各样的信息包围的状态，因而对信息的内容也越来越挑剔。赤裸裸的“叫卖式”硬性广告越来越容易引起受众的反感，而具有人文关怀的、能够打动心灵的、能够引起感情共鸣的广告内容则会获得受众青睐。因而广告生产方在制作广告的时候应注重丰富广告的内涵，尊重受众，关注受众的个性、价值、尊严、地位、发展和自由。具有人文关怀的广告内容更容易被受众接纳，更容易建立起受众对企业和品牌的信任和好感。

二、广告信息传播过程中的受众策略

结合新媒体广告受众的特点，在广告的信息传播过程中，可采取以下几个策略，以达到更好的广告效果。

（一）以“精准传播”直击目标人群

能否把恰当的信息传递给恰当的受众是广告成功的一个关键因素。在新媒体时代，广告信息与目标受众的精准匹配得到巨大的发展。新媒体时代亦是大数据时代，大数据技术通过对新媒体受众信息的挖掘，能够根据受众的年龄、性别、城市等条件对受众进行划分，还可以根据受众对各种新媒体的使用习惯，以及使用新媒体的过程中留下的信息，分析出受众的兴趣、爱好、需求等。广告主可以利用大数据技术，根据不同受众的不同需求，来投放满足他们需求的广告信息，从而实现广告的精准投放。

新媒体受众肯定都有过这样的体验，当你在谷歌或百度等搜索引擎网站输入关键词查找某个信息之后，一段时间内你无论上哪个网站几乎都能看到跟你曾经查询的信息相关的广告信息。这是因为谷歌、百度等搜索引擎网站可以根据受众在使用搜索引擎网站时输入的关键词，得知受众最近关注的信息，然后通过联盟广告平台向受众推送相关广告信息。然而这种根据关键词搜索而进行的广告投放还不够精准。随着大数据技术的发展，新媒体广告受众的匹配将会更加精准。

（二）以话题性内容促进二次传播

新媒体时代，广告受众深度参与到互联网中，既是信息的消费者，也是信息的生产者。这就决定了新媒体时代广告传播的一个新特点，广告在广告主进行第一次发布传播之后，还会得到受众的第二次传播。新媒体广告受众具有高度参与性，他们喜欢互动式的广告内容，愿意对广告信息进行反馈，乐于对优秀广告进行转载和转帖。特别是在微信、微博等社交性和分享性极强的新媒体中，优秀的广告容易获得受众的二次传播。而受众的二次传播对广告信息的传播具有很大影响，它能够让广告主仅用很少的预算就使广告信息得到广泛传播，使品牌达到超高曝光率，为广告主带来意想不到的效果。因此，广告主不但要在广告的内容生产过程中重视新媒体广告受众的互动性，生产互动性强的广告内容，以吸引受众的注意，在广告传播过程中，更要重视受众的互动性，以促成受众对广告信息的二次传播。

（三）以人性化的传播方式提升用户体验

如前文所述，艾瑞咨询集团在2014年初发布的《中国网络广告用户行为研究报告》对2013年中国网络广告用户态度偏好调查显示，网民对强迫性广告最反感。用户调研结果显示，2013年中国网民对网络广告反感的最主要原因是“广告自动弹出影响用户体验”“有些广告强制关不掉”和“广告阻碍浏览内容的连续性”，占比分别为44.9%、41.8%和41.1%[①]。新媒体环境下，受众的自主性大大提高，他们对信息的选择更加自由，如果还是像传统媒体那样，强制受众观看广告，只会让受众越来越反感。因此，对于新媒体广告受众，要充分尊重他们的自主性。通过提高自身广告质量，或是提供受众需要的广告来吸引受众的注意。

①艾瑞咨询：《中国网络广告用户行为研究报告》，2014。

【案例】

伊利温暖系列整合营销

——精准锁定沟通点,引发受众情感共鸣

1.伊利联合优酷影像馆发力时令营销

背景介绍:温暖常常是冬季的核心时令主题。优酷影像馆作为优酷全网首个时令性主题产品,一直专注于对年度重大节日档和时间节点的时令性营销传播,通过盘点热点现象,多视角发掘热点话题,让故事和观点更具有时令话题性和社会代表性,引发网友共鸣,营造热烈氛围,短期内引爆社会影响力。

正是由于影像馆独特的营销方式及强大的传播效果,伊利携手优酷新年影像馆,结合品牌传播主旨,围绕"爱 ta 就让 ta 温暖",在这个岁末年初的时间点,开展了一场深入人心的温暖营销。

传播目标:塑造品牌温暖气质,提升品牌亲和力营销策略;紧扣时令话题,多层次组合内容,从内容到话题,多层次,多角度烘托主题。2 部《影像录》,以纪录片形式讲述真实的温暖故事;1 部《漫话》以动漫形式趣解主题,细数各国的新年习俗,分享快乐的小温暖;1 部《大话》围绕主题进行特别街采,发掘温暖态度,唤起人们关注身边的人,传递温暖,表达温情。特别拍摄的品牌微电影《伊利:温暖的〈牛奶记忆〉》,从清新的纯真感情入手,讲述一个女孩的青春记忆,伊利用暖心的故事诠释温暖和温情,用真挚的感动引发共鸣。

点评:

从"素人"到明星,从影像的记录到话题的创造和传播。伊利新年影像馆,希望通过影像故事触及人们心中最柔软的地方,用真情实感与人们沟通,引发情感共鸣的同时启发人们关心身边人。在这个过程中,也无形中让伊利温暖亲切的品牌形象更加深入人心。

2.伊利的互动营销——"热杯牛奶,温暖你爱的人"

背景介绍:2014 年年末,网易新闻携手伊利,策划了一场温暖营销。该活动分为时刻温暖、回味温暖、你的温暖。

温暖视频传播目标:提高品牌知名度,加强品牌美誉度营销策略;围绕温暖,通过互动唤起消费者共鸣。

PC 端:

时刻温暖——以图文形式介绍 37 个温暖瞬间。以父女母子、北漂小情侣、金婚夫妇、爷孙、闺蜜等多个强关系为创意原点,讲述普通人之间的温暖故事,从而投射到普通大众。从情感上,建议品牌与消费者的深度关联。

回味温暖——介绍明星温暖故事。联合伊利代言人资源,如杨幂、高圆圆、彭于晏、林志颖与 Kimi 等,定制化讲述明星自身温暖故事。通过明星号召力,将活动影响力进一步发酵。

你的温暖——普通人上传分享自己的温暖故事,可通过传照片写祝福,分享自己的温暖海报,邀请好友加温或点赞支持作品 2 种方式赢取温暖礼品。

温暖视频——凤凰邀请著名心理咨询专家雷明,情感学家黄菡,作家、编剧张嘉佳和著名作家、媒体主编苏芩等知名人物,通过视频表达温暖。

移动端:

手机画面模仿水汽弥漫的玻璃,用手指擦擦屏幕,就会出现暖心文字。整个互动以

H5 页面的形式呈现，搭载在网易新闻客户端之上，主界面中主打温暖视觉与手掌互动，带来品牌的亲切感，用户将手贴在屏幕上就可以“加热”牛奶，随后再分享至朋友圈邀请 5 位好友继续点击“加热”。

点评：

“热杯牛奶，温暖你爱的人”活动凭借媒体的洞察力，将温度与品牌形象融为一体，架构出一个有社会影响意义的话题——热杯牛奶，温暖你爱的人。在社会各领域大范围地引发了受众的思考。一方面，让人们在倾听名人讲述温暖故事的过程中增加了对伊利品牌的好感度，将品牌理念“温暖，健康”融入备受关注的话题，获得了受众的价值认同和情感共鸣。另一方面，通过体感互动的创新型营销方式鼓励观众积极参与到温暖活动中，让目标消费者能够真切感受到伊利的品牌温度。

【知识回顾】

从古代受众到现代受众，受众的概念不断演变，受众观也经历了不同阶段的变化。新媒体时代，受众的内涵进一步扩展，产生了“用户”和“网众”等适应新媒体特征的新概念。广告受众作为广告活动指向对象和广告信息的接受者，包含广告媒介受众和广告目标受众两重含义，由于本书主要侧重对整体新媒体广告市场运作规律的认识，因此广告受众主要指的是广告媒介受众。从广义上说，所有的新媒体用户都是新媒体广告的潜在媒介受众。

从新媒体广告受众的特征来看，总体上看具有个体性、聚合性、自主性和参与性等特征，这也是新媒体用户的共性特点；此外，新媒体广告受众的结构构成和行为上也具有一些明显的特征，了解这些特征有助于广告策略的制定。从消费行为上看，新媒体环境下广告受众的消费行为具有消费行为网络化、消费产品个性化、决策模式两极化、消费决策双重化等特征。基于数字时代的消费行为特色，传统的 AIDMA 行为模型已无法解释新时期消费者的行为历程，在这种背景下，一些新的消费者行为模型理论应运而生，其中较有影响力的是 AISAS 行为模型和 SICAS 行为模型。影响新媒体广告受众消费行为的要素，除了传统的文化因素、社会因素、个人因素、心理因素外，新媒体平台中的商品信息、顾客评价、优惠折扣等都是重要影响因素。

广告传播的最终目的在于影响广告受众的态度和行为，因此，结合广告受众的特点制定广告策略是广告活动取得成功的关键。具体来说，在广告内容生产过程中，可以新颖的创意获取受众注意、以符合个性化特点的语言与受众沟通、以交互性的形式激励用户参与、以丰富的内涵感染受众等；而在广告信息传播过程中，可以“精准传播”直击目标人群、以话题性内容促进二次传播、以人性化的传播方式提升用户体验等。

【思考题】

1. 受众内涵有哪些发展变化？
2. 结合案例说明新媒体广告受众的特点。
3. 作为消费者的新媒体广告受众在消费行为上有哪些特点？
4. 结合案例说明新媒体广告受众策略有哪些。

第七章
新媒体广告的市场运行

【知识目标】

☆新媒体广告市场运行的特点

☆网络广告市场运行模式及不同广告模式下产业链成员的特点

☆手机广告产业链的特殊性及不同广告运行模式的特点

【能力目标】

1. 能说出新媒体广告产业链的主要角色
2. 能说出三种典型的网络广告运行模式及其特点
3. 能说出手机媒体广告的运行模式
4. 能结合自己的理解分析手机广告市场的现状及制约因素

【案例导入】

企业职员王女士最近非常忙，家里刚装修完新居，需要购置一批家用电器和日用品；同时自己还计划参加本年度的研究生入学考试，期望通过读研为自己充充电，便于今后的职业转型和提升。王女士花了一天时间来搜集相关信息，首先通过百度搜索查询了一些关于如何选购微波炉的资料，然后在淘宝上浏览了有关电饼铛等厨房用具的商品信息；此外，又利用空闲时间查询了与研究生招生和考试相关的信息。令王女士感到奇怪的是，在她此后打开的任何页面中，之前查询过的相关商品信息都会以各种形式出现在自己眼前，比如很多页面右侧都出现了淘宝网关于某品牌电饼铛的推广页面，还有网页上出现类似“如何选购微波炉”的关键词链接。虽然广告推广痕迹较重，但由于与自己的需求非常相关，王女士还是选择了一些自己感兴趣内容查看。但是，令王女士不能忍受的是，在自己打开的页面中，同时还有关于“考研辅导”“研究生培训班”等推广信息，因为王女士并不愿意让公司同事知道自己的考研计划，而网页上的广告很容易将自己关注的信息暴露在其他人面前。

通过这个案例，请思考新媒体广告发布模式的特点。

随着网络信息技术的创新和发展，新媒体广告市场在不断突破传统模式和各类固有束缚中迅速发展，原有的广告市场格局不断被颠覆和重组，广告产业链中的新角色不断涌现，新的产业链模式初具端倪。总的来说，目前新媒体广告市场仍处于新旧模式并行阶段，运行模式具有多样化特征。网络、手机、互动性电视三种媒介间的界限未完全打破，但目前已有一些广告运营商开始涉足跨平台广告运营并取得初步成效，三屏合一的广告运营将是未来新媒体广告发展的趋势。

本章将在分析梳理新媒体广告产业链的基础上，分别针对网络、手机两个新媒体领域，总结其广告产业链的角色构成、广告市场的特点及广告运行模式。由于电视新媒体目前尚处于内容入驻阶段，广告经营尚未形成气候，因此在本章中不做阐述。

第一节　新媒体广告市场概述

相对于传统广告市场而言，新媒体广告市场的变化是巨大的。新的产业链角色不断产生，产业链各环节的新成员层出不穷，广告运作模式不断创新、千变万化，整个广告行业在新媒体广告的带动下正发生着深层洗牌。

一、新媒体广告产业链概况

产业链的思想最早来源于亚当·斯密关于企业内部分工的论断，最早认为产业链是指企业把外部采购的原材料和零部件通过生产与销售等活动，传递给零售商和用户的过程，是制造企业的内部活动。马歇尔将企业内部分工扩展到企业与企业之间，强调企业间分工协作的重要性，成为产业链理论的真正起源。广告产业是通过广告调查、策划、设计、制作、发布、效果评估等方式获取利润的产业门类，广告产业链则是指围绕以上环节，以现代传媒技术为基础、满足不同受众需要而建立的跨领域相互衔接的共同获取利润的产业链条①。

（一）新媒体广告的产业链结构

在传统媒体时期，广告产业链条主要由四个环节构成，即广告主、广告代理公司、媒体、受众，除此之外，还有不同类型的产业链下游服务机构，如影视广告拍摄、平面广告喷绘制作、广告数据调研公司等。从广告作业流程来看，一般是由广告主自行或委托广告代理公司设计、制作广告、制定广告投放计划，通过媒体发布，到达受众。运作模式较为单一，流程清晰。而在新媒体环境下，广告产业链条下的角色和成员都发生了很大变化。

新媒体广告产业链主要由广告主、广告代理商、技术服务提供商、媒介平台提供商、若干下游服务机构以及新媒体用户等共同组成。（如图 7-1 所示）。

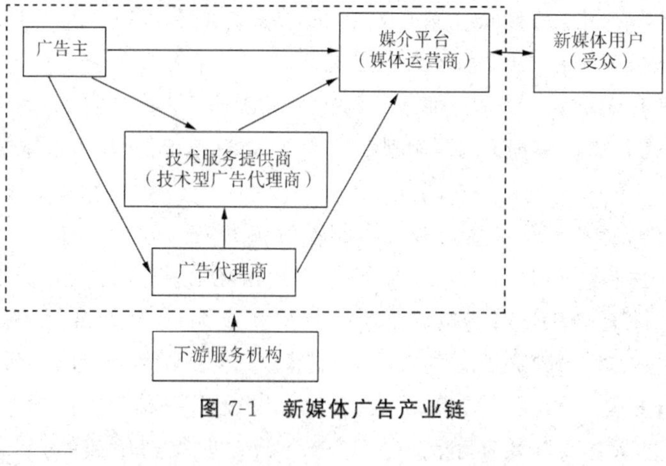

图 7-1　新媒体广告产业链

①陈瑛，肖剑波. 新媒体环境下广告产业链的构建思考[J]. 科技资讯，2011(12).

1. 广告主

广告主是广告活动的发起者和出资者，其通过广告代理商或技术服务提供商来购买广告策略或媒介资源，依靠广告活动扩大自身影响力，从而获得利润。

2. 广告代理商

新媒体广告代理商是广告主与广告媒介之间的中介角色，或帮助广告主代理广告活动获取佣金，或帮助广告媒介销售版面和流量获取利润分成或代理费。

3. 技术服务提供商

技术服务提供商，是指在广告主与媒介之间，为双方提供与广告活动相关的各类技术服务的公司。其主要通过开发技术平台或提供技术服务，以帮助广告主与媒介之间实现高效对接，提高广告传播的效率。技术服务提供商有时直接充当广告代理商的角色，为广告主代理广告业务，并从中收取服务费或利润分成。因此也可以看成是技术型的广告代理商(本教材第 5 章有所涉及)。

4. 媒介平台

媒介平台即新媒体广告的发布载体，媒介运营商即提供新媒体广告发布平台的组织或个人，其通过提供广告展示平台，出售媒介资源，为广告主发布广告来获取广告发布费。

5. 产业链下游服务机构

在主流产业链之外，还存在若干提供外围服务的公司，如第三方数据监测机构、网络调研机构、网络图片或视频制作公司、效果优化公司等，它们也是网络广告产业链的重要组成成员。

6. 新媒体用户

新媒体用户即新媒体广告的受众，产品或服务的潜在消费者。作为广告的最终接收者，新媒体用户对广告的态度决定着广告战略的成败。

(二)新媒体广告产业链的变化

从宏观上看，相对于传统广告产业链来说，新媒体广告产业链主要发生了如下几个明显变化：

1. 一个新角色的诞生——技术服务提供商

由于新媒体是伴随着计算机技术、数字技术、网络技术、信息技术等一系列技术革新而产生的，技术在新媒体广告领域同样发挥着前所未有的作用。在新技术面前，传统广告代理公司束手无策，因此技术服务提供商应运而生。技术服务提供商利用精准的计算技术和大数据分析技术，通过搭建平台等手段，在实现广告的精准投放、程序化投放、跨屏投放等各方面均发挥着重要作用，不断推动着广告市场的变革。

2. 新成员的不断加入，优胜劣汰

若说“技术服务提供商”的诞生是显性的变化，那么在各个产业链环节中的新成员的不断加入则是一个隐性变化。以广告代理商为例，广告产业链中除了传统广告代理商外，不断产生新形式的代理商，如广告联盟、数字广告公司等。

3. 几个概念的变化

(1)从“媒体”到“平台”。从广告的发布载体来看，传统的“媒体”转变为“平台”概念，意味着发布载体具有更加开放的特征。

(2)从“受众”到“用户”。从广告的接收者来看，传统的“受众”转化为“用户”概念，意味着新媒体用户不再是被动接受广告，而是拥有更多的自主权和选择权。这对广告战略的制定具有重要意义(见第6章内容)。

值得注意的是，从实际运作的层面来看，目前在新媒体市场上，产业链成员之间并没有绝对的界限，尤其是随着互联网巨头的全面发展、传统广告代理公司的转型、新型技术公司的综合发展以及各种资本力量的驱动，产业链各环节之间不断地融合和相互渗透：广告代理商同时可能是技术服务提供商；技术服务提供商不断向综合型广告代理渗透；媒介平台提供商可能同时集广告主、广告代理商、技术服务提供商多种角色于一身。

二、新媒体广告市场运行的特点

相对于传统的广告市场而言，新媒体广告市场有如下几个突出特点：

(一)广告代理制与“去中介化”协同发展

广告代理制是国际通行的广告经营与运作机制，指的是广告代理方(广告经营者)在广告被代理方(广告主)所授予的权限范围内来开展一系列的广告活动[①]。在广告代理制中，广告代理公司是广告市场的中介和核心，实行双重代理，一方面受广告主委托，为其提供市场调查、广告策划、设计、制作、媒体购买、广告发布、效果评估等相关服务；另一方面向媒介机构购买媒介资源，帮助媒介扩大业务量。在新媒体环境下，一方面各业务范围内的新型广告代理公司层出不穷，服务模式多种多样，广告代理商致力于为广告主提高广告效率、为媒体增加收益，最终形成多方共赢的良性互动关系；此外，还有诸多媒体自行开发程序化广告投放平台，使得广告主无须依赖任何代理商即可便捷地投放广告。

(二)产业链条明显向媒体投放环节倾斜

在传统大众媒体时期，广告市场的产业链条重心主要在于广告活动的前端，即广告策划、创意、整合营销方案制定等，在这种背景下，策划公司、创意公司、以4A为代表的综合型广告代理公司大行其道，度过了几十年的黄金时间。在网络广告市场环境下，由于媒体的爆炸式增长和碎片化、扁平化趋势，“广告是否能到达目标人群”成为广告主最关心的核心问题，而数字技术的发展又为解决这一问题提供了可能。因此，在现阶段，网络广告市场的产业链条明显向广告活动的末端，即媒体投放环节倾斜，综合服务型广告公司投入更多的精力，或自己开发媒体投放工具，或采取技术合作的方式来寻求媒体有效整合之道；技术服务型广告公司的核心业务更是集中于投放环节，并不断有新型的技术公司凭借有特色的广告投放技术加入这个产业链条的队伍。

(三)技术服务型公司发展迅猛

新媒体广告市场是一个技术和艺术、营销相融合的领域，数字技术在网络广告活动的各环节有极大的发挥空间，可以利用数字技术开展大规模的市场调查、用户抽样与分析、广告数据监测；通过大数据进行用户行为跟踪、人群分析；还可通过技术软件进行创意设

---

①张金海.广告经营学[M].武汉：武汉大学出版社，1996：85.

计、创意优化、定向广告投放、媒体广告位管理、广告发布、广告效果监测等。因此，近年来在新媒体广告市场中，针对各细分领域的技术服务型公司发展非常迅猛，第三方数据监测公司、创意优化公司、数据优化公司以及各种广告交易平台层出不穷，进一步完善了网络广告产业链。

第二节　网络广告的市场运行模式

网络广告市场是起步最早，也是各类新媒体广告市场中发展最为充分的领域。在网络广告发展的各个阶段中，不断有新的产业链成员加入、退出，原有的运行模式方兴未艾，新的模式又已产生，新旧模式的交融与并存是当前网络广告市场的典型特征。

从具体广告运作层面来看，由于相比传统广告市场，网络广告市场的细分化程度更高，中小广告主和媒体的长尾流量受到前所未有的关注；同时，随着技术的进步，基于技术服务提供商开发的技术服务平台，针对全媒体、跨平台的程序化购买模式也开始起步。在网络广告市场中，目前形成了三种较为典型的运行模式（如图 7-2）：

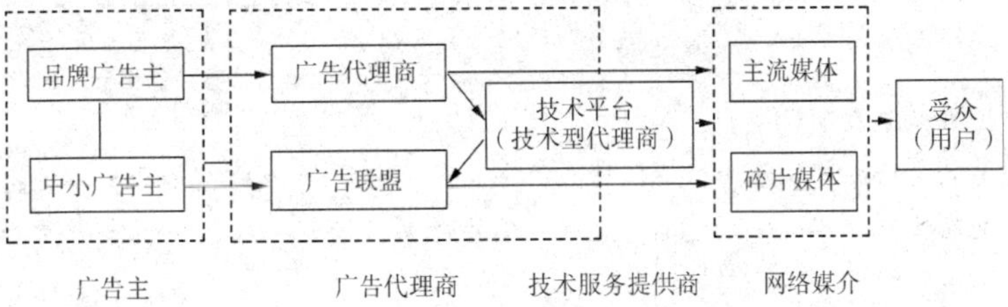

图 7-2　网络广告运行模式简图

第一种是以品牌广告主为核心，由广告代理公司在整合营销、创意策划等方面提供综合性代理或专项代理的广告运行模式，我们可将其统称为“策略导向型”的传统广告代理模式。

第二种是以中小型广告主为核心，由广告联盟搭建开放式的广告投放平台，帮助中小型广告主在数量众多的网络媒介上完成广告投放。由于这种模式关注点更多的在于如何根据广告主需求，在更为广泛的媒介中进行广告投放，因此可将其统称为“媒介导向型”的广告联盟代理模式。

第三种是以开放式技术平台为核心，以“受众购买”为导向，面向所有广告主、广告代理商、媒体，将广告主需求和媒体流量、受众兴趣等进行无缝对接，以提升广告投放效率的新型模式，可统称为“受众与技术导向型”RTB（实时竞价）模式。严格地说，RTB 模式只是一种购买模式，只涉及了产业链后端的购买环节，与前两种模式不在一个层面，之所以将其放在一起进行介绍，是因为 RTB 模式是目前网络广告市场最受关注的领域，在 RTB 模式的带动下，有望促进网络广告产业链整体格局的重新洗牌和历史变革。

一、“策略导向型”传统广告代理模式

“策略导向型”广告代理模式实质上是传统大众媒体时期最典型的广告代理模式在新媒体领域的延伸。目前大部分品牌广告主仍习惯于寻找一个综合型代理公司为其提供全

案代理服务，其中包含了新媒体领域的营销推广活动，基本运作模式与传统大众媒体时期运作模式基本一致，因此可以说是较为传统的广告代理模式。

（一）产业链角色及其特点

在“策略导向型”广告代理的这支产业链条下，产业链角色呈现如下特点：

一是广告主多为知名企业或品牌广告主，其拥有较强的经济实力，广告费用充足，依托具有网络广告代理能力的广告公司为其策划、设计、制作和发布网络广告或在全案代理过程中，兼顾在网络领域的营销和传播。

二是广告代理商一般为策略型广告代理公司，也可称为综合服务型广告公司。从广告活动的流程上看，其业务核心更多地倾向于广告活动链条的中端，即策划、创意、整合营销传播等环节，正如有学者所说的网络广告代理运作的起始点是市场调查和营销分析，核心是广告创意与广告计划，终点是网络广告效果评估。[①] 同时，实际上，他们的角色已经或正在向网络整合营销服务公司转变，业务范围已突破狭义广告活动的范畴，广泛涉及内容营销、互动营销、网络新闻公关、网站创意设计、APP 制作以及形式各异的网络整合营销等方方面面，通过表 7-1 华扬联众广告公司的服务范围可见一斑。

表 7-1　华扬联众公司服务内容一览表[②]

业务领域	具体服务内容
数字化品牌与营销策略	品牌策略及项目策划： ·数字化品牌诊断·目标消费人群网络行为分析 ·互联网传播环境分析·制定互联网品牌基本架构·制定品牌互联网传播体系及策略·制定重要推广活动策划方案·制定品牌/产品口碑体系
	互联网传播研究： ·互联网发展趋势分析·互联网营销方式分析·互联网文化透视·新媒体推广价值研究·新营销手段分析·特定人群互联网行为分析
	培训及交流： ·为内外部提供专项培训·提供互联网相关资讯分享·提供 workshop，进行研究结果分享·组织沙龙等互动活动·提供与媒体、消费者直接接触机会·定期发布相关研究结果，供客户及内部分享、学习
创意	创意策略：坚持“Idea 至上”，从契合客户品牌传播的战略层面开展可行性整体创意规划
	创意执行：基于整体传播策略的全方位创意及执行
	创意形式：在线广告、网站构建、数据库管理、多媒体应用以及国内外前沿的媒体技术及项目管理方法

①祝玉华. 网络广告[M]. 郑州：郑州大学出版社，2008：66.

②本表格中的内容根据华扬联众官方网站上的资料整理而得。http://www.hylinkad.com/index.php.

续表

<table>
<tr><th>业务领域</th><th>具体服务内容</th></tr>
<tr><td rowspan="3">内容营销</td><td>策划(营销策略构建):
·品牌/产品的网络口碑传播策划·品牌/产品的网络公关策划·网络多媒体节目的内容置入策划·企业微博/互动账号的策划</td></tr>
<tr><td>实施(媒介选择):
·内容创意·论坛帖/博文/公关软文等创意制作与发布·病毒视频/漫画创意制作·论坛/频道发布及维护·企业博客/微博/百度贴吧/问答推广及维护·互动类网络(开心/人人/豆瓣等)推广及维护·网络舆情监测·危机公关及负面信息处理</td></tr>
<tr><td>监测、分析及总结:
·论坛/博客/互动类网络推广等在维护期后提供阶段性投放分析报告(通常为每周提供)·在口碑传播项目结束后提供完整总结及分析报告·舆情监测等根据执行方案定期提供报告·企业微博或其他互动类账号维护根据客户需求定期提供总结报告</td></tr>
<tr><td>搜索引擎营销</td><td>·搜索引擎营销目标分析及策略规划
·长期性投放与阶段性推广的整合策略提供
·搜索营销产品分析、推荐与规划
·搜索营销行业知识培训
·媒体谈判、采购及商务流程跟踪
·搜索营销投放执行、跟踪监测与分析
·搜索营销优化(包括 SEM/SEO)及相应技术工具的应用与开发
·与互动广告及线下推广的整合策略提供</td></tr>
<tr><td rowspan="3">媒体观察与服务</td><td>谈判与购买:
·媒体谈判和合作·媒体购买和执行·素材测试·创意购买建议·媒体研究和新媒体/频道/手段/广告表现建议·媒体频道/栏目/产品/服务赞助植入建议</td></tr>
<tr><td>监测和评估:
·每日投放报告·每日屏幕拷贝报告·及时的监测数据收集·买后评价和总结报告</td></tr>
<tr><td>报告:
·会议记录,工作进度报告,每周/每月/季度/年度报告·竞争品牌月度报告(策略,媒体购买,创意,及所有的网上活动)·附加服务·行业趋势分析报告·论坛管理·品牌调研/消费者行为调研/行业趋势调研·其他数字媒体合作(WAP\Mobile 等)</td></tr>
</table>

续表

业务领域	具体服务内容
客户服务	建立全面的数字营销解决方案： ·量身定制的EPR战略·网络营销战略·整合的和可执行计划的在线广告活动
	协助媒介部门： ·媒体策略·媒体计划·媒体购买·通过谈判为客户获得最佳折扣，并确保按时上线 ·协助谈判购买赞助计划、活动和渠道·提出对新媒体和创意购买的建议
	协调（内部，外部）： ·工作计划：会议记录，工作进度报告，投放执行时间表·每月总结报告和会议计划·年度总结报告·收集有利于客户的相关信息·定期市场调研，并提供报告 ·与客户的沟通和定期信息交流
	应急服务

三是技术服务提供商在这种模式下也发挥着一定作用，主要体现在数据监控、效果评估等方面，一般通过广告代理商与技术服务提供商的合作来实现。

四是媒介发布平台以具有一定知名度、美誉度、公信力且拥有广泛用户群的网络媒体为主，如门户网站、新闻网站、主流视频网站或大型社交网站等。广告收费更多地沿袭传统大众媒体的付费模式，如按展示时间、版面位置或千人成本等方式，而较少采用效果付费或点击付费等方式。

（二）运行方式

从运行机制上看，在“策略导向型”广告代理模式下，网络广告代理商通过比稿或业务洽谈等方式获得广告客户，根据客户需求制定网络广告活动方案并予以实施。广告主按双方商定的付费方式支付给网络广告代理商一定数量的佣金，并给网络媒体支付广告费。在这种模式下，也存在多重代理的情况，综合型网络广告代理商通常会将某一方面业务转包给专业型公司，或与其他代理商开展合作。如依靠专业的数据调查公司进行网络调研，依靠专业的制作公司进行数字媒体制作，依靠技术实力雄厚的公司进行广告定向发布和效果评估等。

（三）“策略导向型”广告代理模式的特点

“策略导向型”广告代理模式是依托于广告公司的专业性服务，来提高广告市场整体运作效率的一种运行模式。

一是对广告主而言，专业化的广告运作，有利于广告目标实现。广告主雇佣具有专业能力的广告代理公司参与广告活动策划，不仅可以省去自己建立广告团队的费用，更可以使广告活动更为科学有效。

二是对网络媒介而言，广告公司可以帮助其进行有效资源整合和推广。网络媒介具有海量的资源和无限的表现空间，如果网络媒介与对网络广告业务不熟悉的广告主进行一对一联系，无疑会造成效率低下，而且难以达到预期目标。由专业的网络广告公司代替广告主与媒介接洽，可以高效地促成广告合作。

三是对网络广告市场而言，分工明确，有利于规范网络广告秩序，提高网络广告的整体水平，优化用户体验。

但是，在目前的市场环境下，这种模式存在诸多问题：

一是面对高速发展的新媒体环境，传统综合型广告公司自身的专业能力没有同步提升，在与媒体、企业三方的博弈中处于弱势，其专业价值未得到充分认可，在新媒体广告产业链中发挥的作用有限。

二是网络广告市场中媒体价格更为透明，广告代理制在新媒体领域又尚未推广执行，广告代理商的利润空间不断压缩，使其处于低效益和泛专业化的被动状态，在产业链中的生存空间越来越小。

三是从广告代理商与网络媒体之间的关系来看，其仍然属于传统的媒介资源型或媒体关系型合作方式，在广告投放精准化、广告效果透明化、投入产出比可测量化的大趋势下，传统粗放型的广告投放模式受到越来越多的质疑和挑战。

四是随着计算机技术的快速发展，“技术”几乎可以解决新媒体广告活动各个环节的问题，如程序化创意、程序化购买等，一部分不满高额广告代理费或不满广告代理公司服务的企业开始摆脱传统广告代理模式，自建广告营销团队。

二、“媒介导向型”的广告联盟代理模式

“媒介导向型”广告代理模式是伴随着网络媒体数量的爆炸式增长和受众注意力的碎片化趋势而产生的一种新型广告运作模式，其最典型的形态即是广告联盟代理。

广告联盟是网络广告兴起后产生的一种新型广告组织，其主要组织形态是集合成千上万的中小网站、WAP 站点、APP、自媒体、软件应用等碎片化的媒体资源，以及大型网站的剩余广告位和流量，从而形成具有规模效应的媒体联盟。同时，通过搭建联盟平台，将广告主需求与数量众多的媒介资源进行对接，实现广告的高效发布。

广告联盟不同于传统的媒介购买公司，因为它不是以大规模的媒介购买来获得价格优势；也不同于传统的媒介代理公司，因为其不代理特定的媒介，更不是主流媒体的栏目代理。广告联盟以其低成本及特有的针对性，构建出了连接中小型企业与数量众多的网络媒体的一种新型广告代理模式。

（一）产业链角色及其特点

在广告联盟这支产业链条下，主要有广告主、广告联盟及联盟会员这几个构成要素。

1. 广告主

广告联盟的广告主指通过各类广告联盟投放广告，并按照广告的实际效果（如销售额、引导数、点击数和展示次数等）支付广告费用的一方。在广告联盟产业链条中的广告

主主要是中小型企业。

2. 广告联盟

广告联盟即从事广告联盟代理业务的经营者或服务商，其主要通过搭建开放性的联盟平台，以针对客户需求的广告匹配方式来联结上游广告主和下游加入联盟的中小网站，为广告主提供高效的网络广告推广，并进行广告效果的实时监控和优化。

目前，广告联盟的形式多样，大体来说，可从以下几个角度进行分类。

第一，按照业务领域的不同，可分为搜索竞价广告联盟、电子商务广告联盟、垂直广告联盟等。

(1)搜索竞价广告联盟。搜索引擎广告联盟指依附于搜索引擎应用的广告联盟，联盟经营者一般为搜索引擎网站，如百度、谷歌、搜狗等。他们主要通过搜集、分析用户的搜索行为来掌握用户需求，然后将与用户需求有关的广告通过联盟平台在联盟网站上发布。搜索竞价广告联盟一般按点击付费。

(2)电子商务广告联盟。电子商务广告联盟指主要针对电子商务客户，为其提供商品或店铺的推广的广告联盟。电子商务广告联盟一般按照销售效果支付费用。

(3)垂直类广告联盟。垂直类广告联盟指主要集合垂直类网站资源而建立的广告联盟，如游戏类网站的联盟、亲子类网站的联盟等。

第二，按联盟的属性分，有广告主自有联盟、第三方联盟、综合广告联盟等。

(1)广告主自有联盟。广告主自有联盟较为特殊，是广告主为了更有效地推广自己的产品而自己建立的联盟平台。网站主可以通过注册成为联盟会员，根据该广告主的要求在其网站上发布广告，根据实际销售效果获取提成。拥有自有联盟的广告主一般是电子商务企业，如乐蜂网、一号店、新蛋网、上品折扣等都建设了自有联盟，这种联盟形式省去了作为中间商的广告联盟的代理环节。

(2)第三方联盟。第三方联盟指不附属于任何广告主或媒介组织，由独立的第三方提供网盟平台，为广告主和网站主提供业务接洽服务的联盟。

(3)综合广告联盟。综合广告联盟一般附属于某一媒体，既为他们提供服务，同时也作为独立的第三方平台，面向其他广告主和中小网站提供平台服务。

第三，按联盟的规模大小，又可分为大型联盟、中型联盟和小型联盟。大型联盟如Google Adsense、百度、雅虎旗下的广告联盟，他们本身就是大广告主，同时也把大量广告分给联盟中的其他站点，他们占据了互联网广告市场的绝大部分份额；中型联盟如北京亿起发、265、上海智易、杭州易特等有一定规模和信誉的广告联盟，他们旗下一般都会有超过万家个人网站；此外还有诸多针对某个细分领域，规模较小的联盟。

第四，按照媒介类型不同，还可分为网络广告联盟、手机广告联盟、数字电视广告联盟等，目前已经有很多广告联盟已经开始跨平台运作，成为涵盖网络、手机、数字电视等不同领域的综合性联盟。

3. 联盟会员

联盟会员指与广告联盟合作或在联盟平台注册为会员的网络媒体，包括中小网站、个人网站及其他碎片化的数字媒体资源。目前，很多广告联盟已经打通了网络和手机、数字电视之间的界限，联盟会员通常也包括 WAP 网站、各类 APP 等。

（二）运行方式

广告主、广告联盟、联盟会员三者是网络广告产业链上的利益共同体，广告主向广告联盟支付广告费用，以提高营销效果；广告联盟帮助广告主将广告投放到联盟会员的网站上，广告联盟获取广告佣金，联盟会员获得广告费。例如在百度广告联盟里，若广告主要为每次点击支付 0.30 元左右的广告费，按 50%的分成比例计算，网站上每产生一次有效点击，网站主可以获利 0.15 元，广告联盟的收入也是 0.15 元。

广告联盟的具体运作一般是通过联盟平台来完成。广告主首先根据自己的需求选择适合自己的联盟平台，同时联盟平台结合自身定位开发大量联盟会员。一般来说，广告主、网站主的操作流程及广告联盟的职责如下①：

1. 广告主的操作流程

(1)由市场人员或通过联盟网站注册与联盟建立合作关系。

(2)签订广告投放合同，并一次性付完合同金额。

(3)通过联盟平台发布广告，根据联盟的建议确定给网站会员的价格。

(4)请求网站会员发布广告或审核会员申请投放广告.

(5)查看投放数据：每个网站的每日投放量、作弊参数量看、投放页面等详细的投放信息。

(6)根据查看的数据或联盟提供的参考数据，中止某些网站的广告投放，对网站会员信誉度进行评定。

(7)了解每月支付网站会员的财务清单。

2. 网站主操作流程

(1)申请成为联盟会员。

(2)进入广告库选择广告，并查看广告主请求其投放的广告，投放广告。

(3)对广告主信誉度进行评定。

(4)查看各类投放数据报表。

(5)获得投放佣金。

3. 广告联盟操作流程

(1)与广告主签订合同，并暂收投放费用。

(2)为广告主广告投放提供决策，为广告主广告设计提供决策，为大型广告主进行广告创意设计。

(3)协助广告主广告审核工作，为广告主提供审核。

(4)国内联盟运营的实现，联盟与广告主会在投放过程中加强作弊的排查，对已投放的费用仍将支付。

(5)协调广告主与网站主间的问题。

(6)得到一定比例的提成。

---

①《网络广告联盟系统运作模式及盈利模式》，2012－9－6，http://www.phpad.cn/index.php? mod=news&id=326.

（三）运行原理——长尾理论

广告联盟模式在国外起步较早，中国的广告联盟在2010年左右初具规模。艾瑞在2013年发布的数据显示，2010－2012年中国广告联盟分成金额分别为29.8亿、46.4亿、75.8亿，占中国互联网展示广告市场的比重从2010年的17%提升到2012年的21.7%。随着移动互联网的发展，艾瑞咨询预计2013年中国广告联盟市场的总体规模将突破百亿大关。

广告联盟之所以能获得巨大的生存空间，其背后的原理是互联网背景下的“长尾理论”在广告领域的应用。长尾理论最早由美国知名新经济杂志《连线》的主编克里斯·安德森(Chris Anderson)提出，他通过对亚马逊网上书店、BLOG、GOOGLE等互联网公司与沃尔玛等传统零售商的销售数据进行对比研究，发现了网络经济中的长尾理论，即在互联网带来交易成本大幅降低情形下，传统规模经济中无法实现的按需定制和个性化需求不仅能够得到满足，更会令之前看上去需求量很少的产品，也会有人去生产或购买，并且这些传统规模经济中需求和销量看起来都不高的产品，在虚拟经济中，它们加起来所占据的共同市场份额，却可以和主流产品的市场份额相提并论，甚至远远超过后者。也就是说，传统商业中处于盈利尾巴的、数目更为庞大的冷门产品，同样构成了一个大市场[①]。

对于广告行业来说，在传统媒体时期，大众媒体资源的稀缺性使得广告价位居高不下，做广告几乎是品牌企业的专利，中小型企业对广告活动望而却步。在互联网背景下，广告联盟代理商正是发掘出了这些中小型企业潜在的广告需求，并将这些需求与没有强大的流量和品牌号召力的中小型站点进行有效关联，不仅帮助中小企业实现了广告宣传的目的，同时也为众多找不到出路的个人网站和中小企业网站找到了谋生途径。

（四）“媒介导向型”广告联盟代理模式的特点

广告联盟模式与传统广告代理模式可以说是面向两种不同广告主群体的共存体，二者各行其道，互为补充。广告联盟模式具有广告成本低廉、覆盖面广、针对性强、广告投放灵活、便于广告的监测与管理等优点。但是现阶段还存在诸多问题：

1.创意水平较低，影响受众体验

广告联盟模式的主要着力点在于媒介整合和广告投放，广告联盟组织多为技术型团队，缺乏专业的广告设计能力。广告设计一般由创意模板直接生成，这就导致了大部分基于网络广告联盟投放的广告表现较为低劣。

2.作弊现象突出，影响广告主信任度

广告联盟一般采用效果付费模式，而联盟旗下的会员成千上万，一些网站主为了获得更多广告费，往往采用技术手段人为提高点击率或成交率，很难进行有效监管，这直接影响了企业对联盟广告的信任度，从而危害网络广告联盟整个产业链发展。

3.低水平同质化竞争，不利于行业发展

我国小规模的广告联盟为数众多，他们旗下的广告主资源和媒介资源高度重合，联盟会员良莠不齐，目前仍处于低级竞争和价格竞争状态，服务质量低下，导致品牌广告主望而却步，制约了整体行业发展。

---

①阳光.长尾理论[M].经济日报出版社，2012：3.

4. 监管缺失导致联盟广告市场混乱

目前从管理上看，对于广告联盟模式中联盟会员的选择、广告主资质的验证、广告信息管理上都没有统一的规定，也没有针对联盟行业的服务、产品、技术的相关标准，完全依靠联盟组织的自律来进行广告管理，导致虚假广告、强迫广告、隐形广告、欺诈广告、色情广告等泛滥，不仅损害了网民利益，也严重影响了广告联盟的信誉。

三、"受众与技术导向型"的RTB模式

RTB，英文全称为Real Time Bidding，意为"实时竞价"，RTB模式是近年来在网络展示广告领域兴起的一种实时程序化广告交易模式，其不同于传统通过人工谈判运作的固定广告位投放或流量包断模式，而是基于第三方技术，在数以百万计的网站上针对每一个用户展示行为进行评估及出价的新型广告模式。简单地说，就是把用户的每次页面浏览，通过拍卖的形式卖给广告主，谁出的价高就把这次浏览卖给谁，然后显示相应的广告[①]。

RTB模式最早兴起于美国，近几年在全球范围内迅速发展，被一致认为是未来互联网广告的主流趋势。在美国，RTB广告近5年的复合年均增长率为70.5%。Google认为展示广告的市场规模将从现在的200亿美金扩张到2015年的500亿美金，其中50%以上的展示广告将通过RTB模式完成。相关数据显示，截至2015年，全球基于RTB的展示型广告数额将呈现爆发性的增长——在美国将达到71%，在德国将达到99% ，在法国将达到103%，而在英国将达到114%的惊人增长。[②]

在中国，RTB开始的标志是2011年淘宝Tanx(Taobao Ad Network & eXchange)广告交易平台的开通，2012年被认为是中国RTB发展的元年。在这一年中，一些大型广告代理商、互联网公司纷纷布局RTB产业链，几乎各细分领域都有企业参与，产业链条已经趋于成型。

（一）产业链角色及其特点

RTB模式与前面介绍的"策略导向型"传统广告代理模式和"媒介导向型"的广告联盟模式不同，其立足于大数据与精准算法，主要关注点在于广告投放效率和效果，目标是使互联网广告市场更加精准、透明、高效、可控，让每条广告只投放给对它感兴趣的受众，每个人只看到自己感兴趣的广告。

但RTB模式并不是前两种模式的终结者和取代者，而是重新整合者，即整合前两种模式的产业链条，在此基础上加入新的中介成员。图7-3是我国网络广告市场RTB模式的产业链全景，可以帮助我们更宏观地了解RTB模式下的产业链构成。

具体来说，RTB模式下的产业链成员除了包含前两种模式中提到的广告主、广告代理商、广告联盟、网络媒体外，还增加了诸多新角色。其中最主要的是由技术服务提供商提供的以下几种技术平台：

---

①叶元:《RTB广告:互联网展示广告的下一战场》,2013－06－03,http://www.tmtpost.com/40740.html.

②中华网:《中国互联网广告 RTB元年十大事件盘点》,2013－01－18,http://tech.china.com/news/company/892/20130118/17642054.html.

图 7-3　中国网络广告市场 RTB 模式产业链全景①

1. 需求方平台(DSP:Demand side platform)

需求方平台是指面向广告主或广告代理公司的广告投放管理平台,其主要功能是利用先进的计算方法和数据分析方法,帮助广告主决策是否出价以及出价额度。目前,DSP 有很多种,从来源上看,有互联网巨头推出的内部 DSP、网络广告公司推出的 DSP、独立的 DSP 服务商、广告代理商研发的 DSP;从客户类型来看,有以品牌广告为主的 DSP、以效果广告为主的 DSP,还有品牌和效果兼顾的 DSP 等。

2. 供应方平台(SSP:Supply side platform)

供应方平台是指面向网络媒介(在移动端主要是移动站点和 APP)的广告位资源管理平台,其主要功能是帮助网络媒介进行流量分配管理、广告位管理、资源定价、广告请求筛选等,当媒介的某一页面被用户访问时,及时发布信息,挂牌出售。

3. 广告交易平台(AD exchange)

广告交易平台是一个开放的广告交易市场,分别对接需求方平台和媒介资源,在条件适配的情况下促成广告买方与卖方的交易。广告交易平台一般由大型网络媒介组织创建,主要有两种形式:一种是私有型交易平台,即某媒体为促进其自有资源销售而建设的交易平台,如盛大、新浪都推出了自己私有的广告平台;另一种是综合型广告交易平台,其不仅面向创建者的自有资源,还广泛对接各类网络媒体、广告网络、广告联盟、供应方平台。

4. 数据管理平台(DMP:Data manage platform)

数据管理平台主要通过多方数据整合、分析,将数据转换为便于理解的信息,帮助广告主和媒体进行数据管理,以便他们更好地找到潜在消费者,提高广告效果。

目前,我国的 RTB 广告市场仍处于起步阶段,多方混战,业务交叉现象较为普遍。广告代理公司、互联网企业、网络媒体纷纷在产业链各环节跑马圈地,积极布局。我国的 DSP 企业如雨后春笋般兴起,以品友互动、易传媒为代表的互联网公司不仅搭建 DSP,还同时拥有 SSP、DMP 等管理平台,力图打通产业链各环节;而拥有网络媒体资源的互联网巨头们则在广告联盟业务的基础上,纷纷推出自己的广告交易平台及配套的 DSP。2012 年 4 月谷歌将其 DoubleClick 广告交易平台在中国正式公开发布;中国的 BAT 三大巨头

①图片来源于艾瑞咨询发布的《2013 年中国 DSP 行业发展报告》。

都推出了综合型广告交易平台，如淘宝的 TANX，腾讯于 2013 年 1 月发布 Tencent Ad Exchange 广告交易平台，百度于 2013 年 8 月正式推出百度流量交易服务 BES (Baidu Exchange Service)；此外，新浪也于 2013 年 3 月推出了私有广告交易平台 SAX(Sina Ad Exchange)，京东于 2013 年 11 月推出专属 DSP 广告平台——JD 商务舱，优酷、土豆等企业也纷纷涉足广告交易平台业务。

除了以上平台外，在较为成熟的 RTB 市场中，还有更为细分的产业链角色，如图 7-4 是美国网络广告生态系统，可以看出其产业链角色更为复杂，从广告创意到效果监测的每一个环节几乎都有专业的服务机构或平台参与，如创意优化机构、媒介购买平台(MBP：Media Buying Platform)、数据优化机构、产出优化机构以及专业的广告制作机构等。

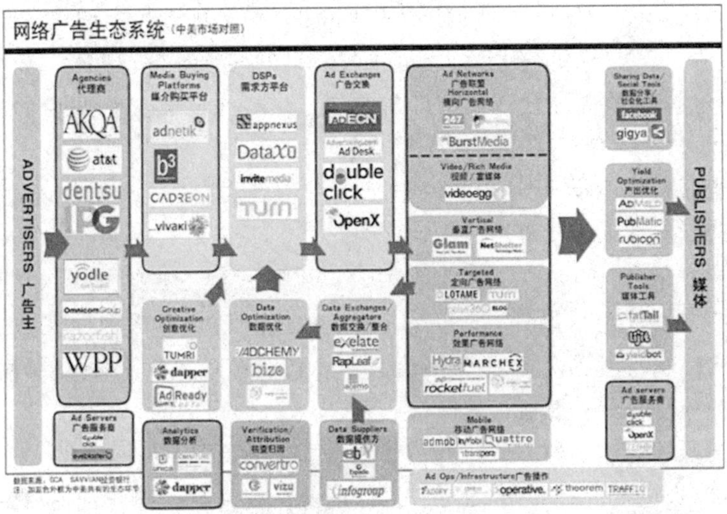

图 7-4　美国网络广告生态系统①

（二）运行方式

RTB 模式是广告行业从粗放型运作向现代精细化运作转变的必然结果。简单来说，广告主将自己的广告需求放到 DSP(需求方平台)上，互联网媒体则将自己的广告流量资源放到广告交易平台上，DSP 通过与广告交易平台的技术对接完成竞价购买。

虽然目前 RTB 模式尚不成熟，广告主、广告代理商以及为数众多的各类媒体对 RTB 模式的了解也甚少，RTB 模式下的广告份额仅占了整体网络广告市场的很少一部分。但随着越来越多广告代理商、互联网公司、网络媒体的加入，在产业链各成员的积极探索下，一个分工细致、高效透明、多方共赢，并有望彻底打通各类新媒体广告产业链之间的界限，实现跨媒体、跨平台、跨终端运营的新媒体广告产业链模式已经呼之欲出。RTB 广告的运行方式可以用一个简图来描述(如图 7-5)：

---

①吕文龙.技术制胜网络广告未来[J].互联网周刊，2010(08).

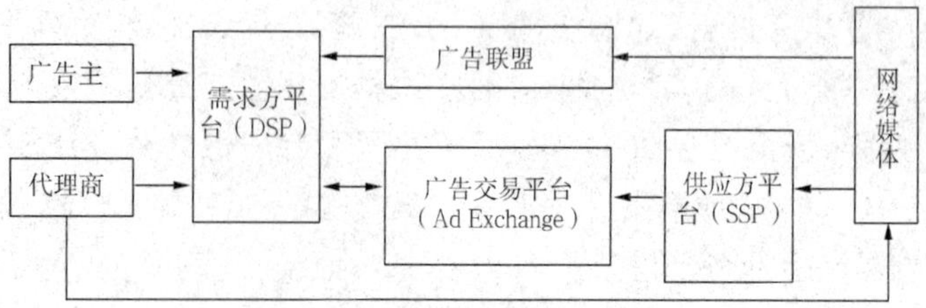

图 7-5 RTB 模式产业链简图

第一，在 RTB 模式下，广告主仍然是广告活动的发起者与出资方，品牌广告主与中小型广告主平分秋色。但前者主要通过广告代理商代表其完成系统的广告活动，后者则直接在 DSP 平台设置广告目标和预算等指标，通过广告交易平台实现广告发布。

第二，广告代理商（主要指综合型广告代理商）作为品牌广告主的代理方，专业性服务范围更多地集中于广告调查、策划、创意等广告活动的前端环节，在 RTB 产业链下主要是帮助广告主通过技术平台进行高效的广告投放。广告主为其支付相应的劳务佣金或项目费。

第三，广告联盟依然集合各类中小型媒体，并与各类需求方平台对接，帮助中小型媒体售卖媒介资源，获取佣金或分成收入。

第四，需求方平台、供应方平台等技术服务的提供商，主要服务领域在于广告活动的后端环节，即广告发布与效果评估，主要依靠大数据及科学算法帮助广告主实现广告目标，同时帮助媒体实现资源变现，数据增值。其盈利模式有多种，一种是提供系统软件，收取软件服务费；还有一种是直接代理广告业务，按效果回报分成。

第五，网络媒体通过多种方式进行资源售卖，以大型门户网站为例，其核心资源或优势广告位一般以直接定价的方式，通过广告代理公司售卖给品牌广告主；剩余广告位则售卖给广告联盟，或者直接接入供应方平台，参与竞价。

（三）RTB 模式的优点

RTB 模式实质上只代表了网络广告活动的其中一个环节，不能涵盖网络广告产业链的全部，但这种模式却推动了整体网络广告产业链的发展，使其逐渐走向专业化、细分化、高效化。具体说来，RTB 模式有如下优点：

1. 投放目标更为精准

在传统广告模式下，广告投放的核心是媒体，广告信息跟着媒体内容走；而在 RTB 模式下，广告投放的核心是人群，广告信息跟着目标人群走。网络营销越来越大的趋势就是逐步转化为以受众和数据为核心，而不是以媒体为核心做传播，对受众行为的洞察是未来营销的关键所在。① RTB 模式正是将传统的"广告位售卖"模式转变为"人群售卖"模式，使广告投放更加精准，避免了广告预算的浪费。

2. 投放方式更加灵活

在传统的广告购买模式中，广告主需要提前较长时间与媒体进行沟通，广告计划一旦确定，更改较为麻烦；而通过 RTB 模式进行程序化购买，可以做到随时购买，随时投放，减

---

①黄升民，周艳. 互联网的媒体化战略[M]. 北京：中国市场出版社，2012：113.

少人力谈判成本，在投放形式、投放时间、预算分配上都更加灵活，提高了效率。

3. 广告覆盖面更广

RTB模式采用程序化运作方式，通过平台间的无限制对接，有利于打通各类新媒体之间的界限，从而实现对更多目标人群的覆盖。目前很多DSP已经打通了PC机、PAD、手机、电视等多屏之间的界限，一次广告活动即可同时覆盖多个新媒体终端。未来通过RTB模式还有望实现包括可穿戴设备之内的多领域跨屏投放。

4. 有助于媒体整体广告价值提升

由于RTB广告并不是固定的广告位购买，而是根据用户的浏览行为来确定广告投放，也就是说，只要有用户点击就可能有广告，而且不同的用户浏览同一页面时看到的是不同广告，这种将用户的浏览行为与广告主的广告投放进行实时匹配的模式，同一广告位可以根据受众群体的不同卖给不同的广告主，无疑有助于提高媒体的版面利用率。

5. 提升了长尾流量的售卖率

一方面，RTB模式让中小广告主也可以低成本参与到广告活动中来，拓宽了广告销售市场；另一方面，在供应方平台的帮助下，一些原来没有广告或很少有广告的媒体版面，由于特定受众的浏览而开始具有广告价值；因此有助于提升长尾流量的售卖率。

（四）RTB模式存在的问题

目前，RTB产业链方兴未艾，RTB模式仍处于起步阶段，还存在诸多问题：

1. 广告位的数量和质量问题

由于RTB模式下的产业链各成员还处于跑马圈地状态，市场尚未成熟，目前发布到供应方平台的媒介广告位资源主要来源于三方面：一是自媒体流量；二是边缘媒体；三是主流媒体的剩余流量。而诸如门户网站等主流媒体对于是否进入RTB体系下还处于观望态度，目前仅有少量主流广告位出现在DSP上。从总体上看，RTB模式下的媒体资源数量和质量都还有待提高。

2. 广告创意问题

RTB模式下，广告是基于完全的数字化、自动化购买的，技术服务提供商关注的核心是广告与人群的精准匹配。但完全自动化的广告投放模式，必然会以创意的缺失为代价。虽然目前有一些创意优化公司已经开始起步，但效果甚微。打开一些网页时，常常能看到通过某DSP投放的广告，或是纯文字广告，或是毫无创意的产品图片。

3. 用户隐私问题

RTB模式的最大特点对“人”进行售卖。目前普遍的做法是对用户进行跟踪定位，通过跟踪用户访问过的Cookies来搜集用户数据，分析出用户的年龄、性别、爱好、需求等信息，实时与广告产品信息相匹配。在这种情况下，必然会涉及用户隐私问题，尤其是当用户浏览一些较为私密的信息时，并不愿意被DSP平台捕捉到自己的浏览信息，如何平衡广告精准投放与用户隐私之间的矛盾，也是未来值得考虑的问题。

第三节　手机广告的市场运行模式

手机媒体具有双重角色，这决定了手机广告市场同样具有双重特征。当手机作为移动互联网终端存在时，手机广告具有与网络广告类似的产业链结构和运行模式；但另一方面，作为通信工具的手机，又有其特殊的产业链结构，世界各国在这一领域的广告经营模式也不尽相同。目前，手机广告市场处于过渡期，新旧模式并行发展，移动互联网广告正在快车道一路高歌，代表未来的发展方向，广告表现形式、交互手段、投放方式、计费模式等正经历着创新与变革的洗礼；而过去以电信运营商为核心的"无线广告"业务模式并没有完全消失，而是朝着移动互联网领域不断融合。从这个层面来看，手机广告市场比网络广告市场更为复杂，产业链角色更多样，融合性更强。

一、手机广告的产业链角色

在手机广告市场中，产业链成员主要包括手机广告的广告主、手机广告代理商、媒介运营商、电信运营商、手机设备生产商。相对于网络广告而言，电信运营商与手机设备生产商是两个较为特殊的成员，他们在主营自己核心业务的同时，以各种方式向广告产业链渗透，试图在手机广告市场分到一杯羹。若从广告市场构成要素上看，一定程度上，也可以认为电信运营商、手机设备生产商与媒介运营商三者共同扮演着"媒介平台提供商"的角色，在不同层面提供广告发布的平台（如图 7-6 所示）。以下对各个产业链成员及其特点进行详细介绍。

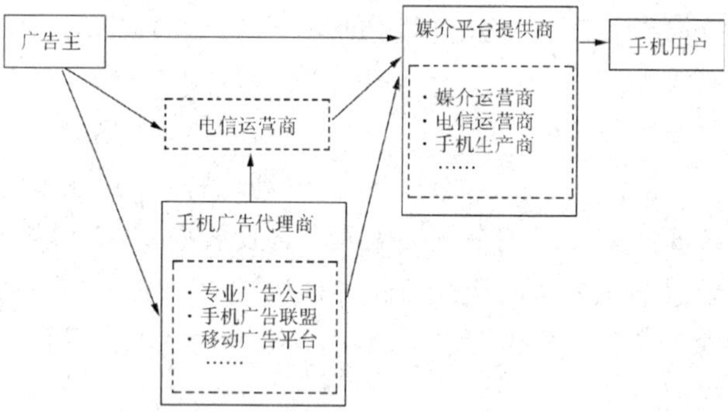

图 7-6　手机广告市场运行简图

（一）手机广告的广告主

手机广告的广告主即广告的出资者和投放者。在手机广告产生早期，手机广告的广告主多为推销保险、楼盘，办理证件、假发票的个人或小型企业；在独立 WAP 出现以后，手机软件、手机游戏、电子书、3C 产品等行业广告主开始投放手机广告；随着移动互联网的发展，越来越多的企业认识到手机媒体的巨大影响，在每年的广告预算中，移动广告预算逐渐被提高到了与传统媒体、网络媒体同样的地位。根据艾媒咨询的数据，2013 年中国移动广告平台的广告主以快速消费品为主，达到了 28.5%，其次是汽车、日化和娱乐行业，此外，地产、金融、教育、服饰等行业也开始在手机媒体上投放广告(如图 7-7 所示)。

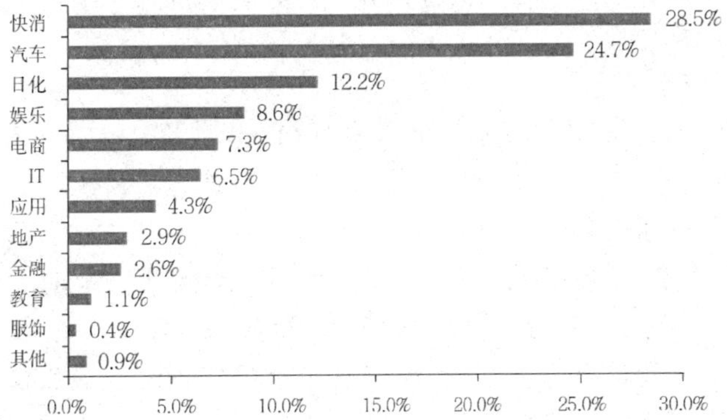

图 7-7　2013 年中国移动广告平台广告主行业总体分布①

(二)手机广告代理商

手机广告代理商伴随着手机广告的产生而产生。在 2003 年前后，我国就出现了飞拓无线、凯威点告等专门从事无线营销业务的广告代理商，飞拓无线的业务模式与传统媒介代理型广告公司类似，主要代理移动门户“移动梦网”的广告业务；而凯威点告主要通过开发技术平台，实现广告的点对点推送，这是早期两种主要的手机广告代理商形态。此外，运营手机增值业务的服务提供商(Service Provider，SP)也常常直接扮演广告代理商的角色，SP 通过与移动网络相连的服务平台，为手机用户提供诸如娱乐、游戏、短信、彩信、WAP、彩铃、铃声下载、定位等信息服务，其拥有内容加载权、定价权、计费权、广告推广权等，很多广告通过 SP 得以执行，SP 从中收取信息服务费。

在独立 WAP 风行后，出现了帮助广告主在众多 WAP 站点实现一站式广告投放的 WAP 广告联盟，运行方式类似于网络广告联盟。随着 3G 业务的发展和智能手机的普及，一方面原有的 WAP 广告联盟开始转型，媒介代理重心从 WAP 网站逐渐转向 APP 领域；同时新型移动广告公司不断涌现，如多盟、有米、多米、哇棒、万普、趣米等都是目前较为活跃的移动广告公司，他们通过搭建移动应用广告平台，为数以万计的 APP、WAP 站点提供与广告主接触的机会。

(三)媒介运营商

媒介运营商也可以说是内容提供商、应用服务提供商，主要依托 WAP 网站、APP 等内容或服务资源来聚集用户注意力，然后向广告主出售注意力资源，收取广告费用。随着智能手机的迅速普及，手机领域的媒介运营商迅速发展壮大，从来源上看，手机广告的媒介运营商主要有两类：

第一类是网络媒体平台经营者，他们或直接将网络媒体中的部分或全部内容向手机媒体移植。目前，几乎所有的网络媒体都开发了手机 APP 入口，或专门开发基于手机特点的 APP，如腾讯公司为手机媒体量身定制的微信平台。

第二类是独立的手机 APP 开发者，以苹果 APP 商店中的 APP 数量来看，2008 年上

---

①艾媒咨询：《2013－2014 中国移动广告平台行业观察报告》。

线时仅500个，发展到现在已有120多万个，其中愤怒的小鸟、割绳子等APP小游戏曾经风靡世界，强大的注意力资源使他们成为广告主趋之若骛的媒介平台。

（四）电信运营商

电信运营商是手机广告市场中的一个特殊成员，我国电信运营商主要有三家，中国移动、中国联通、中国电信。对于这一成员，可从两方面来认识：

一方面，作为手机通信和移动增值服务的渠道提供商，在独立WAP产生以前，他们垄断着用户数据和广告渠道，可以说是手机广告产业链的核心及规则制定者，任何广告服务都要基于他们的许可展开。随着移动互联网的迅速发展，虽然其在手机广告领域的掌控力已被大大削弱，但作为渠道提供商，目前仍然是手机广告的直接受益者，任何一条信息类广告，运营商都可以收取信息费；而网页展示类广告或视频广告，只要用户浏览了相应的页面或视频，运营商即可收取流量费。

另一方面，电信运营商又凭借其庞大的用户资源和对移动网络入口的控制，从未放弃充当“媒介运营商”的角色。基于庞大的手机用户，2007年中国移动、中国联通就分别从国家工商部门获得了广告运营资质，其开发的移动梦网、联通新时讯一度被看成是“手机领域的CCTV”。随后，中国移动和中国电信又分别通过与内容提供商合作的模式，在全国各地设立基地，开展手机报、手机视频、手机电视、手机音乐、手机游戏等媒体业务；目前，三大运营商已经分别打造独立的移动应用商店，中国移动的移动应用商场（Mobile Market，简称移动MM）、中国联通的“沃”商店、中国电信的“天翼空间”又将发展成新一代的媒介平台。

（五）手机生产商

数量巨大的手机使用量和市场集中度，使手机屏幕具备了充当广告媒介的价值。手机生产商与一般意义上的媒介运营商不同之处在于，媒介运营商提供的是软性的内容平台，而手机生产商提供的是硬性的手机硬件平台。数据显示，2012年中国有2.4亿智能手机使用者，2013年智能手机用户规模攀升到6.5亿，未来智能手机将是拥抱这批用户最重要的渠道。从全球来看，从2006年至今，全球智能手机的出货量一直处于不断攀升的状态，如图7-8所示：

图7-8　2006—2013年全球智能手机市场出货量规模①

---

①数据来源：《2013—2014年中国手机APP行业研究报告》。

二、我国手机广告市场的运行模式

与网络广告市场一样，目前我国手机广告市场仍然处于新旧模式交替和并存的阶段，传统以电信运营商为核心的广告模式并未消失，新型移动互联网广告已蓬勃发展。以广告传播渠道及广告运营主体地位不同，可将我国当前的手机广告归纳为三种模式：

（一）基于电信运营商“通讯服务”的广告模式

基于电信运营商“通讯服务”的广告模式是指以电信运营商所提供的各类通讯服务或移动增值服务为载体或入口来开发广告业务的运营模式，其包括多种具体的运作模式，定向短信与SP定制式广告是其中主要的两种。

1. 定向短信模式

定向短信模式是以电信运营商开发的信息服务业务及其拥有的用户数据为依托的广告模式，具体业务模式是根据广告主需求，在特定区域、特定时间对特定客户群发送特定短信内容，如短信通知、短信互动、短信抽奖、短信问卷调查、短信WAP站点推送等，该模式最大特点是具有即时性和针对性。中国移动开发的小区短信业务和小区WAP位置信息服务都属于这种模式的典型应用。

定向短信模式的主要参与者有广告主、广告代理商、电信运营商，一般采取由广告代理商进行业务代理，与电信运营商分成的模式。广告主构成可以是企业，也可以是政府部门。目前，商旅服务、展会、酒店、商场、汽车、快速消费品、银行、房地产等行业都开始使用定向短信模式进行广告宣传，政府也常常使用定向短信进行城市形象宣传、招商引资、政务宣传等。

2. SP定制式广告模式

SP定制式广告是指通过增值业务的服务提供商(SP)的互动平台，向其会员所发送的各类广告信息。SP定制式广告模式的主要参与者包括广告主、SP服务提供商、电信运营商。一般的运作模式是电信运营商给一些通过认证的SP开放一个端口，当手机用户通过短信的方式订购了SP的某项增值业务后，SP通过该端口向用户发送广告信息，电信运营商进行业务监控，并与SP进行业务分成。如中国移动与SP之间建立的分成商业模式，根据合作的紧密度，中国移动提取信息服务费的15%、30%或50%作为分成收入①。

根据运营商的规定，SP定制式广告必须经过用户许可后才能发送，但现实情况是，SP服务提供商鱼龙混杂，常有不法分子寻找各种漏洞向用户发送垃圾信息，影响了用户体验。目前，随着电信运营商进行业务整合，以及渠道垄断地位的消减，SP的业务范围已经变得越来越小，SP定制式广告模式也开始衰退。

（二）基于手机终端厂商“硬件载体”的广告模式

基于手机终端厂商的广告模式主要是终端嵌入式广告模式，是由手机生产商在手机出售前，预先在手机中植入一些广告信息，如设置开机画面、屏保、壁纸、铃声以及在手机上预装APP等。终端嵌入式广告模式的主要参与者一般包括广告主、广告代理商、手机

---

①佚名：《中移动重划游戏规则》，2009－06－21，http://network.chinabyte.com/376/8918876.shtml.

终端厂商。广州的摩拜美迪公司曾是主推终端嵌入式广告的广告代理商，2006年前后，其以买断的方式，每年在国内3000多万部彩屏手机里植入广告主的广告信息，将1/3的广告收入分给手机厂商。目前，几乎没有专门的广告代理商从事这项业务，终端嵌入式广告模式已经成了手机终端厂商单兵作战，直接与特定广告主达成合作协议，自主经营的一种行为。

（三）基于移动互联网的广告模式

前面两种模式可以说是基于"电信运营商"或"手机终端厂商"所拥有的"渠道资源"的广告模式，而"基于移动互联网的广告模式"则是去渠道化的"媒介平台"模式。随着渠道竞争升级为平台竞争，这一模式将成为手机广告未来发展的主流趋势。目前，基于移动互联网的手机广告主要在以下两个领域发展突出：

1. 移动应用广告平台模式

移动应用广告平台模式的主要参与者包括移动应用广告平台运营商、广告主、移动媒介资源开发者（APP程序开发者、WAP网站主、微信公众号所有者等）。运作模式类似于网络广告联盟，由移动平台运营商搭建智能广告投放平台并制定相应规则，媒介资源开发者可以在平台上进行注册并按要求完成软件开发工具包（SDK）的安装，当广告主通过该平台进行广告投放时，媒介资源开发者则可以根据广告点击率等有效行为指标获得广告收入，移动广告平台运营商则在此广告收入中获取一定比例的分成。广告收入一般由广告主直接付给平台运营商，再由平台运营商分发给媒介资源开发者。

移动应用广告平台是随着APP程序的兴起而出现的，美国的Admob平台是最早的移动应用广告平台。目前，我国大部分移动应用广告平台都是采用Admob模式。2010年，我国移动应用平台开始起步，2011年呈爆发式增长态势。传统广告公司、网络广告公司以及具有流量资源的互联网巨头们纷纷发力移动广告市场，搭建平台。几大互联网巨头均已在移动应用平台领域布局，2011年7月，百度上线"百度移动联盟"，已涵盖读书、音乐、应用、游戏、视频等多种媒体资源；2014年初，腾讯推出"广点通移动联盟"，WiFi万能钥匙、糗事百科、懒人听书、优酷视频等近千款应用已接入该联盟，能为广告主提供横幅、插屏、开屏、应用墙、信息流等多种广告形式。

【案例】

多盟成立于2010年，是一家覆盖Android、iOS、Windows Phone三大智能平台的移动互联网广告平台，多盟整合了智能手机领域最优质的应用以及广告资源，搭建了广告主和应用开发者之间的广告技术服务平台，可以帮助手机应用程序的开发者进行流量变现，并帮助广告主进行业务推广。

截至目前，多盟已达到超过8万的优质APP覆盖，日新增用户超过150万，DAU超过3800万，月度活跃覆盖用户在2.9亿以上。相较2012年，2013年多盟平台整体收入增长达5.5倍，预计2014年同比将实现4倍的增长。同时，多盟拥有众多国际及本土一线大牌广告主，其中不乏多家合作规模超过千万量级的广告主，2013年多盟分发给开发者的收入突破1.5亿，到2014年，为开发者的分成将达到6亿。

2. 手机应用商店广告模式

自苹果于 2008 年推出的 APP Store 模式获得成功后，手机应用商店几乎成为各领域巨头争相抢夺的地盘。在我国，三大电信运营商、手机厂商（诺基亚、三星、摩托罗拉、HTC 等）、传统互联网公司（腾讯、360、百度等）、浏览器厂商（欧朋、UC 等）、独立第三方（安卓、应用汇等）都创建了自己的应用商店。应用商店的盈利模式一般有两种：付费下载和广告推广。但由于我国手机用户目前还没有形成付费下载的习惯，因此广告成了应用商店的主要支柱。目前，手机应用商店的广告模式主要有应用程序内嵌广告和应用推广两种，参与者有广告主、应用程序开发者、应用商店提供商。内嵌广告模式一般是由应用程序开发者一次性收取广告费用，并与应用商店提供商进行费用分成；应用推广模式是由应用商店提供商制定收费规则，应用程序开发者可以购买相应广告位进行应用程序推广。

三、手机广告市场的现状及制约因素

（一）手机广告市场的现状

目前，手机广告市场的发展现状表现为如下几个方面：

(1)以电信运营商为主导的产业链已经裂变成多种模式主导的多元化产业链，基于通信渠道的手机广告逐渐被基于移动互联网的广告取代，广告产业链中的"去运营商化"将是未来发展的必然趋势。

(2)智能手机用户不断增多，催生了移动网民的持续增长。我国通过手机上网的网民数量已经超过了 PC 网民数量，网民的注意力决定了广告流向，移动互联网广告被一致认为是未来新媒体广告新的增长点。

(3)手机广告的传播平台多元化发展，互联网巨头纷纷布局手机媒体，APP 应用和微信公众号催生了大量自媒体的产生，手机广告传播媒介更为碎片化。正如尼葛洛・庞帝在《数字化生存》一书中提到的，随着后信息时代的到来，"大众传播的受众往往只是单独一人……信息变得极端个人化"①，"我们正经历从'大众媒体'到'乱众媒体'的转化"②。

(4)广告主对手机广告的认可度提高，尤其是品牌广告主的入驻，广告预算向移动媒体转移，为手机广告的发展注入了动力。

(5)移动广告平台日渐成熟，在广告主和开发者之间构建起了健康有序的利益链，通过对手机广告模式的积极探索，促进了手机广告市场的健康发展。

(6)程序化购买模式在移动广告领域开始推广应用，有望推动手机广告市场朝更加智能、高效的方向迈进。

（二）手机广告发展的制约因素

从全球来看，手机广告均处于发展的快车道，但支持其腾飞的生态系统并没有完全成熟，移动广告的推送式传播和内容上的杂乱无章仍普遍存在，导致用户体验较差，移动应用中有大量流量无法进行有效变现。具体来说以下几个矛盾是制约手机广告发展的重要因素：

---

①尼葛洛・庞帝. 数字化生存[M]. 海口：海南出版社，1997：192.

②胡泳. 众声喧哗：网络时代的个人表达与公共讨论[M]. 桂林：广西师范大学出版社，2008：121.

1. 手机广告效果与用户体验之间的矛盾

由于手机屏幕小，广告表现空间有限，加上手机媒体的个人属性较强，手机广告曾一度是骚扰广告、垃圾广告的代名词。随着移动互联网广告的发展，虽然广告表现形式有所创新，但目前仍以传统的展示类广告为主，广告数量上的增多和尺寸上的加大，均很容易影响到用户体验，从而导致用户反感或抵制。

2. 用户浏览广告的积极性与高昂的流量费用之间的矛盾

目前，由于免费网络尚未普及，尤其在中国，手机上网需要支付较为高昂的流量费，广告商不断创新广告形式，发展包括图片、音频、视频等多样化表现形式，希望鼓励用户浏览广告，但用户需要为浏览广告额外支出流量费，这又直接打击了用户浏览广告的积极性。

3. 广告的碎片化投放与效果监测体系缺失之间的矛盾

手机媒体相对于其他媒体形式来说具有更大的不确定性，有调查显示，虽然手机用户每天平均使用手机 150 次，但是在每个应用的停留往往不过几秒，人们在使用手机的同时，往往同时开着地图、联系簿、游戏、社交应用等，这让广告商很难判断用户的喜好。这与网站大不相同，因为网站页面更易于判断用户的停留时间①。目前，还没有专门针对手机广告进行效果监测和数据统计的第三方公司，公平公正的监测系统的缺失也将直接影响品牌广告主的投放热情。

4. 广告的定向投放与用户隐私之间的矛盾

手机媒体比任何媒体更具有隐私性，但同时手机所能传递的个人信息却比任何媒体都更为精确，包括通信习惯、话费消费、所处的位置、习惯浏览的应用、购物信息等，广告商不仅需要获得这些数据，进行精准化投放，同时还需要小心翼翼以避免侵犯用户隐私。

【知识回顾】

新媒体广告市场的产业链主要包含广告主、广告代理商、技术服务提供商、媒介平台、产业链下游服务机构这几个关键角色，相对于传统广告产业链而言，技术服务提供商角色的出现、产业链各环节新成员的涌现、“媒体”向“平台”转化、“受众”向“用户”转变是新媒体广告产业链中的突出特点。

在网络广告市场中，有三种较为典型的运行模式：一是以品牌广告主为核心，由广告代理商为其提供代理的“策略导向型”广告模式；二是以中小型广告主为核心，依托广告联盟运行的“媒介导向型”广告模式；三是以开放技术平台为核心，以“受众购买”为导向的程序化投放模式。在每一种模式下都有相应的产业链生态系统及独具特色的运行方式。

对于以手机为终端的广告市场而言，产业链角色下的成员构成不同于网络广告市场. 其中，电信运营商和手机生产商在手机广告市场中发挥着重要作用。我国手机媒体广告市场的运行模式主要有三种：一是基于电信运营商“通信服务”的广告模式；二是基于手机终端厂商“硬件载体”的广告模式；三是基于移动互联网的广告模式。目前，手机媒体广告市场中，以电信运营商为主导的产业链已经裂变成多种模式主导的多元化产业

---

①佚名：《首席品牌官：不做移动广告时代的旁观者》，2014－06－11，http://www.tuicool.com/articles/fIb6jqv.

链，移动互联网广告将是未来的发展趋势。但是，手机媒体的广告效果与用户体验之间的矛盾、用户浏览广告的积极性与高昂的流量费之间的矛盾、广告碎片化投放与效果监测体系缺失之间的矛盾、广告定向投放与用户隐私之间的矛盾等，是制约该市场发展的主要因素。

【思考题】

1. 广告联盟与传统的媒介购买公司有什么区别？
2. 广告联盟的发展方向在哪里？
3. RTB 模式对新媒体广告的发展具有哪些意义？
4. 在未来的手机广告市场上，电信运营商的角色会发生哪些变化？
5. 结合自己的理解分析手机广告的前景。

第八章
我国新媒体广告管理

【知识目标】

☆新媒体广告管理的概念

☆我国新媒体广告发展存在的问题及新媒体广告管理面临的困境

☆我国新媒体广告管理难题的破解之法

【能力目标】

1. 了解我国新媒体广告管理体系的内涵与外延

2. 了解我国新媒体广告管理的依据及相关修缮

3. 熟悉对新媒体广告经营主体资格的审批登记管理和新媒体广告内容的管理，并从这两个环节加强新媒体广告行政管理

4. 了解新媒体广告行业自律和新媒体广告的社会监督的概念

5. 掌握做好新媒体广告行业自律和新媒体广告的社会监督的基本方式方法

【案例导入】

孙先生是一名大学教师，常常会通过网络查找资料，但他常常会被一些网站出现的各种强制性广告所困扰。近期，无论打开哪个网站，总在页面两侧出现某知名女星代言的游戏广告，最让他头疼的是，该广告反复闪烁，并伴随着代言人不断重复的声音："嗨，大家好，我是×××，非常开心代言哥们网《天书世界》，非常棒的游戏，不要错过哦！"孙先生不胜其烦地想关闭这个广告，却找不到关闭按钮，只好把电脑设置成静音，但还是要忍受广告闪烁带来的视觉影像。

王女士家的燃气灶近期打不着火，于是想通过网络找人上门维修。王女士第一个想到的是通过搜索引擎寻找维修公司，她在某知名搜索引擎中输入"燃气灶维修"，出现在搜索结果第一条的即是以电话开头的某 24 小时燃气维修公司。出于对该知名搜索引擎的信任，王女士拨通了这个电话，预约了上门时间。没想到最后的结果是找来了两个骗子，骗走了几百元维修费，问题却丝毫没有解决。

2014 年 3 月，国家工商总局公布了对网易、腾讯、凤凰网等 20 家网站广告的监测数据。监测抽查的各类网络广告总共 105.6 万条，严重违法广告 34.7 万条，占监测总量的 32.86%。抽查结果显示，广告违法现象在药品、医疗、保健、食品、化妆品、美容服务等领域尤为突出，其中医疗行业常利用互联网进行虚假宣传，突出"卫生部直属"等字眼，或者

用没有任何合作关系的行业专家进行宣传；而在化妆品等行业，则过分夸大其功效，对产品性能、使用效果进行虚假宣传，进行虚假承诺。无独有偶，我国“12321 网络不良与垃圾信息举报受理中心”调查显示，2014 年上半年受访用户平均每周收到垃圾短信 12 条；2014 年 8 月，腾讯手机管家用户举报垃圾短信达到 5373 万条。

在新媒体领域，广告往往是一类特别的信息资讯，与人们的生活有着比传统媒体广告更为密切的关系。通过以上材料可以看出，目前新媒体广告存在诸多问题，那么我国目前对于新媒体广告的管理采取了哪些措施、面临哪些难题、如何解决这些难题等，都是值得我们思考的问题。

第一节　新媒体广告管理概说

新媒体时代，随着经济的飞速发展，科技水平的不断提高，越来越多的商家借助新媒体技术手段推广自己的商品，推出诱人的新媒体广告宣传，博得消费者的眼球和信任。但是在这个宣传推广、购买消费的过程中，市场管理的不规范，以及新媒体广告管理法规的缺失，使得新媒体广告问题层出不穷。新媒体广告管理面临的难题使得买卖双方之间的矛盾不断加深，市场秩序被扰乱，特别是虚假新媒体广告违法现象严重。如果不及时加以正确引导，将不利于新媒体广告的健康发展，消费者的利益也得不到有效保护，从而严重阻碍我国新时代的经济进一步发展。

一、新媒体广告管理的概念

所谓新媒体广告管理，就是我国各级广告管理机关会同相关行业协会和社会监督组织，依照一定的广告管理法律、法规和有关政策规定，对新媒体广告行业和广告活动实施的指导、监督、控制和查处，以达到保护合法经营，取缔非法经营，查处违法广告，维护新媒体广告行业正常运行的目的，促使我国广告行业朝着健康、有序的方向发展。

目前，世界各国根据各自的国情采取多种方法对广告行业进行监管，主要有政府监管、行业自律、社会监督等方式。我国新媒体广告管理的方式也主要是这几种方式融合在一起，三者既分工明确、职责清晰、运作独立，又相互配合、补充协调。

然而，由于新媒体广告出现较晚，因而对它的管理，不论是在立法方面，还是在内容监管方面，抑或是在对新媒体广告主体的界定、新媒体广告发布主体的管辖和对违法、违规新媒体广告的处罚等方面，都处于起步阶段，属于广告管理中最薄弱的环节，亟待改善和解决的问题还非常多，面临的难题更是难以计数。

二、新媒体广告存在的问题

近年来，新媒体广告以远超传统媒体之势飞速发展，各类广告形式层出不穷，广告发布方式日新月异。2015 年 5 月，清华大学新闻与传播学院和社会科学文献出版社联合出版的《传媒蓝皮书：中国传媒产业发展报告（2015）》中的数据显示，目前我国网络广告收入已突破 1500 亿，首次超过电视广告，成为广告规模排名第一的媒体类型。但是，在如此火热的发展态势下，新媒体广告在传播过程中存在的各种问题也成为影响用户体验，进而阻碍新媒体广告继续发展的障碍。

（一）广告内容鱼龙混杂

互联网和手机短信广告中充斥着大量内容粗俗、不堪入目的广告内容。一些新媒体广告经营者和发布者为了吸引用户眼球，以挑逗性的标题和含有性暗示的视频或图片，诱导用户点击查看链接信息，以达到宣传自己生产经营的产品和服务的目的，严重影响了未成年人的身心健康。受经济利益的驱使，新媒体成为不法商家发布违法广告的重要阵地，屡禁不止，在医药广告领域尤为突出。这些广告严重扰乱了正常的广告市场秩序。

（二）广告表现良莠不齐

由于新媒体广告发布的便利性，以及市场准入、行为规范、责任追究等方面的缺乏，一些商家和个人为了谋取经济利益或其他需要，将广告信息未加工即进行发布，使得大量表现拙劣的广告信息弥漫于新媒体广告平台中，严重影响了用户体验，也不利于广告市场的良性发展。

（三）强制传播现象严重

用户在浏览网页或下载文件时，一些“弹出式”广告和“浮动式”广告在屏幕上不断盘旋或随着鼠标的移动而移动，有些广告甚至带着声音或不间断的闪烁画面，且画面上没有明显的关闭按钮，这种强制性的广告传播形式不仅影响了用户正常浏览网页，更是剥夺了用户的自主选择权。此外，一些商家未经用户许可，采取批量发送的方式，将垃圾邮件和信息擅自发送到用户的邮箱和手机上，也给用户的正常生活带来严重困扰。

（四）虚假违法广告现象突出

新媒体广告发布门槛低，这使得任何个人和企业都可以在几乎没有任何约束的情况下开展广告宣传活动：他们或在相关的广告发布平台上进行简单注册然后上传广告信息，或通过自媒体发布广告，或将广告以新闻、论坛话题等隐性形式进行传播。由于新媒体广告目前仍处于法律监管的灰色地带，主要通过广告主和广告经营者的自律进行管理，而广告经营者由于利益的驱使往往对虚假违法广告视若无睹，这使得目前新媒体领域中的虚假广告泛滥。

三、新媒体广告管理面临的难题

新媒体具有开放性、自由性、迅捷性、无国界性和交互性等特征，要有效管理新媒体广告，应首先厘清几个问题：谁来管理？管理谁？如何管理？也就是说，应有明确的监管主体、明确的管理对象、明确的管理过程和手段。实际操作中，上述三个方面均存在难以解决的问题，从而导致了我国新媒体广告管理困难重重。具体来说，我国在新媒体广告管理上面临如下几个难题。

（一）新媒体广告主体未限制

传统媒体发布广告按照规定需要办理广告经营许可证，据此工商部门能够准确地掌握广告发布主体的情况。但是，根据我国现行的《广告经营许可证管理办法》的规定，新媒体经营者无须领取广告经营许可证，只需按照《中华人民共和国公司法》或其他法律法规的规定，取得主体经营资格、《中华人民共和国电信与信息服务业务经营许可证》(ICP 许可证)、《第二类增值电信业务经营许可证》(SP 证)后，可通过互联网、无线通信网、移动电视等新媒体发布广告。新媒体广告经营主体不受限制，使得广告主体泛化，广告监管部门管理效率低下。

(二) 新媒体广告审查手段落后

传统媒体发布广告后，要求向工商部门报送广告样本，工商部门对这些样本进行审查并留存。而新媒体广告发布后，无须报送广告样本，工商部门没有办法及时对其发布的广告内容进行审查并留存样本。此外，工商部门没有设立专门查处新媒体广告的机构，一些市、县(区)工商局虽已配备电脑和网络等硬件设施，但是监管技术手段落后于新媒体广告的发展。

(三) 新媒体广告违法取证方式单一

目前工商部门还没有形成一套对新媒体广告进行全程监控的体系。由于网络具有虚拟性、无地界、跨国界等特点，工商部门没有新媒体广告发布者的档案，不能掌握新媒体广告发布的内容，没有留存的样本，加之网络或手机上发布的广告内容更新快，工商部门没有足够的手段将已删除的网络广告或手机广告内容进行恢复，这给日后查处违法广告带来了困难。新媒体广告内容改动的随意性很大，在监管执法中主要采取对静态的虚假广告网页进行打印、拍照等方式，固化虚假信息，取得证据，这样单一性的手段使新媒体广告违法证据很难全面获取，因此，监管效果不甚理想。

(四) 新媒体广告行政处罚责任界定模糊

根据《中华人民共和国广告法》规定，广告经营主体分为广告主、广告经营者、广告发布者等。传统的广告很容易将三者区分，而对于新媒体广告，由于其制作、经营、发布广告变得极为简单，常常使广告主、广告经营者、广告发布者之间的界限模糊，因此对发布新媒体违法广告主体的法律责任难以确定。例如，许多网络运营商在收取广告主费用后发布广告，并未审核其内容。一旦发布违法广告，工商部门只能对广告主进行处罚，难以对网络运营商进行限制。

(五) 新媒体广告监管部门协作困难

我国实行的是以国家的法律和行政监管为主，自律和社会监督为辅的广告监管模式。在广告监管实践中，由于行业及商品类别的复杂性，商业广告的监管涉及不同的政府部门，往往形成“各部门齐抓共管”现象。由于各部门的利益不同，在监管过程中又出现“条块分割”“责任不清”“问责制度不健全”等问题，在一些领域常常出现监管“空白”。近年来，由各部门联合开展“运动式”集中清理，例如对化妆品、医疗广告的整治，这种非常态的、非长效的监管手段，暴露了政府部门监管过程中的不足。另外，由于一些地方政府缺乏对本地区广告业发展的统一规划，特别是对广告活动规律缺乏正确的认识，未依据法律法规和根据市场规律管理广告市场，在伤害了广告行业的同时，也降低了政府的公信力。这些监管问题同样在新媒体广告管理中出现。

第二节　我国新媒体广告的法律监管

现阶段，我国传统广告业已经形成了一个比较完整的广告监管体系，包括法律法规、行政监管、行业自律、消费者权益保护。在新媒体环境下，相关法律法规制度不够适应，监管主体不够明确，市场准入制度的改革跟不上等，已经成为新媒体广告监管的突出矛盾。新媒体广告市场良性竞争、快速发展，迫切呼唤一个与时俱进的监管与引导机制。

一、新媒体广告管理的法律依据

由于新媒体广告是一种相对较新的广告形态，且发展变化极快，对于新媒体广告的监管还处于边走边看的探索阶段。截至 2015 年，我国一直没有专门针对新媒体广告的全国性的法律、法规。对新媒体广告管理的法律依据散见于以下不同类型的法律法规中。

（一）统一的全国性广告管理法规

目前，我国正在使用的全国性广告管理法规主要有《广告管理条例》（1987 年施行）、《广告管理条例施行细则》（2004 年修订）、《中华人民共和国广告法》（2015 年修订）等，由于新媒体广告与传统媒体广告相比，主要是发布渠道存在不同，因此，统一的全国性广告管理法规中，对所有广告在内容上的管理都具有同样的适用性。

值得一提的是，在 2015 年我国《广告法》已经完成修订之际，国家工商总局广告监管司司长表示，由于互联网广告形态多样、技术复杂，工商总局将会同国家互联网信息办公室、中华人民共和国工业和信息化部、国家新闻出版广电总局等八部门，出台专门的互联网广告管理办法，提高监管针对性和有效性。2016 年 7 月 8 日，国家工商总局发布了历经五年调研和论证形成的《互联网广告管理暂行办法》，该管理办法于 2016 年 9 月 1 日正式施行。

（二）国家法律中有关广告的条款

在我国的某些其他法律中有一些与广告形式和内容相关的法律条文，对新媒体广告的发布也起到一定的规范作用，如《中华人民共和国反不正当竞争法》（1993 年修订）、《中华人民共和国消费者权益保护法》（2013 年修订）、《中华人民共和国商标法》（1983 年修订）、《中华人民共和国著作权法》（2010 年修订）、《中华人民共和国国家通用语言文字法》（2000 年修订）等。比如《中华人民共和国反不正当竞争法》第二章第九条规定“经营者不得利用广告或者其他方法，对商品的质量、制作成分、性能、用途、生产者、有效期限、产地等作引人误解的虚假宣传”。这些规定对于新媒体广告同样适用。

（三）与新媒体领域相关的行业规则

与新媒体领域相关的行业法律和法规近年来陆续出台，其中包括国务院颁布的《互联网信息服务管理办法》(2000 年施行)、原中华人民共和国信息产业部颁布的《非经营性互联网信息服务备案管理办法》(2005 年施行)以及《互联网 IP 地址备案管理办法》(2005 年施行)、《互联网站管理工作细则》(2005 年施行)等。

2014 年 11 月,工信部发布了《通信短信息服务管理规定(征求意见稿)》,其中明确规定了未经用户许可,任何组织和个人向其发送商业性短信都属违规。同时它进一步畅通了用户维权的渠道,明确了如何举报、向谁举报及触犯规定后所受处罚等,一旦该规定正式出台,垃圾短信问题有望得到彻底解决。

(四)特殊商品在互联网上发布信息的相关规则

在广告领域,诸如食品、药品、医疗器械等都属于特殊商品的类型,除了广告法规中会进行特殊规范外,同时与其相关的管理部门也会颁布一系列更为具体的管理规定。如国家食品药品监督管理局 2004 年颁布的《互联网药品信息服务管理办法》、2005 年颁布的《互联网药品交易服务审批暂行规定》等,其中的一些条文都对这些特殊商品广告起到规范作用。

(五)针对新媒体广告管理的地方性法规

随着新媒体广告的快速发展,一些新媒体广告相对发达的地区便意识到了广告管理的迫切性,开始制定专门的地方性法规来规范新媒体广告行为。比如 2001 年 3 月,北京市工商行政管理局率先发布专门管理北京市网络广告的规章《北京市网络广告管理暂行办法》,该办法对网络广告的发布者、发布内容、发布方式均进行了规范,并与 HD315 网站进行衔接,以提高网络广告管理的效率;2002 年 3 月,浙江省工商管理局颁布《浙江省网络广告登记管理暂行办法》,对网络广告经营者进行了规范。这些地方法规的颁布,在一定程度上弥补了新媒体广告管理体系的不足。

二、《广告法》修订对新媒体广告管理的意义

尽管目前我国在新媒体广告管理中有如上所述的若干法律法规作为执法依据,但是,由于缺乏专门性的管理法规,而现存的法规又存在概念模糊、界定不清、可操作性不强等诸多问题,因此,对各类广告管理法规的修订和完善一直是广告行业极力呼吁的热点问题。

《中华人民共和国广告法》(以下简称《广告法》)是我国唯一的系统性和专门性的广告管理法规,该法最早于 1994 年 10 月 27 日由中华人民共和国第八届全国人民代表大会常务委员会第十次会议审定通过,1995 年 2 月 1 日起施行。自《广告法》颁布实施 20 年来,其在广告活动的管理和规范上发挥了不可取代的作用。但是随着新媒体的出现和广告行业的迅速发展,《广告法》中的相关规定越来越难以适应新的需求。2015 年 4 月 24 日,《广告法(修订草案)》在全国人民代表大会常务委员会常委会十四次会议表决通过,本次修改进一步扩大了《广告法》的管理范围,对违法行为和处罚标准进行了明确界定,其中增加了一些明确针对新媒体广告行为的条款,对推进新媒体广告管理的发展具有重要意义。具体表现为以下几个方面。

（一）将原则性规定落实为可操作性规范

修订后的《广告法》中，最明显的特点在于将过去常见的原则性规定进一步落实为了可操作性的条款，对每一类违法行为的表现均做出了明确说明，并且在法律责任部分将违法处罚与前面的违法行为进行了一一对应，保证了《广告法》的可操作性。

（二）对垃圾广告发布行为提出了明确禁令

在新《广告法》中，针对以电子信息方式单向发送广告的行为提出了明确规定，并做出了具体的处罚标准。《广告法》第四十三条规定："任何单位或者个人未经当事人同意或者请求，不得向其住宅、交通工具等发送广告，也不得以电子信息方式向其发送广告。以电子信息方式发送广告的，应当明示发送者的真实身份和联系方式，并向接收者提供拒绝继续接收的方式。"在第六十三条指出：" 违反本法第四十三条规定发送广告的，由有关部门责令停止违法行为，对广告主处五千元以上三万元以下的罚款。"

（三）加强了对强制性广告行为的规范

针对互联网广告中的强制性广告行为，新《广告法》提出了明确的广告制作规范以及处罚规定。其第四十四条规定，"利用互联网发布、发送广告，不得影响用户正常使用网络。在互联网页面以弹出等形式发布的广告，应当显著标明关闭标志，确保一键关闭"。而一旦违反这个规定，"利用互联网发布广告，未显著标明关闭标志，确保一键关闭的，由工商行政管理部门责令改正，对广告主处五千元以上三万元以下的罚款"。

（四）对虚假广告做出了前所未有的严厉规定

在新《广告法》中，不仅对发布虚假广告违法行为的责任者、执法机关、处罚标准进行了明确规定外，还对与虚假广告相关的广告经营者、广告发布者界定了连带责任范围和处罚标准，对屡次产生违法行为的责任者则予以更严厉的处罚。

如《广告法》第五十五条规定："违反本法规定，发布虚假广告的，由工商行政管理部门责令停止发布广告，责令广告主在相应范围内消除影响，处广告费用三倍以上五倍以下的罚款，广告费用无法计算或者明显偏低的，处二十万元以上一百万元以下的罚款；两年内有三次以上违法行为或者有其他严重情节的，处广告费用五倍以上十倍以下的罚款，广告费用无法计算或者明显偏低的，处一百万元以上二百万元以下的罚款，可以吊销营业执照，并由广告审查机关撤销广告审查批准文件、一年内不受理其广告审查申请。"

而作为连带责任者的广告经营者、广告发布者"明知或者应知广告虚假仍设计、制作、代理、发布的，由工商行政管理部门没收广告费用，并处广告费用三倍以上五倍以下的罚款，广告费用无法计算或者明显偏低的，处二十万元以上一百万元以下的罚款；两年内有三次以上违法行为或者有其他严重情节的，处广告费用五倍以上十倍以下的罚款，广告费用无法计算或者明显偏低的，处一百万元以上二百万元以下的罚款，并可以由有关部门暂停广告发布业务、吊销营业执照、吊销广告发布登记证件"。第五十六条规定，"关系消费者生命健康的商品或者服务的虚假广告，造成消费者损害的，其广告经营者、广告发布者、广告代言人应当与广告主承担连带责任"。

第三节 我国新媒体广告管理体系

新媒体广告在我国媒体广告产业中不断发展壮大，因此如何有效运用新媒体广告促进经济的发展，提升我国人们的物资生活水平，从而让它得到更好更快的发展，将是我们今后研究新媒体的中心之一。面对新媒体环境下广告传播出现的新问题，迫切需要一套科学、合理、可操作的制度或机制，广告监管也就应运而生。这种情况下的广告监管应以肃清广告市场上的不良现象，保障广告市场的文明、健康环境为目的，从社会公众的利益出发，对违法违规的新媒体广告活动进行合理约束。在这一层面上，广告监管与广告媒体的关系是实施监管与被监管的关系。然而，广告媒体的发展变化对广告监管亦产生反作用，媒体的改革促使广告监管体系、制度不得不随之不断改进、完善以达到其监管的目的。而监管模式对新媒体的未来发展生死攸关，当下，我国正加大力度创新监管体制，结合国情探求新媒体监管切实可行的模式，找到新媒体发展需要的制度创新和政策调整方案。

我国新媒体广告监管承袭了传统广告监管模式，我国广告监管主要由广告行政监管（包括广告审查制度）、广告行业自律和广告社会监督 3 个子系统构成。广告监管模式的特点是"政府监管为主，行业自律和社会监督为辅"，且是一种多部门协作的广告监管模式。

一、新媒体广告的行政管理

广告行政管理是我国现阶段进行广告监管的一种主要方法，它的最高管理机关是中国国家工商行政管理总局，县级以上各地方工商部门下属的广告司、广告处、广告科、广告股（或室）构成自上而下的广告行政管理体系。根据每个行业性质特征、发展状况的不同，协同管理的部门会有所不同，比如对新媒体广告的管理来说，除了上述这些职能机构可以对其进行管理外，还会协同政府机构下设的诸如网络信息管理中心这样的部门共同对新媒体广告进行相应的监督管理。

我国广告监管的行政执法体系是"工商为主、齐抓共管"的监管体制。各级工商行政管理机关的职责权限是：起草各种广告法律法规草案和文件；监管具体的广告发布活动和经营活动；查处相关违法违规广告；指导整个行业或者具体地区行业的发展等。在这里需要强调的是，我国的工商行政管理部门是具有两种职能的，一是广告监管的职能，二是指导行业发展的职能，这两种职能合在一个部门内，一个部门承担两种职能的现象，在中国政府其他部门乃至国外都是很少见的。对于新媒体的行政管理，我们将从新媒体广告经营主体资格的审批登记管理、新媒体广告内容的管理两个方面进行展开。

（一）对新媒体广告经营主体资格的审批登记管理

审批登记是广告管理机关代表国家对广告经营者、发布者合法经营、发布广告资格的确认。它是对广告活动进行监督管理的基础，包括对长期经营、发布广告的单位或进行审批登记，或对单位、个人临时经营、发布广告的审批登记。审批登记的重点有二。其一，对广告经营权的审批。广告管理机关依照广告管理法律、法规的有关规定，对审批经营、发布广告的单位和个人，是否具备经营、发布广告的资质条件进行审查，由此决定是否授予其广告经营权。对符合条件者授予广告经营权，颁发营业执照；反之则不授予广告经营权。其二，对广告经营范围的核准。广告管理机关依照广告管理法律、法规的有关规定，对申请经营、发布广告的单位和个人，根据其经营、发布广告的资质条件，对其广告经营范围进行核准，亦即允许其在什么范围内经营广告，经营什么类型的广告。申请经营广告的单位、个人，只有取得广告经营权和核准广告经营范围后，才能经营广告业务。

目前新媒体广告经营主体资格的管理问题主要表现在广告主体定位不明确，市场准入资格过于宽松。在对传统广告媒体的审查中，营业主体必须符合有关条件并且通过广告业的资格认证才能获得营业执照，从事广告业务。传统商业广告的经营模式是由商品生产者委托广告公司设计、制作广告，然后交由电视、报刊等媒体传播，广告主、广告经营者和广告发布者各自的定位和职责是清晰的。而在新媒体中，任何主体既可以是信息的接受者，又可以是信息的发送者。由于目前对新媒体上发布的信息缺乏全面的资格审查和许可，极大地降低了在新媒体上发布信息的资格要求，因此就出现了广告主、广告经营者和广告发布者身份重合的现象。不仅如此，依照现行《广告法》，从事广告业务有一定的市场准入条件，经营广告业务必须通过广告业的资格认证，获得营业执照。而新媒体广告数量的庞大性、内容的丰富性、形式的多样性等与传统广告的差异，致使对其监管困难重重。以网络广告为典型代表来说，《广告法》根本就没有规定网络广告的准入制度。也就是说，在网络广告的发布中，谁能发布广告，怎样才能获得网络广告发布权，都没有进行规定，这使得任何拥有网络使用权的个人或组织都可以在其网站上发布广告，这就为诸多问题广告的出现提供了可能。现阶段新媒体广告市场准入制度的缺失使得几乎任何拥有新媒体使用权的企业、其他经济组织或个人都可以从事广告业务，局面非常混乱，为虚假广告的产生留下可乘之机。

因此，在新媒体广告管理的现实中，对新媒体广告经营主体资格的审批登记管理比较困难。由于新媒体广告经营主体不受限制，广告监管部门无法掌握广告经营主体的情况。传统媒体发布广告按照相关规定需要办理广告经营许可证，工商机关能够准确掌握广告经营主体。但是对新媒体广告经营者进行资质审查登记管理，根据我国现行的《广告经营许可证管理办法》的规定，不用领取广告经营许可证，只要按照《公司法》或其他法律法规的规定，取得主体经营资格，核发网络广告经营许可证、电信网络广告经营许可证、移动电视广告经营许可证，即可通过互联网、无线通信网、移动电视等新媒体发布广告，这就给工商机关的广告监管工作带来很大困难。

因此，我国应该对新媒体广告经营主体资格实行严格的审批登记管理，进一步加强市场准入登记管理。相关的广告监督管理部门应该加强与域名登记管理部门、互联网信息管理部门等相关机构联动，多方机构协同管理，及时掌握自有媒体的情况，定期对自有媒体上的宣传内容进行查阅，发现问题及时处理。对没有取得经营主体资格的，域名登记管理部门一般不予受理域名申请；对准予域名登记的，域名登记管理部门将有关登记信息抄告工商部门，以便实现有效监管。

（二）对新媒体广告内容的管理

新媒体广告内容管理，是指对新媒体广告内容及其相关新媒体广告的管理，它是新媒体广告管理的一项重要内容。其根本目的是保障消费者的利益，防止误导，查处欺骗、净化新媒体空间。它的基本原则是维护新媒体广告内容的真实性、合法性。

新媒体广告的内容主要包括三个方面：第一类是由广告专营公司、网络经营者、媒介单位、电信运营商发布的商业广告；第二类是企事业法人、其他组织或个人通过自己的网站及网络链接对自身生产、经营的产品或提供的服务所做的各类宣传；第三类是各类市场主体通过网络、手机、移动电视发布的公益广告、通知公告等。

目前，我国没有专门针对新媒体广告内容管理的全国性法规，因此，对新媒体广告内容的管理以及管理流程基本采取与对传统广告管理一样的办法。按照规定，传统媒体发布广告后，要向工商机关报送广告样本。而新媒体广告发布后，无须向工商机关报送广告样本，工商机关无法及时对广告内容进行审查并留存样本。但对于新媒体比如网络来说，网络具有虚拟性、无地界、跨国界等特点，工商机关又没有网络广告发布者的档案，不能掌握网络广告发布的内容，没有留存的样本，加之网络或手机上发布的广告内容更新快，工商机关目前还没有足够的手段，将已删除的网络广告或手机广告内容进行恢复，这给日后查处违法广告带来了困难。现如今的广告主体往往都是多合一的角色，很多都不存在广告主、广告发布者或者广告经营者这三个独立的角色，而自己根本不可能监督审查自己，因此内容审查在新媒体广告这里已经可以说是形同虚设。依据现行《广告法》规定："广告经营者、广告发布者依据法律、行政法规查验有关证明文件，核对广告内容。对内容不符或者证明文件不全的广告，广告经营者不得提供设计、制作、代理服务，广告发布者不得发布。"但是对于数量众多良莠不齐的新媒体经营者而言，广告主发布广告过程中缺乏有效的审查、监管措施，再加之网页数量极为庞大，有关部门对所有网络广告进行监督存在很大难度，虚假广告和违法广告的问题日益严重。

总之，我国对新媒体发布管理目前仍存在诸多漏洞，让不法分子有可乘之机，新媒体广告发布的内容管理强度不够，使得虚假、低俗、违法广告层出不穷，对社会带来的危害极大。对于我国广告监管的执法人员来说，他们对违法广告内容的评判准确度很难掌握，兼之在某些违法广告的查处过程中，由于缺乏具体的法律依据，执法人员还经常遇到广告发布者不服工商行政管理部门查处的情况，也影响了对虚假广告的依法打击。现行的广告审查制度和程序很难体现政府行为公开、公正和公平的原则，在这一点上，我们可以借鉴美、日等国经验，建立服务性的独立广告审查团制度。

独立审查团制度是指由广告管理部门、广告行业组织、广告公司、消费者代表机构、广告研究机构和公众代表组成的独立审查团依法对广告内容、方式进行全面审查的广告监管制度，它们是独立于广告监管部门的广告审查权威机构。独立审查团的职责是依法对广告传播行为和传播内容进行审查，广告监管机构是依据审查团的审查结论进行执法。独立审查团制度的建立可以充分排除广告主对广告审查的干扰，提高审查的客观性；同时可以全面科学地审查广告内容的合法性；充分判断广告内容、方式的合理性，是否有悖于社会文化和道德伦理规范；充分审查广告的内容、语言、情节，是否会对某些特殊群体的广告受众产生感情、心理、情绪等各方面的伤害。因此，根据独立审查团的广告监测、检查和案件处理情况，我国工商管理机构可会同各相关部门，定期向社会发布广告监测公告，选择常见的典型虚假广告案例进行点评分析，增强消费者的自我保护意识，促成我国广告自律体系的合理化。

（三）加强新媒体广告行政管理的举措

1. 设立新媒体广告监测中心，人工监管和智能监管双管齐下

目前我国对新媒体的管控还不到位，在广告管控失灵的整体局面下，新媒体环境的广告管控是一种暂时性的管理缺位状态。各地工商行政管理机关应该设立广告监管中心，让人工监管转变为智能监管，让抽样监管转变为系统监管。应依托于统一的新媒体广告监测软件，运用高科技，对网络广告、手机广告进行全面监管。将过去的人工操作、个别查处转变为掌握整体发布动态、快速做出监管行为。不过，这要依托工商机关强大的数据库系统。

新媒体广告应该标注“广告标记”，同时加载具有唯一性的“数字标记”。新媒体上的信息量庞大，海量的数据为监管造成的难度可想而知。如果在广告的信息中加入权威管理机关核实发布的数字标记，这不仅能够区分广告和非广告，能够最大限度地减少广告监管的工作量，更便于工商机关建立数据库系统，进行实时监测。而且，数字标记具有很大的云数据库，工商管理部门可以通过每一个唯一的数字标记，识别每一个具体广告活动的所有信息，包括广告载体的所在地等，并能够对新媒体广告进行分类和汇总。

2. 多种制度并用，不断提升新媒体广告监管效能

目前，多种广告的监管制度主要在传统媒介上发挥作用，下一步应该将其纳入到新媒体广告监管中。

第一，广告监测制度。广告监管的工作是广告管理部门每天的日常重要活动。广告管理部门通过日常的监管，分析违法广告的内容、性质、趋势和走向。这一制度有利于提高广告监管工作的前瞻性，有利于建立广告发布预警机制。

第二，违法广告公告制度。它包括部门联合公告、广告监督管理机关公告和广告审查机关公告。第一个由国家工商行政管理总局会同有关部门联合发布，第二个由国家工商行政管理总局向社会发布，第三个由广告审查机关向社会发布。这个制度是为了发挥社会舆论的监督作用而建立的广告监管长效机制。

第三，违法广告案情通报制度。它是针对跨地域违法广告案件和存在多个主体的违法广告案件等复杂案件而制定的，有利于使所有涉案的主要人和事都受到惩罚。

第四，非强制调解制度。我国广告监管大体上属于事后监管，着力点在于责任的认定和追究，对消费者权益的保护较少关注。在新媒体违法广告案件中，消费者权益保护常常力有不逮，诉讼的成本太大，效率较低。

以上四种广告监管制度的范围不应局限在传统媒体广告上，而应随着时代环境的变化而有所变化，将其范围拓展至新媒体广告监管范畴。针对目前新媒体广告的具体发展情况，这四种具体的广告监管制度可能会存在不相协调的情况。因此，这些具体广告监管制度应该根据情况进行适度修改，以适应新媒体广告的发展要求。

3. 新媒体时代加强广告监管机关自身建设

针对网络快速发展的现状，工商机关应通过多种形式和渠道，对网络经营者、电信运

营商、各类自有媒体的经营者定期进行广告法律法规培训，使其增强广告法律意识，降低新媒体广告的违法率。有关人员应加强对网络技术、移动技术、数字技术的学习，掌握新媒体的特点；认真研究新媒体广告的特征，熟悉新媒体广告的表现形式，配备新的装备，符合新时代对广告监察机关的要求，建立新媒体广告的监督机制。

二、新媒体广告行业自律

（一）新媒体广告行业自律的概念

新媒体广告行业自律就是一种内在约束性制度，也是新媒体广告行业进行自我管理的一种职业道德规范，主要指广告主、广告经营者和广告发布者自发成立的民间性行业组织，通过自行制订一些新媒体广告自律章程、公约和会员守则等，对自身从事的新媒体广告活动进行自我约束、自我限制、自我协调和自我管理，使之符合国家的法律、法规和职业道德、社会公德的要求。它在新媒体广告行业内通过广告行业自律组织，依靠新媒体广告行业的自律规则，借助道德舆论的力量，进行自我约束、自我管理。一般来说，广告行业自律由广告行业自律组织和广告行业自律规则两个方面构成。

（二）新媒体广告行业自律组织及规则

在中国，新媒体广告行业自律组织主要有中国广告协会互动网络委员会和中国互联网协会。

1. 中国广告协会互动网络委员会

中国广告协会是我国最大的广告行业自律组织，它创立于 1983 年 12 月，是国家工商行政管理总局的直属事业单位，协会由全国范围内具备一定资质条件的广告主、广告经营者、广告发布者、与广告业有关的企事业单位、社团法人等自愿组成，1994 年年底，颁布了《中国广告协会自律规则》。2007 年 6 月 13 日，中国广告协会互动网络委员会正式成立，该组织经国家工商行政管理总局和国家民政部的批准成立，旨在推动基于互联网、手机等媒体之间的互动营销，研究并规范互联网广告营销模式。其隶属于中国广告协会，在成立大会上，中国广告协会互动网络委员会就发布了《中国互动网络广告行业自律守则》，这是中国互联网广告界第一部自律守则，旨在促进广告行业的自我约束，维护广告市场的秩序和互联网用户的合法权益，促进我国互联网广告行业健康和谐发展。

但是，中国广告协会从机构性质来说是类似行政机构的，它是与行政机关，是作为政府部门的直属部门而存在的，配合政府部门进行行业自律。它并没有完全从体制内脱离出来，还是与相关部门有着盘根错节的关系。这与国际上民间协会的定义，与国际上民间协会的民间性质，是有很大的不一致的。与美国等以行业自律为主导的国家相比，中国广告协会的功能需要得到强化，需要具有独立的决策权和执行权。

2. 中国互联网协会

2001 年 5 月，中国互联网协会成立。它是互联网有关的单位自愿参加的非营利性、全国性社团组织，协会的业务主管单位是工业和信息化部。2002 年 3 月，中国互联网协会公布《中国互联网行业自律公约》。2005 年 12 月 9 日，正式成立了中国第一个在行业内最具代表性的反垃圾邮件组织——中国互联网协会反垃圾邮件工作委员会。2009 年 3 月，中国互联网协会和六家企业(百度、腾讯、新浪、搜狐、网易、凤凰网)共同签署了“中国互联网协会网络诚信推进联盟发起倡议书”，宣告联盟正式成立，以“建立和完善网络诚信长效机制，推动和建设网络诚信体系，督促和引导互联网企业诚信经营，营造和维护安全可信、规范和谐、文明健康的互联网环境”为宗旨，积极开展各项有利于行业诚信建设和推广的活动。

这些组织的成立促进互联网诚信长效机制的建立和完善，共同营造和维护诚信文明、健康和谐的互联网环境，不仅是互联网行业自身发展的必然要求，也是企业必须承担的社会责任。

(三)加强新媒体广告行业自律的方式

广告行业自律组织的基础力量是广告主，为其提供服务、反映诉求，同时也促进行业自律。新媒体广告行业组织可在广告合法性上为广告主提供咨询的审查服务，降低违法广告的经济成本，并通过信息共享机制使得行政管理部门能够及时查处广告违法违规行为；从社会和谐、促进市场经济发展的角度，减少违法违规或者虚假广告给消费者造成的伤害。

由于开放的新媒体环境本质使然，许多国家，包括中国对新媒体环境的广告监管采取了较为宽容的态度。加强行业的自律，减少政府的行政干预已经成为全球广告业发展的趋势。也有很多学者呼吁新媒体广告行业要改变过去太过于重视行政监管，轻视法律监管，甚至十几年不修缮《广告法》，以及轻视行业自律的现象。立法、行政监管具有诸多内在不足，在短时间内是无法避免的。

无论在人员编制还是机构设置上，因为体制内的原因，工商机关都无力在短期内对新媒体广告进行完整的掌控。新媒体广告内容、发布、监管等方面不同于一般传统媒体广告的巨大变化，使得其监管在立法、行政等具体实施上捉襟见肘。因此，做好行业自律应该是新媒体广告监管的大势所趋。既然新媒体广告行业自律是弥补广告立法、行政监管不足的重要手段，是广告业不断发展的迫切要求，那么在现阶段我们应该从以下几个方面做好新媒体广告行业自律。

1. 建立自律惩戒机制，消除负面影响

应该加快建立广告行业内部和各个企业内部对违法违规广告行为的惩戒机制。遇到违法违规广告，应及时查处，严重的报送上级部门，自我规范自身的行为，并积极促使广告主更正广告，消除负面影响。

2. 加强新媒体服务商的自律意识

新媒体服务商特别要加强 ISP(互联网服务提供商)和 ICP(百联网信息业务和增值服务的电信运营商)的自律意识，即要求新媒体服务商提高法律法规意识，遵守相关法律法规，自觉抵制虚假、违法广告，自觉检查网站，一旦发现有上述广告，要进行内部的自我约束，及时撤除违法违规广告。不少广告主还盗用他人名字在新媒体上发布不实广告，侵犯了他人的隐私权，也给用户造成了伤害。这需要新媒体服务商做好监督审查工作，杜绝此类违法广告在新媒体上发布。

3. 建立第三方权威监管机构

对于广告主来说，第三方权威监管机构可以通过统一的广告管理系统准确测定广告的投放效果；对广告监管者来说，第三方权威监管机构可以通过中央服务器加强对新媒体广告的监管。这个包括审批、传输、播放、监测的统一平台，从长久来看，将会省去加码、传送等程序，避免格式、内容不统一，节约大量的人工成本。这样，建立第三方权威监管机构，可以有效地帮助工商行政部门建立一个规范有序的新媒体广告服务市场，有利于帮助新媒体广告业由无序的状态向有序的方向发展，形成一定的行业规范。

4. 新媒体广告发布实行实名制

没有真实的身份，规则的约束就缺少力量。实名制应该是加强新媒体广告监管的途径之一。信息和意见的多样性、包容性、丰富性是新媒体的显著优势，新媒体传播具有全球化、全方位、多视角、多元化的特点，但是新媒体特别是网络的虚拟性和匿名性，又使传播各种违法违规广告、垃圾信息等成为可能。一些广告主有可能因为匿名或者虚拟，减少甚至放弃了自我约束，让违法广告如同病毒一样扩散，这不仅会损害互联网企业的社会形象，还阻碍了互联网行业的健康发展，给社会造成极大的危害。新媒体广告发布实行实名制之后，由于有了各个广告经营主体、广告行业组织以及广大用户的监督，新媒体广告发布者会自觉做好新媒体广告的审查，对发布广告的标准做出种种规定，并在实际运作中严格执行，以保持新媒体广告的真实性和合法性。

三、新媒体广告的社会监督

广告社会监督，又称广告消费者监督，或广告舆论监督，它主要通过广大消费者自发成立的消费者组织，依照国家广告管理的法律、法规对广告进行日常监督，对违法广告和虚假广告向政府广告管理机关进行举报与投诉，并向政府立法机关提出立法请求与建议。其目的在于制止或限制虚假、违法广告对消费者权益的侵害，以维护广大消费者的正当利益，确保广告市场健康有序地发展。

目前，通过社会团体、社会公众的社会舆论对新媒体广告活动进行的社会监督也是新媒体广告管理的一个重要方面。特别是在国家有关新媒体的法律法规还未制定的情况下，通过社会监督来保护公平竞争和健康发展就显得愈发重要。国家工商行政管理局的指导原则中提到："试点企业要制订和完善公共检测措施，要及时发现和纠正广告发布中存在的问题，探索因特网广告的检测手段，逐步形成企业自我检测、企业相互检测、第三方中介机构检测的有效机制，以减少和消除因特网广告中的违法行为。"这样的指导原则对新媒体广告的监管来说，操作性相对较弱。而有些地方对新媒体监管的举措则具有积极作用，比如《北京市网络广告管理暂行办法》第 18 条规定："对取得广告发布资格的互联网信息服务提供者，北京市工商行政管理局将通过 HD315 网站向社会公告其名称、注册标识及广告经营许可证号，以供广大消费者认选，并方便消费者投诉、申诉、举报。"这对遏制虚假网络广告的泛滥是有帮助的。

为了完善新媒体广告的社会监督机制，发挥社会监督的重要力量，可从以下几个方面进行新媒体广告的社会监督。

（一）对违法违规新媒体广告进行曝光

发挥新闻媒体的监督作用，曝光新媒体重大违法广告，特别是虚假广告，及时警示消费者。虽然连年查处违法违规广告，但情况依然很严重，其中原因之一就是处罚力度太小，无关痛痒。要加大对违法违规新媒体广告的曝光率，接受社会大众的舆论监督。早在2008年3月，正是由于CCTV的3·15晚会，才使社会各界第一次大规模聚焦于垃圾短信。晚会首次重点曝光了分众传媒下属的分众无线公司造成了国内80%的垃圾短信，使分众传媒遭遇到了前所未有的信用危机。分众无线被指为垃圾短信重要源头和泄露手机机主个人资料的始作俑者。这激发了人们完善保护个人信息，维护自己隐私权的意识。之后，分众传媒逐渐退出了移动广告和无线业务等领域，并且由此造成7930万美元的资产减值损失。

（二）提高消费者自我保护意识和维权意识

消费者是广告社会监督的主体和重要力量。鼓励广大消费者以及消费者权益组织，抵制和检举违法网络广告等新媒体广告，辅助解决行政执法力量不足的问题。加强广告受众接受真实广告信息权利的教育，增强他们的自我保护意识，是广告受众对各类广告进行全方位监督的前提。从目前的情况来看，多年来宣传教育已经提升了消费者的维权意识和水平，但是成果还不能适应消费维权和市场监管的需要。我们需要以下几个方面的教育：一是政府、公众舆论和行业、企业组织等要通过各种途径对每一位消费者进行全方位的教育。消费者的维权效果很大程度取决于消费者捍卫自身合法权益的积极性和主动性。要使消费者了解自己有哪些权利和义务，在自身权益受到侵害时应该如何去做，通过普法、案例分析等让消费者的维权意识一步步地觉醒，当然这个过程不是一蹴而就的。二是消费者自身应该加强消费前的准备工作，做出合理的选择和判断，用积极的行动实现自我保护。消费者还应该树立科学的消费观，逐步提高自我防范意识。

（三）倡导新媒体绿色广告传播

1993年，针对当时广告发展的状况，傅汉章教授提出了“绿色广告”的概念。绿色广告从关心全人类的未来出发，明确阐述企业的营销宗旨，并以此打动消费者。最终目标之于绿色广告传播，就是追求广告市场中多角利益关系（广告主、广告代理商、广告媒介、广告对象等）的最大化，包括物质利益和精神利益两个层面。新媒体广告也应该树立绿色广告传播的观点，净化新媒体广告传播环境。

（四）建立有奖举报制度，引导群众参与监督管理

公民、法人和其他组织有权向工商行政管理机关举报损害国家和社会公共利益的广告，损害公民、法人和其他组织合法权益的广告，不符合社会主义精神文明建设要求的广告，内容虚假的广告，以及其他违反国家法律、法规及有关规定的广告。举报制度是一种鼓励群众参与监督管理的有效途径，而有奖举报可以调动人们监督违法违规行为的积极性。在目前，鉴于执法力量有限、执法效果有限，一定范围内的有奖举报制度可以对新媒

体广告监管进行有效补充。应发挥社会激励机制，给予举报人适当的物质奖励，特别是对于重大的案情，给予做出突出贡献的单位和个人以物质或精神上的奖励，为良好的广告市场环境做出贡献。

（五）建设新媒体广告道德文化

建设新媒体广告的道德文化精神家园，需要全社会共同关注，引导新媒体文化形成新风尚。

（六）对广告总量监测及其质量评价实现网络化管理

综合运用法律、行政、经济、文化和道德的手段，通过对广告传播活动的各个主体——广告主、广告经营者、广告媒体的综合管控，形成快速反应的广告预警和联动执法体系，逐步实现对广告传播过程的整体控制。

【知识回顾】

在新媒体广告发展势如破竹之时，我国的网络广告管理显得相当滞后，还存在很多尚待解决的难题，如监管单位的界定、监管对象的界定、监管方式与手段。目前我国尚没有专门针对新媒体广告管理的全国性法律、法规，对新媒体广告管理的法律依据散见于国家法律中有关广告行为的条款、管理传统广告的全国性广告管理法规、互联网行业的相关规则、特殊商品在互联网上发布信息的相关规则，以及一些针对网络广告管理的地方性法规等文件中。2000 年国家工商总局以北京、上海、广东三地作为试点地区，试图从规范网络广告市场主体资格入手，探索网络广告监管方式，取得了一定的成效，一些地方性广告管理法规相继出台，推动了网络广告管理的进程。我国新媒体广告监管承袭了传统广告监管模式。我国广告监管主要由广告行政监管（包括广告审查制度）、广告行业自律和广告社会监督 3 个子系统构成。广告监管模式的特点是“政府监管为主，行业自律和社会监督为辅”，且是一种多部门协作的广告监管模式。

因此，除了政府部门的广告行政管理外，新媒体广告行业自律和新媒体广告社会监督是净化新媒体广告环境的重要力量。其中，新媒体的行政管理包括新媒体广告经营主体资格的审批登记管理和新媒体广告内容的管理。而中国广告协会互动网络委员会和中国互联网协会是新媒体广告行业主要的自律组织，各自均制订自律章程，对新媒体广告规范化起到了一定的促进作用。再者，通过社会团体、社会公众的社会舆论对新媒体广告活动进行的社会监督也是新媒体广告管理的一个重要方面，特别是在国家有关新媒体的法律法规还未制定的情况下，通过社会监督来保护公平竞争和健康发展就显得愈发重要。

【思考题】

1. 如何理解新媒体广告管理?
2. 我国新媒体广告管理遇到哪些难题? 你对解决这些难题有何建议?
3. 我国新媒体广告的监管现状如何?
4. 我国现有的《广告法》对于新媒体广告的管理存在哪些漏洞? 在这方面应该如何完善《广告法》?
5. 如何理解独立审查团制度? 谈谈你对我国新媒体广告行政管理的看法。
6. 新媒体广告行业何为自律? 你认为新媒体广告行业自律组织应该如何加强行业自律?
7. 如何加强我国新媒体广告的社会监督?

参考文献

一、著作类

[1]潘瑞芳,谢文睿,钟祥铭.新媒体新说[M].北京:中国广播电视出版社,2014.

[2]崔保国.中国传媒产业发展报告[M].北京:社会科学文献出版社,2014.

[3]胡正荣,唐晓芬,李继东.新媒体前沿[M].北京:社会科学文献出版社,2013.

[4]黄升民,杜国清,邵华东,等.中国广告主营销传播趋势报告[M].北京:社会科学文献出版社,2013.

[5]胡正荣,李继东,唐晓芬.全球传媒发展报告[M].北京:社会科学文献出版社,2013.

[6]黄传武等.新媒体概论[M].北京:中国传媒大学出版社,2013.

[7]张贤平,黄迎新.广告学概论[M].北京:中国人民大学出版社,2012.

[8]匡文波.手机媒体概论(第2版)[M].北京:中国人民大学出版社,2012.

[9]黄升民,周艳.互联网的媒体化战略[M].北京:中国市场出版社,2012.

[10]姜进章.新媒体管理[M].上海:上海交通大学出版社,2012.

[11]刘滢.手机:个性化的大众媒体[M].北京:人民出版社,2012.

[12]宫承波.新媒体概论(第4版)[M].北京:中国广播电视出版社,2012.

[13]阳光.长尾理论[M].北京:经济日报出版社,2012.

[14]黄升民.数字传播技术与传媒产业发展研究[M].北京:经济科学出版社,2012.

[15]高丽华,赵妍妍,王国胜.新媒体广告[M].北京:清华大学出版社北京交通大学出版社,2011.

[16]黄河.手机媒体商业模式研究[M].北京:中国传媒大学出版社,2011.

[17]陈刚.网络广告[M].北京:高等教育出版社,2010.

[18]周毅.美国历史与文化[M].北京:首都经济贸易大学出版社,2010.

[19]唐志东.网络广告学[M].北京:首都经济贸易大学出版社,2010.

[20]李丹丹.手机新媒体概论[M].北京:中国电影出版社,2010.

[21]舒咏平.新媒体广告[M].北京:高等教育出版社,2010.

[22]张金海,程明.新编广告学概论[M].武汉:武汉大学出版社,2009.

[23]彭兰.网络传播学[M].北京:中国人民大学出版社,2009.

[24]胡泳.众声喧哗:网络时代的个人表达与公共讨论[M].桂林:广西师范大学出版社,2008.

[25]冯章等.网络广告(修订版)[M].北京:中国经济出版社,2008.

[26]丁俊杰,康瑾.现代广告通论(第2版)[M].北京:中国传媒大学出版社,2007.

[27]熊澄宇.新媒体百科全书[M].北京:清华大学出版社,2007.

[28]李红艳.媒介组织学[M].北京:中国传媒大学出版社,2007.

[29]舒咏平,陈少华,鲍立泉.新媒体与广告互动传播[M].武汉:华中科技大学出版社,2006.

[30](英)丹尼斯·麦奎尔.受众分析[M].刘燕南,等译.北京:中国人民大学出版社,2006.

[31](美)威廉·阿伦斯.当代广告学(第8版)[M].丁俊杰,程坪等译.北京:人民邮电出版社,2005.

[32]郭庆光.传播学教程.[M].北京:中国人民大学出版社,1999.

[33](美)尼葛洛·庞帝.数字化生存[M].胡泳,范海燕译.海口:海南出版社,1997.

二、论文类

[1]陆高峰.门户网站是否还有未来[J].青年记者,2014(05).

[2]谭天.新媒体不是"媒体"——基于媒介组织形态的分析[J].新闻爱好者,2014(06).

[3]左砚文,赵建鹏.手机报运营现状及盈利模式[J].新闻前哨,2014(04).
[4]李凤萍.大数据时代的网络广告模式——基于RTB的网络广告市场运作模式分析[J].编辑之友,2014(04).
[5]韦雪.搜索引擎中关键字广告对隐私权的侵犯[J].法制与社会,2014(22).
[6]刘伟.新媒体广告形态研究[J].今传媒,2013(02).
[7]张星.我国网络广告定价模式刍议[J].兰州石化职业技术学院学报.2013(03).
[8]周音孜.新旧媒体竞合下手机报的生存现状与发展[J].新闻世界,2013(06).
[9]阮京文.网络广告行业日新月异,广告产业链日趋完善[J].广告大观(综合版),2013(04).
[10]陈冠男.新媒体网络广告效果评估指标及运用分析[J].今传媒,2013(02).
[11]卢漪.交互式营销背景下我国手机广告发展研究综述[J].新闻世界,2013(01).
[12]陈培爱,李阿嫱.2012年中国广告业发展综述——新媒体广告蓬勃发展成为今年新热点[J].编辑之友,2013(02).
[13]魏玮华,张殿元,西海瑠依.日本手机广告研究[J].青年记者,2012(21).
[14]王琰.新媒体环境下的广告传播策略研究[J].新闻知识,2012(12).
[15]程士安.数字媒体崛起,颠覆并重组传统广告产业链[J].广告大观(综合版),2012(03).
[16]黄升民,龙思薇.十年探索,汇聚平台——中国传媒大学广告学院新媒体研究综述[J].广告大观理论版,2011(06).
[17]苏林森.网络广告效果评估的现状、问题与修正[J].西南民族大学学报:人文社会科学版,2011(10).
[18]匡文波.手机广告发展状况分析[J].传媒,2007(01).
[19]杨魁,林媛熹.新媒介环境下广告产业链的变革及中国广告产业的发展取向[J].广告大观(理论版),2011(06).
[20]丁俊杰,王昕.媒体新生态环境中的广告传播思想展望[J].新闻前哨,2011(01).
[21]屈慧君.中国门户网站广告经营现状与发展策略[J].郑州大学学报:哲学社会科学版,2011,44(06).
[22]谭天.基于关系视角的媒介平台[J].国际新闻界,2011(09).
[23]陈瑛,肖剑波.新媒体环境下广告产业链的构建思考[J].科技资讯,2011(35).
[24]吕文龙.技术制胜网络广告未来[J].互联网周刊,2010(15).
[25]邵华冬,杜国清.中国企业数字新媒体广告传播平台研究[J].国际新闻界,2010(11).
[26]徐世杰.网络传播中的搜索引擎关键词广告[J].青年记者,2011(14).
[27]杜国清,邵华冬,陈怡,等.中国广告主互联网媒体营销传播研究[J].现代传播:中国传媒大学学报,2010(06).
[28]吴国华.美国手机广告的现状及发展趋势[J].新闻与写作,2010(08).
[29]黄升民,谷虹.数字媒体时代的平台建构与竞争[J].现代传播,2009(05).
[30]肖兵艳,尹莉.网络媒体广告效果评估体系[J].传媒观察,2009(01).
[31]张金海,王润珏.数字技术与网络传播背景下的广告生存形态[J].武汉大学学报(人文科学版),2009(04).
[32]刘华玉,李倩.新媒体环境下的广告策划[J].艺术探索,2008(05).
[33]姚鹏,孙钱斌.第一份手机报的“一年半载”[J].广告大观(媒介版),2006(01).
[34]徐晋,张祥建.平台经济学初探[J].中国工业经济,2006(05).
[35]张瑜.无线广告:开启WAP赢利时代[J].互联网周刊,2006(24).
[36]黄升民,杨雪睿.碎片化背景下消费行为的新变化与发展趋势[J].广告大观:(理论版),2006(02).
[37]徐海玲.手机短信的传播学解读[J].新闻爱好者,2004(05).
[38]冯光华.初露端倪的新媒体——手机[J].新闻记者,2003(07).
[39]熊澄宇,廖毅文.新媒体——伊拉克战争中的达摩克利斯之剑[J].中国记者,2003(05).
[40]陈晓宁.试论新媒体[J].广播电视信息,1999(09).
[41]冈村二郎,方晓虹.视听教育在新媒体时代的地位[J].外语电化教学,1986(02).
[42]华四泉.教师培养制度演变的一般趋势[J].外国教育资料,1978(06).

后记

随着数字化革命浪潮席卷而来，各行各业都处于前所未有的变革进程中。广告业作为对市场反应最为敏感的行业之一，更是经历着阵痛与成长、融合与交替，新生与试错。新媒体广告正是其中的一股新生力量，其一边用力撕扯着传统广告行业的衣襟，一边大踏步向前，不断打破既有规则，创造数字时代新逻辑，谱写另一个篇章。

在这一背景下，当 2013 年底丛书主编向我提及编撰一本有关“新媒体广告”的教材时，我既兴奋又紧张。兴奋的是，在新媒体广告正如燎原之火蓬勃发展之际，对其特点及发展规律进行研究，具有十分重要的意义；紧张的是，将“新媒体广告”作为一个整体来研究，前人可借鉴的成果不多，加之新媒体广告市场发展日新月异，尤其近几年正处于巨大的震荡发展期，新旧交替、媒体融合、技术升级、产业链变迁、企业转型、政策管控等无时无刻不在发生变化，如何能抓住“变”与“不变”的脉络，使教材的生命力更长久，都是极大的挑战。为了克服这一问题，本教材在编写过程中主要遵循两个基本原则。第一，采用更宽泛的视角。既不拘泥于传统，也不盲目创新体例；既看到新媒体广告本身作为新生事物的独特性，同时还将其置于整个广告市场的大背景中，不割裂其与传统广告市场间千丝万缕的联系。第二，在内容上，坚持宏观与微观相结合，既致力于寻找新事物的内在规律性，又力争呈现较为丰富的案例、事实、数据资料，给读者带来更深刻的感性认识。

本书的主要内容框架即是基于以上原则所构建。全书共包含八章内容，前四章侧重于广告本体，包括对新媒体广告本身的特点、承载平台、表现形态、策划、创意、评估等内容的微观性研究；后四章则是站在一个更为宏观的视角，侧重介绍广告市场，包括新媒体环境下的几个关键性构成要素（广告主、广告公司、媒介组织、广告受众）的特点、变化、发展趋势等问题，以及新媒体广告市场运行模式、新媒体广告监管等内容。

从接到教材编写任务至今已经历了500多个日日夜夜，所有内容也在反反复复地否定与再否定、修改与再修改中逐步成形。在今日书稿即将付梓之际，要向所有为书稿做出了直接或间接贡献的人表示由衷的谢意。感谢重庆师范大学马二伟老师的大力帮助。这本教材是集体智慧的结晶，没有编写组成员的共同努力与辛勤付出，不可能在这么短的时间内完成全部内容。感谢我的恩师，也是该丛书主编周茂君教授，是他无条件的信任和鼓励给了我完成这本书稿的勇气，在每一次写作遇到瓶颈之时，周老师总是提出具有建设性的指导意见，让我醍醐灌顶，老师对后学者的教诲与提携，将永远铭记于心。

此外，感谢秒针公司的张国强先生，《第一财经》的胡全超先生，京东商城的彭清先生，重庆师范大学的陈定远老师，他们都为本书提出了宝贵的意见和建议。还要感谢我的家人，没有他们的支持，我将寸步难行。

本教材在编写过程中参阅了大量教材、著作、文章以及调研报告，虽然已尽可能地列于参考文献中，但也有可能有疏漏，在此一并向相关作者和研究机构表示感谢。

由于新媒体广告仍属于发展快车道中的新事物，对于其认识还处于探索与再界定阶段，加之个人知识水平和能力所限，教材中必然存在诸多问题或争议，期待读者谅解指谬。

张玲　于北京

2016年6月10日